Second Edition

French AS

élan

1

OXFORD
UNIVERSITY PRESS

OXFORD
UNIVERSITY PRESS

Great Clarendon Street, Oxford OX2 6DP

Oxford University Press is a department of the University of Oxford.
It furthers the University's objective of excellence in research, scholarship,
and education by publishing worldwide in

Oxford   New York

Auckland   Cape Town   Dar es Salaam   Hong Kong   Karachi
Kuala Lumpur   Madrid   Melbourne   Mexico City   Nairobi
New Delhi   Shanghai   Taipei   Toronto

With offices in

Argentina   Austria   Brazil   Chile   Czech Republic   France   Greece
Guatemala   Hungary   Italy   Japan   South Korea   Poland   Portugal
Singapore   Switzerland   Thailand   Turkey   Ukraine   Vietnam

Oxford is a registered trade mark of Oxford University Press
in the UK and in certain other countries

© Danièle Bourdais, Marian Jones, Tony Lonsdale 2008
Gill Maynard and Martine Pillette
The moral rights of the author have been asserted

Database right Oxford University Press (maker)

First published 2008

British Library Cataloguing in Publication Data

Data available

ISBN 978 019 915338 1

10 9 8 7 6 5 4 3 2

Typeset by Thomson Digital

Printed in Spain by Cayfosa, Quebecor.

Paper used in the production of this book is a natural, recyclable product
made from wood grown in sustainable forests. The manufacturing process
conforms to the environmental regulations of the country of origin.

Acknowledgements.

The publishers would like to thank the following for permission to
reproduce photographs:

07a: Time & Life Pictures/Getty Images, 07c: BL Images Ltd / Alamy, 07d: guichaoua
/ Alamy, 07e: Getty Images, 12a: (Batch 2): Martine Mouchy/Getty Images, 12a (Batch
3): Bruno de Hogues/Sygma/Corbis, 12b: Pitchal Frederic/ Corbis Sygma, 12c (Batch
2): Time & Life Pictures/Getty Images, 12c: vario images GmbH & Co.KG / Alamy, 12d:
Supplied by Capital Pictures, 12e: David Hughes/Getty Images, 12f: Robert Fried /
Alamy, 12g: Mary Evans Picture Library / Alamy, 12i: Getty Images, 19a: David R. Frazier
Photolibrary, Inc. / Alamy, 20a: AFP/Getty Images, 22b: Olivier Ribardiere/Getty Images,
27a: AFP/Getty Images, 30a: kwest, 30b: bezmaski, 30d: Norman Chan 32a: Jaimie
Duplass, 34b: Pascal Preti, 36a: Hemis/Photolibrary, 36b: Jacques_Alexandre / A1PIX
Ltd., 36c: Jean Luc Morales, 36d: Gone Wild, 37a: Associated Press, 38b: Martinmaniac,
38d: Hemis/Photolibrary, 40a: Michael Jenner / Alamy, 44a: David Sanger photography /
Alamy, 44b: Associated Press, 44c: Images-of-france / Alamy, 45a: Peter Horree / Alamy,
45b: Wally Gobetz, 45c: Phil Loftus/ Capital Pictures, 46a: Gregory Primo Gottman, 46b:
Gregory Primo Gottman, 46c: Gregory Primo Gottman, 46d: Gregory Primo Gottman,
48a: EastWestImaging, 48b: Marcel Mooij, 48c: vgstudio, 48d: Keeweeboy/Jason Stitt,
48e: Elke Dennis, 48f: Photoeuphoria/Jaimie Duplass, 48g: Antonia/Anita Nowack,
49a: Soundsnaps, 51a: Jason Kallas, 53a: Ralph A. Ledergerber, 54b: Getty Images,
57a: NoNo Joe, 57b: Podgorsek, 58a: PHOTOMAX / Alamy, 58b: Patrick Bloomfield
/ Alamy, 58c: Quavondo, 58d: Sergio Gaudenti/Kipa/Corbis, 58e: Yuri Arcurs, 58f:
Studio/Dreamstime, 58g: Showface, 60a: Ralph A. Ledergerber, 63b: David Crausby
/ Alamy, 63c: Andresr, 068a: REUTERS/Eric Gaillard, 069a: AFP/Getty Images, 71a:
Supplied by Capital Pictures, 72a: Robert Fried / Alamy, 72b: Robert Fried / Alamy, 72c:
rubberball, 72d: Robert Fried / Alamy, 73b: Sébastien Baussais / Alamy, 73c: Nigel Hicks
/ Alamy, 76a: Bongarts/Getty Images, 76b: Associated Press, 77b: Getty Images, 78a:
Rex Features, 78b: Directphoto.org / Alamy, 78c: Galina Barskaya, 78d: Hummer/ Getty
Images, 78e: Helene Rogers / Alamy, 78f: Robert Fried / Alamy, 79a: Photonica/Alistair
Berg/Photolibrary, 80a: The London Organising Committee of the Olympic Games and
Paralympic Games Limited, 81a: Bongarts/Getty Images, 83a: Peter Weber, 83b: Cephas
Picture Library/Photolibrary, 84a: Vova Pomortzeff, 84b: Directphoto.org / Alamy,
84c: Hemis/Photolibrary, 84d: Photononstop/Photolibrary, 85b: Bubbles Photolibrary
/ Alamy, 85c: Stockbyte, 89b: Andres, 94a: Stephan Hay, 95a: Kevin Foy / Alamy, 96a:
Sébastien Baussais / Alamy, 97a: Claudiad, 97c: Ijansempoi/ Rosmizan Abu Seman, 97d:
Pictr 30D / Robert France, 97e: Eduardo Jose Bernardino, 98a: Hemis/Photolibrary,
100a: Index Stock Imagery/Photolibrary, 100b: Ian McDonnell, 100c: livetalent/ David
Ciemny, 100d: Chris Sanders/Getty Images, 101a: Mediacolor's / Alamy, 102a: Superclic
/ Alamy, 102b: HGW/imagerover.com / Alamy, 102c: REUTERS/Gene Blevins, 102d: AAD
Worldwide Travel Images / Alamy, 102e: Nicolas Dufresne, 106a: Japan Travel Bureau/
Photolibrary, 107a: Dra Schwartz, 114a: Lawrence D Norton, 115a: Jaimie Duplass, 115b:
EML, 122a: Robert Fried / Alamy, 127b: Simone van den Berg, 128b: AEP / Alamy, 129c:
Milan M Jurkovic, 130b: Photoeuphoria, 135b: Mauritius Images/Photolibrary, 139a:
REUTERS/Robert Pratta, 139b: Niceartphoto / Alamy, 129d: Photonica/Photolibrary,
145a: Fuschia Foot / Rachel, 145b: Cris Haigh / Alamy

Illustrations by: Thomson Digital

Cover image: OUP/Corbis

The authors and publishers would like to thank the following for their help
and advice:

Rachel Sauvain and Tony Lonsdale (course consultants); Sarah MacDonald
(editor of the Élan Students' Book) and Marie-Thérèse Bougard (language
consultant).

The authors and publishers would also like to thank everyone involved in
the recordings for the Élan 1 recordings:

Marie-Thérèse Bougard for sound production and all the speakers involved.

Every effort has been made to contact copyright holders of material
reproduced in this book. If notified, the publishers will be pleased to rectify
any errors or omissions at the earliest opportunity.

French AS

élan 1

Danièle Bourdais
Marian Jones
Tony Lonsdale
Gill Maynard
Martine Pillette

Welcome to **élan**!

The following symbols will help you to get the most out of this book:

 listen to the audio CD with this activity

 work with a partner

 work in a group

use a dictionary for this activity

Grammaire an explanation and practice of an important aspect of French grammar

➡ 000 refer to this page in the grammar section at the back of the book

➡ W000 there are additional grammar practice activities on this page in the Elan Grammar Workbook

en plus additional activities, often on Copymasters, to extend what you have learned

Expressions-clés useful expressions

Compétences practical ideas to help you learn more effectively

Phonétique pronunciation practice

We hope you enjoy learning with Élan. Bonne chance!

Table des matières

0 Passerelle
La France: hier, aujourd'hui, demain!

By the end of this unit you will be able to:

▶ Describe the area you live in

▶ Speak about yourself in some detail

▶ Write a brief account of someone's life

▶ Use the infinitive

▶ Use high numbers

▶ Use the present tense

▶ Use the correct gender for nouns

▶ Use a bilingual dictionary

▶ Write a brief description

▶ Learn and record vocabulary

Bienvenue à Elan!

1 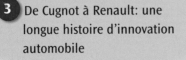 Ecoutez (1–5) et reliez aux photos.

2 Choisissez la légende pour chaque image. Discutez à deux.

3 Pour vous, la France, c'est quelle image? Expliquez.

4a Regardez les pages d'*Elan 1*. En groupes, discutez des thèmes. Que savez-vous déjà? Quels thèmes vous intéressent le plus? Pourquoi?

4b Regardez les points de grammaire, pages 4 et 5. Quels points connaissez-vous déjà bien? Quels points voulez-vous réviser? Quels points sont nouveaux?

1 Paris-la Défense: une capitale pour l'avenir

2 Le français: passeport pour le monde

3 De Cugnot à Renault: une longue histoire d'innovation automobile

4 La Provence: un cadre de vie de rêve!

5 TGV: toujours plus vite, toujours plus loin

A

B

C

D

E

MUSEE DE LA FEMME SENEGALAISE
HENRIETTE BATHILY

Aux quatre coins de France

▶ *C'est comment, la vie en France? Cela dépend des régions! Quatre jeunes parlent de l'endroit où ils habitent.*

AGNÈS GAUTHROT, 17 ANS

J'habite à Nantes, en Loire-Atlantique. C'est une ville de 500 000 habitants, à la fois historique et moderne: il y a des vieux quartiers mais aussi des industries et une université.

C'est une ville jeune et vivante: il y a beaucoup de choses à faire et à voir. J'habite au centre-ville, c'est pratique pour sortir. Je vais souvent au théâtre, au cinéma et à des concerts.

La région est très agréable: on est entre la mer et les plages de Bretagne et la campagne et les châteaux du Pays de Loire! C'est une région calme mais intéressante.

L'année prochaine, je vais a l'université ici et plus tard, j'espère travailler à Nantes. Moi, je suis bien ici!

Nantes, en Pays de Loire

Lille, dans le Nord-Pas-de-Calais

JEAN-LOUIS MUREL, 16 ANS

J'habite une ferme à côté de Meymac, une petite ville de Corrèze. C'est une région très rurale, avec des forêts, des lacs et plus de vaches que d'habitants! Il n'y a pas d'industrie ici alors les gens partent. Il reste quelques agriculteurs, des artisans et des touristes l'été!

J'aime la campagne, me promener avec mes chiens, pêcher, travailler dans les champs avec mon père.

Vivre ici n'est pas toujours facile: les hivers sont froids et on ne sort pas beaucoup. Il n'y a pas d'activités pour les jeunes. Mais j'aime ma région et je veux y rester.

Je vais partir faire des études agricoles à Limoges et après, je voudrais reprendre la ferme de mes parents. Quitter la Corrèze? Jamais!

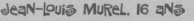

Meymac, en Corrèze, dans le Limousin

HERVÉ LANGLAIS, 17 ANS

J'habite à Lille. C'est la grande ville du Nord, avec plus d'un million d'habitants.

La région du Nord n'attire pas en général. On imagine une région industrielle, triste, où il pleut souvent. En fait, c'est une région très sympa, très dynamique, même s'il pleut! Il y a beaucoup de choses à faire pour les visiteurs et avec l'Eurostar, c'est pratique.

Les gens ici ont la réputation d'être tristes. C'est faux! Sortir, se retrouver pour faire la fête, on adore ça! Il y a beaucoup d'associations et de festivals.

L'année prochaine, je vais faire des études à l'université de Lille. J'aimerais devenir prof et rester dans ma région, ou alors partir en Angleterre. Ce n'est pas loin!

YOUSRA BENBERA, 17 ANS

Mimet, village de Provence

1 Lisez et écoutez Agnès, Jean-Louis et Hervé. Répondez aux questions pour chaque jeune.

a Où habites-tu?

b C'est comment, là où tu habites?

c Penses-tu rester dans ta région?

2 Ecoutez Yousra. Notez ses réponses.
Exemple: A Elle habite à Mimet, en Provence.

3 Posez les trois questions de l'activité 1 à un(e) partenaire. Notez ses réponses.

4a Recopiez et complétez les *Expressions-clés* avec des éléments des textes.

4b Ecrivez une courte description de votre région. Utilisez les *Expressions-clés* et les textes comme modèle.

Expressions-clés

J'habite à + ville

C'est une ville/region historique/moderne/dynamique.

Ce n'est pas...

Il y a la mer, les plages,...

Il n'y a pas d'industries,...

Je vais

Je voudrais

J'espère

J'aimerais + infinitif (aller, rester, quitter,...)

Grammaire 155 ➡ W32

The infinitive

● The infinitive is the basic form of the verb, like the English "to..." The typical endings of French infinitives are:

-er	*-ir*	*-re*
travailler	*finir, sortir, voir*	*faire prendre*

Ⓐ Find examples of each type of infinitive in the texts.

● The infinitive can be found:

a after another verb
j'espère travailler... I'm hoping to work...

b after a preposition
c'est pratique pour sortir it's handy for going out
beaucoup de choses à faire lots to do

c sometimes on its own
Vivre ici n'est pas facile. Living here isn't easy.

Ⓑ Find other examples for a–c in the texts.

Ⓒ Write three sentences about your feelings for your region using styles a–c.

Ici, aussi, on parle français

▶ *On parle le français un peu partout dans le monde. Découvrons un petit bout de France de l'autre côté de la Terre!*

La Polynésie française

1 La Polynésie française se trouve dans le Pacifique, à **[1]** kilomètres de la France métropolitaine et à **[2]** kilomètres de la Nouvelle-Zélande. C'est un T.O.M. (Territoire d'Outre-Mer), constitué de cinq archipels.

2 Ces archipels de **[3]** îles ont environ **[4]** habitants; la grande majorité habite à Tahiti, l'île

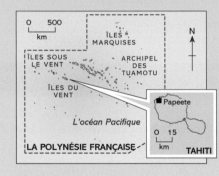

principale. La capitale est Papeete. 70% de la population est d'origine polynésienne, 11,55% européenne, 4,3% asiatique et 14,2% métisse. A Tahiti, on parle français et tahitien, qu'on étudie à l'école.

3 Au 18ème siècle, deux marins anglais, Wallis et Cook, font connaître ces îles à l'Europe. En **[5]**, la France annexe l'archipel et en **[6]**, il devient un T.O.M.: tous les habitants deviennent français. Depuis **[7]**, le mouvement indépendantiste se développe.

4 Pour les touristes, Tahiti a l'image d'un paradis: climat agréable, lagons, fleurs et fruits exotiques. Pour les Tahitiens, par contre, vivre ici n'est pas facile:

20% des jeunes sont au chômage, l'économie est pauvre et ne se développe pas. Depuis quelques années, des programmes d'aide européens et français encouragent l'exploitation des ressources locales (par exemple, les huîtres).

1a Ecoutez et lisez l'article sur Tahiti. Notez les chiffres pour compléter le texte.

1880	210 000	1987	130
4000	1946	18 000	

1b Retrouvez le titre de chaque partie de l'article:

a Un bref historique

b La vie de la région

c La situation géographique

d La population

1c Ecrivez une phrase sur chaque point, a–d.
Exemple: La Polynésie française est un T.O.M. à 18 000 kilomètres de la France.

Les nombres après 70

71 = soixante et onze	1000 = mille
80 = quatre-vingts	1001 = mille un
81 = quatre-vingt-un	1999 = mille neuf cent
90 = quatre-vingt-dix	quatre-vingt-dix-neuf
91 = quatre-vingt-onze	
100 = cent	5 637 = cinq mille six cent trente-sept
200 = deux cents	
201 = deux cent un	1 000 000 = un million

La ora na! C'est "bonjour" en tahitien! <u>Je m'appelle</u> Sammy Rotua, <u>j'ai</u> 17 ans et <u>j'habite à</u> Tiarei, à 25 kilomètres de Papeete, la capitale de Tahiti. Je suis français, d'origine polynésienne. <u>Je parle</u> français, tahitien et <u>j'apprends</u> l'anglais. <u>Je vis avec</u> ma mère, mon frère Eddy et mes petites sœurs, Laetitia et Sabrina. Mon père est mort. Toute ma famille vit à Tiarei et on se voit tous les jours.

<u>Je suis</u> lycéen à Papeete. Je me lève très tôt le matin: je prends le truck* pour aller au lycée à 6 heures. <u>Je suis</u> en première et <u>je passe</u> le bac l'année prochaine. <u>Je me passionne pour</u> le sport, surtout le boogie*. Je m'entraîne presque tous les jours depuis huit ans! <u>Je voudrais devenir</u> prof de sport.

La vie est dure à Tahiti. Ma mère travaille dans un restaurant mais mon frère est au chômage. Alors, moi, dans deux ans, je pars à Hawaii. <u>J'aimerais</u> rester ici parce que j'adore mon île mais il n'y a pas assez de travail. Et à Hawaii, il y a des vagues super pour le boogie.

truck: camion pour le transport scolaire
boogie: style de surf pratique à Tahiti

2a Lisez la carte postale de Sammy. Prenez des notes pour compléter sa fiche.

nom _____ âge _____ occupation _____
domicile _____
nationalité _____ passe-temps _____
langues parlées _____
_____ projets _____
famille _____ _____

2b **Ecoutez l'interview de Sammy et vérifiez vos notes.**

2c Ecrivez une description de Sammy à partir de vos notes.
Exemple: Il s'appelle Sammy. Il a 17 ans.

3 **Connaissez-vous bien votre partenaire? Complétez une fiche. Posez des questions pour vérifier.**
Exemple: A: Tu t'appelles X?
B: Oui, c'est ça. Et toi, tu t'appelles Y?
A: Oui. Tu as 16 ans?

4 Ecrivez une carte postale. Utilisez les expressions soulignées dans le texte de Sammy.

en plus A votre avis, pourquoi la vie est-elle "dure" à Tahiti?

Grammaire ➡ 157 ➡ W32

The present tense

● To conjugate verbs in the present tense, see page 157.

A Look at the two texts and find at least one verb conjugated in the present tense for each type of infinitive: *-er, -ir* and *-re.*
Example: -er = se trouve

● When is the present tense used?

B Match the sentences (1–6) to the definitions (a–f).

1 Les Français colonisent Tahiti au 18ème siècle.
2 Tahiti est très loin de la France.
3 Sammy parle de sa vie à Tahiti.
4 Il va au lycée à Papeete.
5 Sammy a le bac dans un an.
6 Il fait du boogie depuis longtemps.

a to refer to the present moment
b to refer to something recurrent
c to refer to something started in the past that is still being done
d to refer to historical events
e to speak about the future
f to refer to something "universal" (*e.g. un et un font deux*)

C Find more examples of uses a–f in the two texts.

C'est français!

▶ *Que savez-vous de l'influence de la France et des Français dans le monde?*

"Made in France" ou pas?

l'accordéon	la carte à puce	la machine à coudre	le restaurant
le bikini	le croissant	le parachute	le sac à dos
la boîte de conserve	la douche	le parc d'attractions	le stéthoscope
la calculatrice	l'hélicoptère	la poubelle	le téléphone portable

1a Lisez la liste d'inventions françaises. Notez les trois intrus!

1b 🎧 Ecoutez et vérifiez. Notez les dates.
Exemple: calculatrice – 1664

2 🎧 Regardez les images (1–9). Ecoutez et lisez les textes (A–I) à la page 13. Reliez.
Exemple: 1 – E

3 👥 Jouez au morpion sur la grille des photos. Pour gagner, donnez au moins deux détails sur les inventions.
Exemple: 1 – Le premier parc d'attractions ouvre à Paris en 1771.

Fig. 2. — L'hélicoptère Paul Cornu.

4 Lisez *Grammaire*. Les noms soulignés dans les textes A–I sont-ils a) masculins, b) féminins ou c) on ne peut pas savoir?

Exemple: ingénieur = a) masculin (finit en -eur)

en plus Faites des recherches sur une autre invention française ou une invention de votre pays. Ecrivez une description.

Grammaire ➡ 146 ➡ W4

Genders – masculine/feminine

Knowing whether a noun is masculine or feminine helps you to:

- choose the correct determiner: *un/une, le/la, du/de la, mon/ma, ce/cette*, etc.
- choose the correct pronoun: *il/elle*, etc.
- make appropriate agreements with adjectives and past participles: *nouveau/nouvelle; allé/allée*.

Learn each new noun with its gender. You will get a feel for masculine/feminine words. To help you, here are some typical endings (though there are exceptions):

- feminine
  -ade, -aison, -ce, -tion/sion, -tié/ité/té, -ie/rie, -ise, -itude, -esse, -ette, -ienne, -ère, -ée, -ure
- masculine
  -age, -at, -eau, -éen, -ème, -eur, -ien, -ier, -ment, -ing, -isme

Ⓐ Work out the gender of the nouns in the following sentences in order to fill in the determiners and make the appropriate agreements.

Le Minitel existe en France avant le Web

1 ...... lancement par France Télécom du Minitel se fait en 1982.

2 Le Minitel permet ...... consultation de serveurs et ...... messagerie instantané...... .

3 ...... distribution des terminaux au public est gratuit...... et ...... sécurité est garanti...... .

4 L'avantage principal...... du Web sur le Minitel: c'est ...... réseau international...... .

A Louis Réard, <u>ingénieur</u> suisse devenu dessinateur de mode, invente le maillot de bain deux-pièces. C'est très choquant à l'<u>époque</u>! Il faut attendre les années soixante pour voir ce maillot à la plage.

B Trois frères, Victor, Alfred et Gabriel Lafuma, inventent un <u>accessoire</u> essentiel pour tous les écoliers, les ados et les vacanciers: un sac solide, en toile, à porter sur le dos.

C Le premier geste écologique vient du préfet de Paris à la fin du 19ème siècle. Il impose aux Parisiens de mettre leurs <u>déchets</u> ménagers dans une grande boîte qui prend son nom: il s'appelle Eugène Poubelle.

D L'inventeur Roland Moreno adore les gadgets et met au point une carte avec un microcircuit électronique. Sans lui, pas de carte de crédit, pas de carte téléphonique ni de carte SIM dans les portables!

E Un homme d'affaires, M. Boutin, décide l'<u>ouverture</u> d'un jardin de loisirs à Paris, le Tivoli, avec des <u>manèges</u> (réservés aux adultes). C'est l'arrière-grand-père des parcs à thème comme Disneyland!

F C'est l'accessoire préféré des <u>personnages</u> des séries comme *Dr House* ou *Urgences*! Avec cet <u>appareil</u> inventé par le docteur Laënnec, on peut écouter les bruits du <u>cœur</u> et des poumons.

G Aujourd'hui, un Français mange plus de 50 kilos <u>d'aliments</u> en boîte par an, ceci grâce à Nicolas Appert qui stérilise pour la première fois des aliments dans des pots en verre, pour nourrir les <u>armées</u> napoléoniennes.

H Paul Cornu est le premier à décoller dans un appareil à <u>hélices</u> (avec une selle et quatre roues de <u>bicyclette</u>!) à 1,50m du sol, pendant quelques secondes. C'est assez pour entrer dans l'histoire de l'aviation!

I Jusqu'au milieu du 18ème siècle, un restaurant est un bouillon vendu dans la rue, une sorte de soupe qui redonne des forces. Boulanger, un vendeur de bouillon, a l'idée de servir ses clients sur des tables dans une boutique, On connaît la suite!

Trombinoscope

▶ *Voici quelques-unes des personnalités préférées des Français.*
Les connaissez-vous?

1a Reliez chaque personnnalité à sa photo.

1b Ecoutez pour vérifier. Notez a) un détail supplémentaire sur chacun, b) un adjectif utilisé pour les décrire.

Les hommes: Jamel Debbouze * Zinédine Zidane
Yannick Noah * Nicolas Hulot

Les femmes: Mimi Mathy * Ségolène Royal
Diam's * Sophie Marceau

Chanteuse de rap,
née en 1980
Engagée pour la
cause des femmes
et des jeunes
défavorisés

Acteur et humoriste,
né en 1975
D'origine marocaine,
porte-parole des jeunes
des banlieues

Journaliste,
aventurier et
écologiste,
né en 1955
Crée une fondation
pour la découverte
et la protection de
l'environnement

Femme politique,
née en 1953
Première femme à
atteindre le second
tour des élections
présidentielles

Footballeur,
né en 1972
Entre dans la légende
du football après la
Coupe du Monde de
1998

Actrice et humoriste,
née en 1957
Une petite femme mais
une grande actrice!

Champion de
tennis et chanteur,
né en 1960
Fondateur
d'associations pour les
enfants en difficulté

Actrice et réalisatrice,
née en 1966
Débute à 14 ans
et devient l'actrice
préférée des Français

2a Lisez et remettez ce portrait de Nicolas Hulot dans le bon ordre.

Exemple: C...

A <u>Ensuite,</u> de 1978 à 1987, il est journaliste à la radio: il partage ses aventures extrêmes avec le public.

B <u>Suite à cela,</u> il crée, en 1990, la fondation Nicolas-Hulot pour la découverte et la protection de l'environnement.

C <u>Nicolas,</u> fils d'un aventurier, naît à Lille en 1955. Il a une enfance tragique avec des problèmes familiaux.

D <u>Finalement,</u> son engagement l'amène, en 2006, à créer le *Pacte écologique* pour imposer l'écologie dans la vie politique.

E <u>Tout d'abord,</u> Nicolas devient photo-reporter et, en 1973, commence une vie de voyages et d'aventures dans des conditions difficiles et dangereuses.

F <u>Puis,</u> à partir de 1987, il présente une des émissions préférées des Français, *Ushuaïa,* sur l'aventure extrême et la nature.

2b **Ecoutez pour vérifier. Notez les détails pour compléter son portrait.**

3a Complétez ce portrait de Jamel Debbouze avec les verbes au présent.

naître	participer
grandir	faire
perdre	obtenir
devenir	recevoir
encourager	mettre

Il [1] au Maroc en 1975 et [2] à Trappes, une banlieue <u>chaude</u> de Paris.
A 13 ans, il [3] l'usage de son bras <u>droit</u> après un accident. Comment ce petit banlieusard, fils d'immigrés et handicapé [4] -il l'un des acteurs les mieux payés de France et l'idole des jeunes?
En 1990, un éducateur, impressionné par son talent [5] Jamel à faire de l'improvisation théâtrale. Très vite, il [6] à des <u>émissions</u> de radio et en 1999, il [7] son premier one-man-show à la télévision.
Il [8] des rôles de plus en plus importants, dans des films comme *Le Fabuleux destin d'Amélie Poulain* et *Astérix et Obélix: Mission Cléopâtre.* En 2006, il [9] un <u>prix</u> pour son film *Indigènes,* sur le <u>sort</u> des soldats nord-africains pendant la deuxième guerre mondiale.
Bavard, drôle et provocateur, Jamel [10] son talent et sa popularité au <u>service</u> de la jeunesse déshéritée.
Un clown au grand cœur!

3b **Ecoutez pour vérifier.**

4 Lisez *Compétences (1)* et traduisez un de ces deux portraits en anglais.

5a **Ecoutez le portrait de Ségolène Royal. Notez un ou plusieurs détails sur les points suivants.**

  a sa naissance et son enfance

  b sa vie privée

  c ses études

  d sa carrière

5b Lisez *Compétences (2)* et écrivez une description de Ségolène Royal d'après vos notes.

Compétences (1)

Using a bilingual dictionary

- Look in the French-English section for a word you feel you can't guess or if need to check your guess.
- When you have looked up a word in the English-French section, double check its meaning in the French-English section to avoid misuse.
- Some words have multiple meanings: make sure you read the whole entry and the examples to identify which translation you need.

A Look up the underlined words in activity 3a. Write down the meanings.

Compétences (2)

Writing a brief description

- Introduce the description with a question to make it more interesting.
- Give your description a structure (using time phrases).
- Use the present tense to bring the description (e.g. a biography) to life.
- Round up your text with a concluding phrase.

A Write a paragraph about yourself using all the link words underlined in activity 2a.

 Présentez votre personnalité préférée à la classe. Elisez le Top 5 de vos célébrités!

Grammaire active

The present tense

Teacher: Can you translate this into English?

Student: Well… Is it "I'm speaking French (now)" or "I speak French (regularly)" or "I've been speaking French (for 4 years)" or "I'll be speaking French (from now on)" or…

Teacher: OK, OK! Point taken! Grrr… these *Élan* students, they're so good!

Je parle français

Rappel

When going from one language to another, context is everything. This also applies when choosing tenses. French uses the present tense in a variety of situations – see page 157. Remember, tenses are not necessarily used in the same way in French as they are in English, so be careful when going from one language to the other!

Entraînez-vous!

1 Préparez un paragraphe pour vous décrire. Ecrivez quelques phrases pour chaque section (A–D).

Ⓐ Parlez de vous, de vos goûts et centres d'intérêt

Je m'appelle…; J'ai… ans; Je suis britannique,… ; J'habite à…; Je suis étudiant…; J'aime/Je me passionne pour…

Ⓑ Dites ce que vous faites en ce moment

En ce moment/Actuellement, je prépare des examens de…

You can also use *être en train de* followed by an infinitive if you want to stress you are in the process of doing something:

Je suis en train de réviser mes cours de…

Ⓒ Dites ce que vous faites régulièrement

Toutes les semaines/Une fois par mois/Souvent/Régulièrement, je fais/je vais…

Ⓓ Parlez de ce qui a commencé dans le passé, qui continue et continuera sans doute encore

J'habite ici depuis 10 ans; Il y a cinq ans que j'apprends le français; Ça fait un an que je fais du théâtre…

2 Lisez cet extrait d'un e-mail envoyé par une jeune musicienne française à une ancienne correspondante à Londres. Traduisez en anglais.

> Salut Amy, c'est Claire!
> C'est le premier e-mail que je t'écris depuis longtemps! Tu sais que je joue du violon depuis l'âge de cinq ans? Eh bien maintenant, j'habite à Paris et je fais des études au Conservatoire de musique depuis deux ans! Je joue régulièrement dans un quatuor à cordes. Nous répétons en ce moment pour un nouveau récital que nous jouons dans un mois. Et devine où? À Londres! J'arrive le 5 octobre. C'est la première fois que je joue à l'étranger. C'est super! J'attends ce moment depuis longtemps! On se retrouve à Londres pour un café?

Rappel

In the present tense, most verbs follow a regular pattern (see page 157). The regular verb endings are:

je	+ e/s/ds/x	nous	+ ons
tu	+ es/s/ds/x	vous	+ ez
il/elle/on	+ e/d/t	ils/elles	+ ent

Learn irregular verbs by heart (see page 168).

Entraînez-vous!

3 Trouvez des exemples de verbes avec les terminaisons du tableau.
Exemple: Je joue/je finis/je prends/je veux, etc.

4 Traduisez en français.

a I go to the cinema once a week.

b I'm seeing my friend Katya tomorrow.

c Our homework's done. What shall we do now?

d I've known Marie since January.

e They have been waiting a long time for their exam results.

Au choix

1a **Ecoutez et reliez les régions aux photos.**

la vallée de la Loire
la Bretagne
la région Rhône-Alpes

1b Réécoutez. Notez trois mots-clés pour chaque région.

1c Quelle région préférez-vous? Pourquoi?

2 Faites oralement une description-mystère (60 mots). La classe devine de qui/quoi il s'agit. Choisissez:

a un endroit
b une personnalité
c une invention

3 Choisissez et écrivez en 80 mots:

a votre portrait
b le portrait de votre ville/région
c le portrait d'une personnalité

Phonétique

Vowels and rhythm

- French vowels are short and crisp – there are no long vowels and no diphthongs like there are in English.

A Listen and compare:
grade, queue, mine, sole, mule, blouse, fête.

- French has a more regular rhythm than English. French syllables are the same length (except the last one of a word or group of words which tends to be a bit longer).

B Listen and compare:
Elle est la première femme candidate à atteindre le second tour des élections présidentielles.
She is the first woman to reach the second round of the presidential elections.

Compétences

Learning and recording vocabulary

- How do you select the words that are worth memorising?
- How do you prefer to record these words? Notebook, index, cards, sound file?
- What method works best for you? Look, cover, write and check; record yourself and listen, etc.
- How do you fix the words in your memory? Learn them in context; invent short, fun sentences, etc.
- Does using a dictionary to find and record words help you? You can note:
  – the English translation and/or a definition in French
  – how the word is used (with what other words, phrases, etc.)
  – grammatical information (gender and plural of nouns, forms of verbs, etc.)
- How do you learn best? Little and often, five words a day, revising often, etc.

A What vocabulary from this unit will you record and learn? How? Discuss with a partner and try out the tips given here.

Les médias

By the end of this unit you will be able to:

▶ Talk about television programmes

▶ Discuss the influence of television on young people

▶ Talk about advertising and its effects

▶ Discuss French newspapers and magazines

▶ Use articles in French

▶ Use different negatives

▶ Use adjectives, including comparative and superlative forms

▶ Use verbs followed by an infinitive

▶ Express opinions, agreement and disagreement

▶ Read a passage for gist

1a Reliez chaque citation à une image appropriée.

1b 🎧 **Ecoutez pour vérifier vos réponses.**

1c Trouvez l'expression française dans les citations.

  a a reader
  b relaxation
  c current affairs
  d TV channel
  e on the front page

2a Quels médias préférez-vous? Classez-les par ordre d'importance.

  • la télévision?
  • la radio?
  • les magazines?
  • les journaux?
  • Internet?

2b 👤 **Travaillez avec un(e) partenaire. Posez-lui des questions sur ses médias préférés.**

  Exemple: *Tu préfères la télévision ou la radio?*

3 Faites le quiz à la page 19. Faites des recherches sur Internet pour trouver la bonne réponse.

A J'aime suivre la mode et je m'intéresse aux expériences personnelles des lecteurs. De temps en temps, j'aime lire des articles plus sérieux.

B Il me faut un peu de détente à la fin de la journée. J'adore les feuilletons mais je regarde aussi le journal télévisé où l'on voit des images de tous les coins du monde.

C J'adore la musique mais je peux aussi me tenir au courant de l'actualité grâce aux infos diffusées toutes les heures.

D J'apprécie le grand choix de chaînes par satellite. Ça permet de varier ce qu'on regarde et d'améliorer sa connaissance des langues étrangères.

E Je jette toujours un coup d'œil sur ce qu'il y a à la une et j'essaie de lire rapidement les titres tous les matins.

se tenir au courant (de..) *to keep up to date (with..)*
diffusé *broadcast*
améliorer *to improve*
jeter un coup d'œil sur *to glance at*

Les médias en France – testez vos connaissances!

1 *TF1* est
- **A** une chaîne de télévision
- **B** un magazine
- **C** une émission de science-fiction

2 *Libération* est
- **A** un magazine
- **B** un journal hebdomadaire
- **C** un journal quotidien

3 *Le canard enchaîné* est
- **A** une BD
- **B** une émission pour les enfants
- **C** un journal satirique

4 *France Musique* est
- **A** une émission de musique
- **B** une station de radio
- **C** un site Web

5 Dans *Public*, on trouve des articles sur
- **A** la politique
- **B** les célébrités
- **C** le cinéma

6 *Ouest-France* est
- **A** une émission de télé-réalité
- **B** un magazine mensuel
- **C** un journal régional

7 *Phosphore* est un mensuel pour
- **A** les lycéens et les étudiants
- **B** les scientifiques
- **C** les parents de jeunes enfants

8 *M6* est
- **A** une émission de radio
- **B** une série à la télévision
- **C** une chaîne de télévision

9 *Paris-Match* est
- **A** un périodique
- **B** un journal régional
- **C** une émission de sport

10 *L'Equipe* est
- **A** un feuilleton
- **B** un quotidien sportif
- **C** une station de radio

La télévision

▶ *Quelles sont les émissions préférées des jeunes Français?*
▶ *Quelles émissions aimez-vous?*

Elodie: Moi, personnellement, j'adore les feuilletons, parce que je trouve qu'ils représentent bien la vie quotidienne et parce que je m'identifie avec les personnages et à leurs problèmes. Je n'aime pas du tout les documentaires; quand j'allume le poste le soir, c'est parce que j'ai envie de me détendre.

Marion: Comme tous mes amis, j'adore les programmes de télé-réalité, qui sont, à mon avis, passionnants. On ne sait jamais ce qui va arriver! Je préfère les émissions où l'on met plusieurs candidats en compétition et on voit comment ils réagissent sous pression. J'avoue que je ne regarde jamais ni les émissions politiques ni les émissions sportives; je considère la psychologie des gens beaucoup plus intéressante!

Thomas: Je trouve les jeux et les quiz très amusants. J'aime bien essayer de répondre aux questions moi-même, car il me semble qu'on apprend beaucoup tout en s'amusant. Je ne regarde ni les téléfilms ni les feuilletons; je trouve que les personnages sont irréalistes et trop exagérés.

Antony: Je me passionne pour le sport, donc ce sont les émissions de sport en direct qui m'intéressent le plus. J'apprécie le fait que la télévision nous donne la possibilité de voir de nouveaux sports, comme par exemple, le surf ou le poker. Ce que je n'aime pas? Je déteste les jeux!

Nicolas: Moi, je ne regarde que les films à la télévision. J'aime surtout les polars et les films d'action – on n'a plus besoin d'aller au cinéma! Ma petite sœur adore les dessins animés, mais moi, je ne les regarde plus. S'il n'y a pas un bon film le soir, je ne regarde rien d'autre.

Julie: Je regarde toujours le journal télévisé, car je pense qu'il est important de savoir ce qui se passe dans le monde. A part ça, j'aime les documentaires et quelquefois les films aussi. Mais j'ai horreur de la télé-réalité, qui ne représente pas du tout la réalité, à mon avis, et qui exploite les gens.

allumer le poste *to switch on the TV*
avouer *to admit*

1 🗨 **Combien de sortes d'émissions pouvez-vous nommer en français? Travaillez avec votre partenaire, puis avec la classe.**

2a 🎧 **Ecoutez sans regarder les textes ci-dessus. Notez les émissions qu'aime ou n'aime pas chaque personne.**

2b 🎧 **Réécoutez et lisez le texte pour vérifier vos réponses.**

3a **Relisez les opinions des jeunes. Notez qui apprécierait les émissions suivantes:**

a la finale de la Coupe Européenne de football en direct
b le jeu "Qui veut gagner des millions?"
c un reportage sur la globalisation
d une série qui raconte la vie d'une famille dans un petit village plein de gens excentriques
e la dernière émission de "Star Academy"

3b **Suggérez une émission qui plairait à la sixième personne.**

3c **Dites qui n'aimerait pas les émissions de l'activité 3a.**

Exemple: **a** *Marion n'aimerait pas la finale de la Coupe Européenne de football.*

3d **Avec qui êtes-vous d'accord? Choisissez trois phrases du texte pour exprimer votre opinion concernant les émissions que vous aimez et que vous n'aimez pas.**

Grammaire ➡ 146 ➡ W6

Definite and indefinite articles

Definite and indefinite articles (which are often omitted in English) are important in French.

masculine	feminine	plural	English
le/l'	la/l'	les	the
un	une	des	a/some

Example: *J'aime les films.* I like films.
Les jeux sont amusants. Game shows are fun
J'ai regardé des dessins animés. I watched (some) cartoons.

Ⓐ **Look back at the texts you have studied so far in this unit and in the Passerelle unit. Find three examples of when definite and indefinite articles are used in French where they would not be used in English.**

4a Retrouvez dans les témoignages un maximum d'expressions pour exprimer une opinion.

Exemple: *j'adore... je trouve que...*

4b Faites correspondre les moitiés de phrases.

1 Elodie pense que...

2 Nicolas est d'avis que...

3 Julie trouve que...

4 Antony considère que...

5 Marion croit que...

a ...les dessins animés sont pour les enfants.

b ...le sport est passionnant.

c ...les documentaires sont trop sérieux.

d ...les réactions des gens normaux sont intéressantes.

e ...le journal télévisé est toujours intéressant.

5  **Posez des questions à votre partenaire au sujet des émissions de télévision. Utilisez les expressions du texte et celles de l'activité 4.**

6 Quelles sont vos émissions de télévision préférées? Que pensez-vous des différentes émissions diffusées? Ecrivez un court paragraphe pour exprimer vos opinions.

Grammaire ➡ 165 ➡ W68

Negatives

● To make a sentence negative, put *ne ... pas* (not) around the verb, e.g. *je ne regarde pas*. Use *n'... pas* if the verb begins with a vowel, e.g. *je n'aime pas*.

● There are several other negatives in French: *ne ... jamais* (never), *ne ... rien* (nothing), *ne ... plus* (no longer), *ne ... que* (only), *ne ... ni ... ni* (neither ... nor).

Ⓐ Study the texts on page 20 again. List all the negative phrases and write the meanings in English.

Example: **1** *Je n'aime pas du tout les documentaires* – I don't like documentaries at all

Ⓑ Translate these sentences into French:

1 I don't like cartoons any more.

2 I only watch documentaries.

3 I don't understand anything.

4 I watch neither game shows nor soaps.

Expressions-clés

Aimez-vous... ?

Préférez-vous... ?

Trouvez vous que... ?

A votre avis, est-ce que...

Compétences

Expressing opinions

The phrases you collected in activity 4 will be useful in many different contexts.

● Likes and dislikes: avoid overuse of *j'aime* and *je n'aime pas*. You can make these more interesting by adding qualifiers, e.g. *j'aime bien, j'aime surtout, j'aime beaucoup, je m'intéresse à, je n'aime pas du tout, j'ai horreur de.*

● Opinions: whatever topic you are discussing or writing about, try to use as many different verbs as you can from your list. Remember that you can make your French more varied by referring to other people's opinions as well as your own, e.g. *Beaucoup de téléspectateurs pensent que... Tous mes amis croient que... Mon frère trouve que... mais moi je pense que...*

Ⓐ Rewrite the following sentences starting with an opinion phrase from your list.

1 Les feuilletons racontent des histoires incroyables.

2 Les animateurs des jeux télévisés sont trop enthousiastes.

3 Les documentaires abordent souvent des sujets importants.

4 Il y a trop de sport à la télévision.

L'influence de la télévision

▸ *Quels sont les effets de la télévision sur les jeunes?*

▸ *L'influence de la télévision, est-elle bonne ou mauvaise?*

1a Regardez les graffitis et trouvez les cinq mots qui indiquent des aspects positifs de la télévision.

1b Lisez les phrases 1 à 10 sur l'influence de la télévision. Notez si chaque affirmation est positive ou négative.

1c Reliez chaque affirmation aux graffitis correspondants.

Exemple: *1 isolement, asociabilité*

1d Quelle qualité n'est pas mentionnée dans les affirmations?

1e Avec quelles affirmations êtes-vous d'accord? Travaillez avec un(e) partenaire. Une personne lit la phrase, l'autre dit "Je suis d'accord. Moi aussi, je pense que…" ou "Je ne suis pas d'accord. Je trouve que…"

1f En vous référant aux graffitis et aux opinions, faites une liste des noms et des adjectifs mentionnés.

Exemple: *la violence – violent*

1 Un jeune qui passe beaucoup de temps devant un écran devient isolé et asocial.

2 Dans les émissions de télé-réalité, on entend trop d'insultes vulgaires.

3 Une émission culturelle peut encourager les téléspectateurs à aller au théâtre ou à un concert.

4 Les jeunes enfants qui regardent trop la télévision risquent de devenir inactifs et obèses.

5 La publicité à la télévision crée de jeunes consommateurs matérialistes.

6 On apprend beaucoup en regardant les programmes éducatifs diffusés l'après-midi et le soir.

7 Exposée aux nouvelles animatrices qui sont très belles et très minces, une adolescente peut devenir dépressive.

8 Les dessins animés violents peuvent rendre un enfant violent et agressif.

9 Après avoir regardé un bon divertissement ou une bonne comédie, on se sent toujours plus détendu et plus heureux.

10 Les gens qui regardent le journal du soir sont toujours bien informés.

2a 🎧 **A votre avis, est-ce que la télévision exerce une bonne ou une mauvaise influence sur les jeunes? Ecoutez l'opinion de cinq personnes: est-elle positive ou négative?**

1 Antoine, professeur

2 Louise, mère de famille

3 Suzanne, mère de famille

4 Elisabeth, ado

5 Martin, ado

2b 🎧 **Réécoutez. Recopiez et complétez les expressions utilisées.**

a derrière une façade... ; faire passer des...

b déplorer la pauvreté de... ; des actes de violence...

c le vocabulaire se limite à... ; les relations démontrent...

d des émissions qui reflètent...

e la possibilité d'apprécier...

3a **Lisez *Compétences* et préparez cinq arguments pour exprimer votre point de vue, en vous référant aux activités 1 et 2.**

3b 🎭 **Discutez avec un(e) partenaire. Une personne exprime des opinions positives, l'autre des opinions négatives.**

4 **L'influence de la télévision, est-elle bonne ou mauvaise? Ecrivez un paragraphe pour résumer les arguments que vous trouvez les plus importants.**

Compétences

Expressing agreement and disagreement

The following key phrases can be used to express agreement and disagreement:

Je suis d'accord (que)...
Je suis tout à fait d'accord avec vous.
Je ne suis pas d'accord.
Je ne suis pas du tout d'accord.
Je suis totalement pour...
Je suis totalement/absolument contre...

Grammaire ➡ 148 ➡ W8

Adjectives

● **Agreement**

In French, adjectives always agree with the noun they describe:

un enfant violent	*des enfants violent**s***
*une émission violent**e***	*des émissions violent**es***

Ⓐ Find examples of the following adjective forms in sentences 1–10 (page 22). Write down the adjective and the noun it agrees with.

1 three masculine singular adjectives

2 three feminine singular adjectives

3 three masculine plural adjectives

4 three feminine plural adjectives

Ⓑ Add the correct ending to the following adjectives:

1 des reportages intéressant...

2 les séries américain...

3 une speakerine intelligent...

4 les publicités amusant...

● **Position**

In French, most adjectives follow the noun they describe, e.g. *une émission **violente***. However, some common adjectives go before the noun: *un **beau** film, une **grande** influence.*

Ⓒ Find five examples of adjectives used before the noun in sentences 1–10 (page 22).

La publicité

▶ *Savez-vous analyser la publicité dans la presse et à la radio?*

▶ *Comment crée-t-on une pub réussie?*

A

N'HÉSITEZ PLUS À
SALIR VOS PLUS
BEAUX VÊTEMENTS

SKIP

DE LA GAMME SKIP COLLECTION

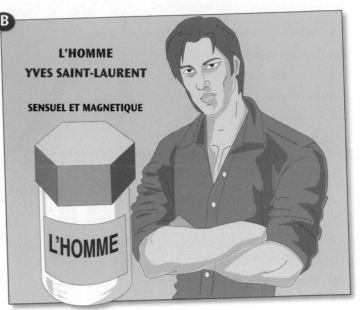

B

L'HOMME
YVES SAINT-LAURENT

SENSUEL ET MAGNETIQUE

L'HOMME

1a Regardez bien les deux publicités. Pour chacune, discutez des questions suivantes avec un(e) partenaire.

a C'est pour quel produit?

> un portable * une lessive liquide * un parfum *
> une montre * des vêtements …

b La pub vise qui exactement? Expliquez votre réponse.

> les femmes * les hommes * les jeunes * les enfants *
> les personnes âgées * les filles * les garçons …

c Qu'est-ce qui attire l'attention du lecteur?

> le slogan * l'image * les couleurs …

d Est-ce qu'il y a un message caché?

> si vous achetez ce produit, vous serez …

e Comment est-ce que la pub essaie de nous persuader d'acheter le produit?

> elle nous flatte * amuse * informe *
> surprend * choque …

1b Comparez vos réponses avec celles de vos camarades de classe.

1c Regardez dans un magazine français et choisissez une autre publicité qui vous plaît. Présentez-la à la classe, en vous référant aux *Expressions-clés*.

1d Ecrivez une courte analyse d'une publicité française. En conclusion, donnez votre opinion personnelle, en utilisant les expressions des pages précédentes.

Expressions-clés

Cette pub est pour…

Elle vise surtout…

Pour cette raison, on utilise l'image de…

C'est surtout … qui attire l'attention du lecteur.

La pub nous flatte/nous amuse/nous informe/nous surprend/nous choque, car…

Le message caché, c'est que…

Je trouve cette pub réussie, parce que…

2a 🎧 **Ecoutez les trois spots publicitaires. Pour chaque spot, choisissez de quel produit il s'agit.**

2b 🎧 **Réécoutez la première publicité et complétez les phrases avec le bon adjectif.**

a   plus *sophistiqué*

b   plus é......

c   une plus g...... mémoire

d   aussi p......

e   moins c......

2c 🎧 **Réécoutez la deuxième publicité et complétez les phrases avec le bon superlatif.**

Exemple: **a** les plus beaux pays du monde

b   les ...... villes

c   les monuments ......

d   les paysages ......

e   les ...... vacances

2d 🎧 **Réécoutez la troisième publicité et traduisez les phrases en français.**

a   a much older woman

b   the most recent photos

c   thinner than ever

d   the most beautiful hair

e   the most intimate secrets

3 👥 **Créez un spot publicitaire! Travaillez en équipe.**

a   Choisissez votre produit.

b   Décidez qui vous visez.

c   Précisez l'angle d'attaque. Voulez-vous informer/ flatter/faire rire/choquer les auditeurs?

d   Résumez le message caché de votre spot.

e   Créez un slogan.

f   Préparez et enregistrez un spot de 20 secondes environ. Utilisez au moins un comparatif, un superlatif et une question.

Grammaire   ➡ 149–150 ➡ W10

Comparative

● To compare things in French, you use:

plus ... que	more ... than
moins ... que	less ... than
aussi ... que	as ... as

Ⓐ Look back at the comparatives in your answers to activity 2b. Use the same adjectives to complete these sentences.

1   Ce nouveau parfum est plus ...... que l'ancien.

2   Mon ancien baladeur est moins ...... que ce dernier modèle.

3   Ce jean est aussi ...... que ceux que portent les top-models.

● Some common adjectives are irregular:

| *bon(ne)* | good | > | *meilleur(e)* | better |
| *mauvais(e)* | bad | > | *pire* | worse |

The adverbs are also irregular:

| *bien* | well | > | *mieux* | better |
| *mal* | badly | > | *pire* | worse |

Ⓑ Write three sentences comparing products.

1   ce shampooing – le nouveau shampooing

2   la nouvelle Renault – la nouvelle Citroën

3   ces chaussures – ces baskets (NB plural endings!)

Superlative

● To say "the most" or "the least" in French, use *le/le/les* in front of *plus/moins*.

● The position of the superlative (before or after the noun) is the same as the adjective.

Ⓒ Look back at the superlative in your answers to activity 2c. Note which superlatives go before the noun and which go after the noun.

Ⓓ Complete these phrases with an appropriate superlative. Check that it is in the correct position and that it agrees with the noun.

1   le dentifrice

2   les yaourts

3   la crème solaire

4   les ordinateurs

5   le chocolat

La presse écrite

▶ *Que préfèrent lire les Français aujourd'hui?*

▶ *Les journaux ont-ils toujours de l'importance?*

La presse française – la crise des quotidiens?

1 La lecture de la presse quotidienne continue à diminuer. Selon des sondages récents, environ 7% des Français lisent un quotidien national tous les jours, tandis que 27% d'entre eux préfèrent lire un quotidien régional. Parmi les journaux nationaux, ce sont *Le Monde* et *Le Figaro* qui comptent le plus grand nombre de lecteurs; quant aux quotidiens régionaux, *Ouest-France* et *Le Parisien* sont toujours en tête. Mais il paraît que les deux tiers de la population ne s'intéressent pas du tout à la presse quotidienne. Chez les jeunes, les quotidiens semblent être encore moins importants, car il n'y a que 4% des jeunes qui lisent un journal national et 13% qui lisent un quotidien régional.

2 Comment peut-on expliquer ce phénomène? La concurrence de la télévision et le développement des nouveaux médias comme Internet ne suffisent pas à expliquer la baisse d'audience des quotidiens en France, car les chiffres des autres pays européens sont très différents. En effet, les quotidiens allemands tirent à 24 millions d'exemplaires par jour, les britanniques à 18 millions et les français à 9 millions.

3 L'une des explications les plus vraisemblables réside dans la forte consommation française de magazines. Chaque jour, plus de 30 millions de Français lisent au moins un magazine, soit 64% de la population. Il ne faut pas oublier que les hebdomadaires d'actualité comme *L'Express* et *Le Nouvel Observateur* analysent ce qui se passe dans le monde de la même façon qu'un quotidien. Mais il existe aussi la presse féminine (*Marie-Claire* ou *Femme actuelle*), la presse sportive (*L'Equipe Magazine, France Football*) et les magazines de télévision (*Télé Z, Télé 2 semaines*). Le secteur des magazines consacrés aux célébrités, la "presse people" s'amplifie toujours, surtout depuis l'arrivée de la télé-réalité, qui crée sans cesse de nouvelles stars pour les titres comme *Public* et *Gala*.

4 Une autre cause probable est l'apparition de la presse quotidienne gratuite (PQG). Lancés en 2002, les titres comme *20 minutes* et *Métro* couvrent maintenant toutes les plus grandes villes françaises, en proposant des informations faciles et rapides à lire. Cette nouvelle presse semble répondre aux nouvelles habitudes de consommation et aux nouveaux modes de lecture des jeunes Français, qui n'aiment pas lire les articles qu'ils jugent trop longs et qui traitent les sujets sous un angle trop politique. En effet, la PQG a séduit de nombreuses personnes qui ne lisaient pas auparavant de journaux.

1a Lisez le texte et reliez les titres ci-dessous aux quatre paragraphes correspondants.

  a l'importance des magazines

  b les problèmes de la presse quotidienne

  c la presse gratuite

  d la presse quotidienne européenne

1b Relisez le premier paragraphe de l'article et complétez les phrases:

Chaque jour, ... % des Français lisent un quotidien national et ...... % des Français lisent un quotidien régional. ...... % des jeunes lisent un quotidien national et ...... % des jeunes lisent un quotidien régional. *Le Monde* est un ...... et *Ouest-France* est un ......

1c Relisez le deuxième paragraphe et complétez les phrases.

Il est possible que les Français n'achètent plus de ...... parce qu'ils préfèrent regarder les informations à la ...... ou sur ...... Mais dans les autres pays qui utilisent les nouveaux ...... , les ...... sont encore très populaires. En ...... , on vend 24 millions de quotidiens par ...... , en ...... on en vend 18 millions mais en ...... , on n'en vend que ...... millions.

> parmi *among*
> le lecteur/la lectrice *reader*
> quant à *as for*
> la baisse *decline*
> vraisemblable *probable*
> de la même façon *in the same way*
> auparavant *previously*

1d Relisez le troisième paragraphe et retrouvez dans le texte le nom de deux:

a hebdomadaires **b** magazines destinés aux femmes **c** magazines de sport **d** magazines de télévision **e** magazines people.

1e Relisez le quatrième paragraphe et complétez les phrases.

  a Les informations dans *Métro* sont...

  b Les jeunes préfèrent lire...

  c Ils n'aiment pas lire...

  d Beaucoup de gens qui aiment lire la PQG...

2a Enrichissez votre vocabulaire en relisant le texte. Faites une liste des termes du domaine de "la presse écrite".

2b Recopiez chaque expression et traduisez en anglais:

a   selon les sondages récents

b   quant aux quotidiens régionaux

c   la concurrence de la télévision

d   l'une des explications les plus vraisemblables

e   ce qui se passe dans le monde.

3a Ecoutez sept personnes parler des journaux ou des magazines qu'elles préfèrent. Pour chaque personne, notez:

a   le nom du journal/du magazine

b   si c'est un quotidien/un hebdomadaire/un mensuel.

3b Réécoutez. Choisissez un groupe de mots-clés pour chaque extrait. Ensuite, résumez le contenu de chaque extrait en une phrase.

a   satirique * indépendance * ton ironique

b   les titres * la une * un article complet

c   lycéens * orientation * boulimie * musique

d   catholique * informations religieuses

e   référence * informations * commentaires

f   destiné aux enfants * grands événements * simplifié

g   informations mondiales * style américain

3c Réécoutez et notez encore un détail pour chaque extrait.

4 Interviewez un(e) partenaire au sujet de la presse écrite. Posez les questions suivantes:

a Lisez-vous régulièrement un quotidien? Pourquoi?

b Quels articles aimez-vous lire? Pourquoi?

c Quels articles n'aimez-vous pas lire? Pourquoi?

d Lisez-vous des magazines?

e Que pensez-vous des magazines en général?

Compétences

Reading an article for gist

When you tackle a new text, try to:

● spot the key words

● use paragraph headings to help you

● focus on understanding the overall meaning of each paragraph in turn.

Don't worry if there are individual words in the text which you do not understand. You may find that you can work out their meanings from the context.

5 Ecrivez un paragraphe pour comparer la presse en Grande-Bretagne et en France. Parlez des journaux, des magazines et de la presse gratuite.

Grammaire   ➡ 155 ➡ W70

Verb + infinitive

Certain verbs in French are followed by an infinitive. These include: *aimer, préférer, détester, sembler, vouloir, pouvoir, savoir, devoir.*

A Study the text on page 26. Find an example of each of the following verbs followed by an infinitive and translate the phrase into English.

1 préférer   2 sembler   3 pouvoir

4 il faut   5 aimer

B Complete the following sentences with an infinitive from the list below.

lire * mentionner * devenir * être * acheter

1 Beaucoup de Français ne veulent plus ...... de quotidien.

2 Moi personnellement, je préfère ...... un hebdomadaire.

3 Il faut ...... le rôle de la PQG.

4 La presse people semble ...... de plus en plus populaire.

5 J'aime ...... au courant de l'actualité.

Expressions-clés

Je préfère les articles au sujet de...

Je m'intéresse à...

Je ne m'intéresse pas à...

pour me détendre

pour être au courant de l'actualité

renforcer les stéréotypes

offrir de bons conseils

Grammaire active

Negatives

When you express your own or someone else's point of view, you need to be able to use negatives correctly. Different negatives can add variety and force to your language.

Rappel

Ne … pas is not the only negative form in French. Other negatives include *ne … jamais*, *ne … rien*, *ne … personne*, *ne … que* and *ne … ni … ni*. The two parts of the negative go around the verb e.g. *je ne crois pas*, *il n'achète rien*.

Entraînez-vous!

1a Recopiez la lettre de plainte à *Télé Z* en complétant les négations. Utilisez toutes les négations de la case ci-dessus.

Je ne connais ...... qui regarde les émissions sportives, mais chaque week-end il n'y a ...... d'autre à la télévision! On ne diffuse ...... films, ... divertissements – il n'y a ...... d'interminables matchs de foot, de rugby etc. Cela ne me plaît ...... du tout, et depuis six mois maintenant, je ne regarde ...... la télévision le week-end!

1b Ecrivez votre propre lettre, en vous plaignant de la quantité des émissions de télé-réalité à la télé.

Verbs followed by an infinitive

Using a variety of verb constructions in your written and spoken French will make your language more complex and gain you marks at AS Level. Try to include the following verbs followed by an infinitive as much as you can.

Rappel

The following verbs are followed by an infinitive:
*aimer * adorer * préférer * détester*
sembler
*devoir * pouvoir * vouloir * savoir*
falloir (il faut)

Entraînez-vous!

2a Faites des phrases avec une des expressions ci-dessous.

   a La publicité semble...
   b Tout le monde aime...
   c Il ne faut pas...
   d Les enfants veulent...
   e Ils doivent...

   * avoir tous les jouets qu'ils ont vus à l'écran
   * regarder les publicités sophistiquées à la télévision
   * dominer notre société
   * ignorer l'influence de la publicité sur les enfants
   * comprendre que ce n'est pas possible

2b Complétez les phrases en utilisant une des expressions avec un infinitif.

   a Beaucoup de jeunes détestent...
   b La plupart des personnes âgées préfèrent...
   c Les lycéens aiment...
   d Les fanas de sport peuvent...
   e Les filles qui s'intéressent à la mode veulent...

Au choix

"That's Poker!"

Ce remarquable documentaire a suivi quatre joueurs à la veille des "World Series of Poker", un des plus grands tournois de poker du monde, qui se tient à Las Vegas, chaque année, à partir du 1er juin. Durant sept semaines, plus de 30 000 joueurs vont s'affronter en 40 tournois, 12 heures par jour, 7 jours sur 7. Avec des mises variant de 1000 à 50 000 dollars et des gains de 200 000 à 12 millions de dollars.

Le réalisateur a suivi les joies et les déboires de Joe Hachem, champion du monde 2005. Australien d'origine libanaise, il n'a pas 40 ans lorsqu'il accède à ce titre suprême qui lui a rapporté 7,5 millions de dollars. Austère, concentré, pratiquant un jeu agressif et tactique, ce joueur est l'objet de toutes les convoitises. Il est l'homme à abattre.

Isabelle Mercier, elle, est la femme à abattre. Cette Canadienne de 30 ans, joueuse professionnelle – elle joue depuis l'âge de 4 ans! – incroyablement rapide, est une championne redoutée. On la surnomme d'ailleurs "No Mercy" (Sans Pitié). Avocate, elle a tout vendu – son cabinet d'avocat, ses meubles, ses vêtements – pour être à Las Vegas. *Le poker*, dit-elle, *c'est comme la guerre*.

Fabrice Soulier a lui aussi tout plaqué pour vivre sa passion à Las Vegas. Cet Avignonnais, qui a financé ses études en jouant au poker et qui est devenu réalisateur de télévision tout en passant ses nuits à l'Aviation Club de France, haut lieu du poker parisien, est un des seuls joueurs français professionnels à Las Vegas.

Enfin, il y a ce beau gosse italien de 27 ans, Luca Pagano, spécialiste de poker sur Internet, tombé dans le jeu tout petit. Un grand-père champion et un père propriétaire d'un cercle de poker. Difficile de faire mieux! Symbole de cette nouvelle génération de joueurs issus de la Toile, il participe activement à de grandes parties de cash-game.

Rien des émotions de ces quatre fanatiques du poker ne nous est caché. On les vit avec eux. Ils acceptent de se livrer totalement devant la caméra. On les voit rire, pleurer de rage, le visage tendu, souriant quelquefois, toujours crispé. Même si le public ne connaît rien au poker, il comprendra vite que le but de chaque joueur est de pousser ses adversaires à miser le plus d'argent possible pour augmenter ses gains.

"That's poker, man..."

le réalisateur *director*
la convoitise *envy*
abattre *to beat*
crispé *contorted*
un adversaire *opponent*

1a Ecoutez et lisez l'article au sujet d'un documentaire à la télévision. Choisissez, dans la case ci-dessous, un titre pour chaque paragraphe.

> le champion du Web
> la belle dame sans merci
> le professionnel qui ne dort pas
> un tournoi mondial
> un champion revient
> la passion et le stress

1b Relisez les descriptions des quatre joueurs. C'est quel candidat?

a Il a grandi à Avignon.

b Il a déjà gagné ce tournoi.

c Elle a commencé à jouer au poker quand elle était toute petite.

d Il a payé ses études grâce à ses gains au poker.

e Elle a abandonné sa carrière pour jouer au poker.

f Il joue souvent en ligne.

1c Résumez le dernier paragraphe en anglais.

2 Travaillez avec votre partenaire. Une personne est journaliste, l'autre est un des joueurs décrits dans le texte. Préparez une interview en direct de Las Vegas pour le journal télévisé. Posez-lui des questions sur le tournoi et sur sa vie.

3 Vous travaillez pour une agence qui prépare la publicité pour ce documentaire. Cette campagne doit viser surtout les téléspectateurs qui ne s'intéressent pas d'habitude au poker. Inventez une affiche pour les persuader de regarder l'émission.

2 Les nouveaux médias et la musique

By the end of this unit you will be able to:

- Discuss the importance of music and downloads for young people
- Explain the popularity of blogs and wikis
- Talk about issues relating to mobile phones
- Discuss the role of the Internet

- Use the perfect tense
- Use direct object pronouns
- Use possessive adjectives and understand possessive pronouns
- Use *depuis* and *venir de*
- Use *après avoir* and *après être*
- Understand statistics and comment on them
- Understand the link between French and English suffixes
- Take notes when listening

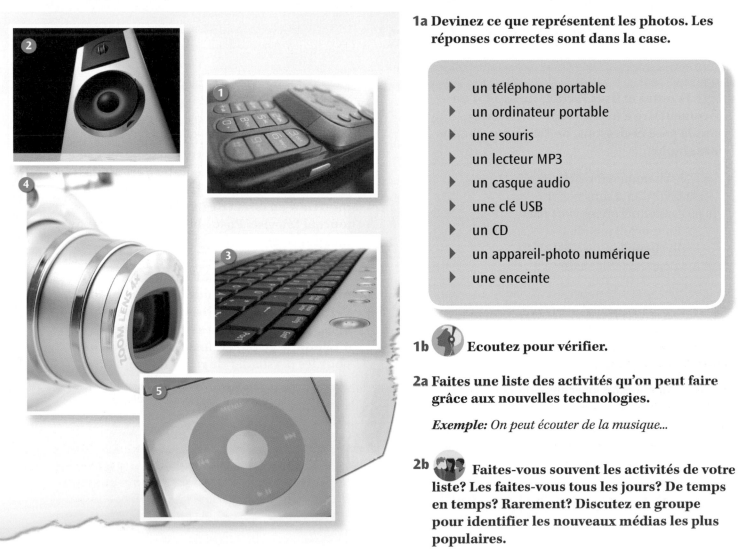

1a Devinez ce que représentent les photos. Les réponses correctes sont dans la case.

- un téléphone portable
- un ordinateur portable
- une souris
- un lecteur MP3
- un casque audio
- une clé USB
- un CD
- un appareil-photo numérique
- une enceinte

1b Ecoutez pour vérifier.

2a Faites une liste des activités qu'on peut faire grâce aux nouvelles technologies.

Exemple: On peut écouter de la musique...

2b Faites-vous souvent les activités de votre liste? Les faites-vous tous les jours? De temps en temps? Rarement? Discutez en groupe pour identifier les nouveaux médias les plus populaires.

3a Que savez-vous de la messagerie instantanée? Complétez les phrases avec un chiffre de la case.

a En ......, la société américaine ICQ invente la première messagerie

b ...... de Français se servent de MSN Messenger, la messagerie instantanée qui a le plus de succès en France.

c Un jeune sur trois, entre 12 et 25 ans, l'utilise, ce qui représente ...... de jeunes.

d En France, le nombre total d'utilisateurs de messageries instantanées dépasse les ......

e La moitié des utilisateurs en France ont moins de ......

1997	8 millions 6,8 millions
	3,5millions 25 ans

3b Relisez les phrases. Comment dit-on en français?

a in 1997

b 6.8 million French people

c one young person in three

d the total number exceeds 8 million

e half

f less than 25

3c La messagerie instantanée, est-elle importante pour vous? Posez les questions suivantes à un(e) partenaire.

- Aimez-vous "chatter" en ligne?
- Combien d'heures par jour "chattez"-vous?
- Avec qui "chattez"-vous? Avec des amis ou avec des gens que vous ne connaissez pas?
- Pourquoi aimez-vous le "chat"?

4 Comprenez-vous le langage des "chatteurs"? Travaillez avec un(e) partenaire. Lisez la conversation à haute voix et essayez de traduire les phrases en bon français.

–Slt!

–Kikoo!

–Di, tu fé koi 2 bo ce sr?

–ri1 2 spéc pkoi?

–jvé o ciné lor stu ve tpe vnir avc! rdv @ 20h 2vt le ciné?

–ok j sré! O fait ta trouvé koi @ la 3e kest du dev 2 math? 57?

–viiii!

–ok mci! bon jdoi tlaissé

–oui moi osi j vé. @ ce sr alor! kissou

–oué@+++

Pour avoir moins de lettres à taper et gagner du temps, les "chatteurs" utilisent un langage raccourci et phonétique.

slt = salut

1 = un, 2 = de, deux   koi = quoi

k = qu   o = au

j = je   jvé = je vais

                         @ = à

–Ouais, à bientôt.

–Oui, moi aussi, j'y vais. A ce soir alors! Bisou.

–D'accord, merci! Bon, je dois te laisser.

–Oui!

–D'accord, j'y serai! Au fait, tu as trouvé quoi à la 3e question du devoir de maths? 57?

–Je vais au cinéma, alors si tu veux, tu peux venir avec moi! Rendez-vous à 20h devant le ciné?

–Rien de spécial, pourquoi?

–Dis, tu fais quoi de beau ce soir?

–Coucou!

–Salut!

La musique et les jeunes

▶ *Quelle est l'importance de la musique pour les jeunes Français?*
Le téléchargement des musiques sur Internet, représente-t-elle
"une nouvelle révolution"?

1 **Posez les questions suivantes à votre partenaire, puis changez de rôle.**

a La musique, est-elle importante pour vous?

b Quelle sorte de musique préférez-vous?

c Préférez-vous écouter la radio? des CD? de la musique sur MP3? de la musique sur Internet?

d Avez-vous déjà écouté de la musique aujourd'hui? Quand? Pendant combien de temps?

2a **Lisez le texte au sujet de l'importance de la musique pour les jeunes en France.**

La musique fait partie intégrante de l'univers des jeunes. Elle est présente dans tous les moments de leur vie quotidienne et en tous lieux. La musique constitue à la fois une distraction et un signe de reconnaissance et d'appartenance à un groupe. Elle sert de prétexte et de support à la sociabilité et représente l'une des dimensions majeures (avec le sport et le cinéma) de la culture des jeunes de nombreux pays.

2b **Trouvez un synonyme dans le texte pour les phrases suivantes:**

a le monde des ados

b la vie de tous les jours

c une façon de se détendre

d les bonnes relations avec les autres

e des aspects importants.

2c **Etes-vous d'accord avec l'auteur de cet article?**

Compétences

Talking about statistics

- Make sure you understand what the figures refer to, e.g. percentages, numbers in millions, etc.
- Check that you know all your numbers in French, including years, large numbers and decimals. (Remember a decimal point in French is written as a comma – *une virgule*).
- As well as stating percentages, try to use phrases such as "half" (*la moitié*) or "one in ten" (*un/une sur dix*).
- Try to interpret the figures and make comparisons, using phrases like "*plus/moins/autant de*".

A **Look at activity 3a and note the different structures used to discuss the statistics.**

Au cours des douze derniers mois, avez-vous écouté des CD ou des disques, que ce soit chez vous ou ailleurs?

	Tous les jours	Plusieurs fois par semaine	Seulement pendant les vacances	Occasionn-ellement ou rarement	Jamais
15–24 ans	67	23	2	4	4
25–39 ans	38	34	8	12	8
40–59 ans	23	29	11	13	24
60 ans ou plus	5	18	7	15	55
Ensemble	29	26	8	12	25

3a **Etudiez les résultats du sondage et complétez les phrases.**

Au cours des douze derniers mois...

a ...... des Français âgés de 15 à 24 ans ont écouté de la musique tous les jours.

b ...... des jeunes Français n'ont écouté de la musique que rarement.

c Presque un tiers des Français âgés de 40 à 59 ans ont écouté de la musique ......

d Plus de la moitié des Français ayant plus de ...... ans n'ont pas écouté de musique du tout.

e En moyenne, les jeunes ont consacré plus de temps à la musique que ......

f Les personnes âgées ont consacré moins de temps à la musique que ......

g Presque trois Français sur dix écoutent de la musique ......

3b **Ecoutez trois jeunes Français qui participent au sondage. A quelle catégorie appartiennent-ils? Est-ce qu'ils écoutent de la musique tous les jours, plusieurs fois par semaine, seulement pendant les vacances, rarement, ou jamais?**

3c **Faites le même sondage dans la classe. Comparez vos réponses avec celles des jeunes Français.**

Grammaire ➡ 158 ➡ W38

The perfect tense: *le passé composé*

- The perfect tense is used to describe actions in the past. It is made up of two parts: (1) the present tense of *avoir* or *être* and (2) the past participle.
- Most verbs form the perfect tense with *avoir*. If the auxiliary verb is *avoir*, the past participle does not change, e.g. *j'ai écouté; les jeunes ont écouté.*
- Thirteen verbs of movement and all reflexive verbs form the perfect tense with *être*. If the auxiliary verb is *être*, the past participle agrees with the subject of the verb, e.g. *elle est allée; ils sont allés; elles se sont amusées.*

 A Listen again to the first person interviewed in the opinion poll (activity 3b). Complete the extracts below with the correct verbs in the perfect tense.

Example: *1 cette année* *a* mal *commencé*

2 j'...... ...... tomber mon baladeur

3 et il n' ...... plus ...... après

4 j'...... ...... d'acheter un lecteur MP3

B Complete each phrase with the perfect tense of the verb in brackets. Then listen to the second speaker again to check your answers.

1 ce matin, je .... (se réveiller)

2 j' .... la radio tout de suite (mettre)

3 je .... dans le bus (monter)

C Complete each phrase with a verb from the box in the perfect tense. Then listen to the third speaker again to check your answers.

1 il y a deux ans, je .... à un concert de rock

2 j' .... que ce qui compte pour moi c'est la musique jouée devant un public

3 j' .... mes CD peu intéressants

4 Je .... de les écouter

| trouver | comprendre | aller | vouloir |

D Listen again to the recordings and note the verbs used. Use your notes and answers from activities A–C to write a short report on two of the speakers. You will need to use the *il/elle* form of the verbs.

Example: *Cette année a mal commencé parce qu'il a laissé tomber son baladeur...*

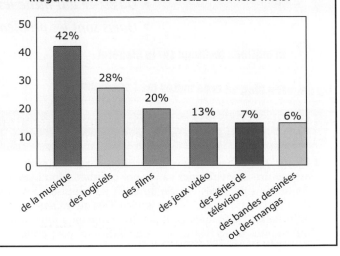

Les jeunes Français – qu'est-ce qu'ils ont téléchargé illégalement au cours des douze derniers mois?

- de la musique: 42%
- des logiciels: 28%
- des films: 20%
- des jeux vidéo: 13%
- des séries de télévision: 7%
- des bandes dessinées ou des mangas: 6%

> des logiciels *software*

4a Regardez bien le tableau. Ecrivez cinq phrases au sujet du téléchargement illégal chez les jeunes Français, en vous référant aux activités précédentes.

Exemple: *Un jeune Français sur cinq a téléchargé des films illégalement.*

4b Est-ce que vous avez déjà téléchargé de la musique gratuitement? Le faites-vous toujours?

5a Lisez les affirmations au sujet du téléchargement de la musique et décidez si elles sont positives ou négatives.

a Internet nous offre la possibilité de découvrir de nouveaux artistes.

b Il existe beaucoup de sites où on peut télécharger de la musique gratuitement et légalement.

c Les internautes qui partagent leurs fichiers sur le Net sont injustes, car les artistes n'en tirent aucun profit.

d Les gens qui enregistrent des morceaux découverts sur le Net achètent souvent des CD du même artiste après.

e Le problème du copyright n'est pas encore résolu.

f Les nouveaux groupes peuvent plus facilement faire connaître leur production.

5b Qu'en pensez-vous? Avec quelles affirmations êtes-vous d'accord?

6 Ecrivez un paragraphe au sujet de l'importance de la musique pour les jeunes en France. Citez des statistiques et donnez des exemples où vous utilisez le passé composé.

Aimez-vous bloguer?

▶ *Comment expliquer la popularité des blogs chez les jeunes?*

▶ *Qu'est-ce qui incite les jeunes à créer un blog?*

▶ *Quels sont les problèmes associés aux blogs et aux wikis?*

15 millions de blogs sur la planète!

90% des blogueurs ont entre 12 et 25 ans!

Un nouveau blog se crée toutes les 7 secondes

Un blog = un journal intime interactif

Coralie, 18 ans, est en première année de fac de psychologie. Elle fait partie des millions de jeunes blogueurs en France. Elle explique ce qui l'incite à bloguer.

1 S'exprimer sur un blog est un très bon exercice pour apprendre à développer sa propre opinion. Mon blog traite des sujets très variés: du droit à l'adoption des homosexuels au suicide des jeunes. Dès qu'un sujet m'intéresse, je le mets en ligne. Je donne mon avis. Les internautes m'écrivent. Puis, on confronte nos points de vue. On s'exprime librement et sans tabous; je ne supprime aucun commentaire d'internaute. Je ne fais pas la police!

2 Les sujets de société dont je parle dans mon blog sont nombreux. Les suicides de Noémie et de Clémence, par exemple, qui avaient annoncé leur envie de mourir dans un blog. Certaines filles expriment leur mal-être sur le Net pour ne pas être exposées au regard des autres.

Elles se disent probablement que l'anonymat les protège des jugements. Moi, je trouve cela dangereux. Seuls mes meilleurs amis sont au courant de ce qui se passe dans ma vie.

3 J'ai consacré mon blog aux débats de société, mais j'aime aussi ceux qui sont moins sérieux. Je visite les blogs qui sont consacrés à l'actualité, aux séries, à la poésie… je n'ai aucune préférence. Chacun peut simplement avoir envie de faire partager ses passions, ses espoirs, sa vie… A mon avis, les blogs nous permettent de mieux comprendre la psychologie des gens et c'est ça qui me passionne.

---

s'exprimer *to express oneself*

mettre en ligne *to put online*

un internaute *an Internet user*

supprimer *to suppress*

partager *to share*

1a Lisez le témoinage de Coralie et décidez dans quel paragraphe elle mentionne les idées suivantes.

  a Coralie aime discuter avec les autres internautes en ligne.

  b Elle aime consulter les blogs culturels.

  c Elle ne révèle jamais les détails de sa vie intime.

  d Elle s'intéresse aux différentes mentalités des gens.

  e Elle pense que chaque internaute a le droit d'exprimer son opinion sur son blog.

1b Trouvez un synonyme pour les expressions suivantes dans le texte.

  a son point de vue personnel

  b j'exprime mon opinion

  c je ne refuse pas de publier ce que disent les autres

  d elles pensent que personne ne va les condamner parce qu'on ne sait pas leur identité

  e ce qui se passe dans le monde

2 Avez-vous créé un blog? Quelles sortes de blogs aimez-vous lire? Quels sujets vous intéressent? Comparez vos idées avec celles de votre partenaire.

3a Ecoutez trois jeunes Français qui parlent de leurs blogs: Claire, Kévin et Léa. Pour chaque personne, notez:

  a pourquoi il/elle a créé son blog

  b les sujets qu'il/elle y traite

  c les sujets qu'il/elle ne veut pas traiter.

3b Lisez les affirmations ci-dessous et décidez qui parle.

  a Dès que je découvre un morceau qui me plaît, je le mets en ligne.

  b C'est ma vie intime, et je ne veux pas la partager avec n'importe qui.

  c Mon blog m'a beaucoup aidée à sortir de ma dépression.

  d Le plus important, c'est que ton blog est anonyme, personne ne sait qui l'écrit.

  e Je n'ai plus besoin de mon blog et je l'ai abandonné.

  f Si j'ai envie de parler des profs ou du travail, je le fais avec les copains.

  g Je l'ai fait surtout pour m'amuser.

  h J'ai pu parler librement de mes problèmes, les analyser et finalement les résoudre.

  i Quand je trouve une petite vidéo qui me fait rire, je la mets tout de suite sur mon blog.

  j Je n'ai jamais mis de photos personnelles sur mon blog, et en plus, n'importe qui pourrait les consulter.

3c Réécoutez pour vérifier.

4a Quels sont les arguments pour et contre les blogs et les wikis? Lisez les témoignages suivants et faites une liste des arguments pour et contre les sites interactifs.

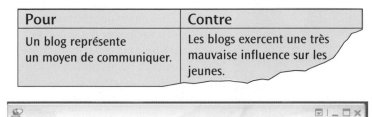

Pour	Contre
Un blog représente un moyen de communiquer.	Les blogs exercent une très mauvaise influence sur les jeunes.

Moi, j'en ai assez de l'interactivité! A mon avis, les blogs exercent une très mauvaise influence sur les jeunes. Ils les incitent à exprimer des opinions bizarres pour attirer l'attention des autres internautes. Ces jeunes blogueurs écrivent ce qu'ils veulent, ils critiquent leurs profs, ils partagent des photos gênantes, sans penser à leurs victimes. En plus, il existe des blogueurs qui mentent, et qui inventent des problèmes ou des histoires amoureuses pour s'amuser. On dit qu'un blog représente un moyen de communiquer, mais moi, je trouve qu'il mène facilement à l'égoïsme et à l'isolement.

J'utilise souvent le wikipédia, et je l'apprécie beaucoup pour son ampleur, pour sa profondeur et pour la richesse de ses références. Il est formidable de pouvoir consulter une encyclopédie comme ça chez soi, et à toute heure. Mais on ne sait jamais si les articles sont fiables. Chacun a la liberté d'écrire ce qu'il veut, donc il est difficile quelquefois de distinguer entre les faits et les opinions. Dans les encyclopédies traditionnelles, on sait que les articles ont été écrits et vérifiés par des spécialistes. Le wikipédia doit rester neutre, mais il y a toujours certains groupes qui l'utilisent pour faire de la propagande.

4b Ecrivez une réponse à un des témoignages où vous défendez les blogs et les wikis..

inciter *to encourage*	fiable *reliable*
gênant *embarrassing*	la liberté *freedom*
mentir *to lie*	un fait *a fact*
mener *to lead*	

Grammaire → 152 → W23

Direct object pronouns

A pronoun can be used instead of a noun to avoid repetition. A direct object pronoun replaces a noun which is the object of a verb. Direct object pronouns in French are:

me (me) *te* (you) *le* (him, it) *la* (her, it)
nous (us) *vous* (you) *les* (them)

- Pronouns go before the verb in French, e.g. *je la vois* (I see her).
- If the verb starts with a vowel, *me*, *te*, *le* and *la* become *m', t', l',* e.g. *il m'aime* (he loves me).
- With verbs in the perfect tense, pronouns go before the auxiliary verb, e.g. *je l'ai vu* (I saw him/it).

Preceding direct object rule

When a direct object pronoun is used in the perfect tense, the past participle agrees with the direct object pronoun, e.g. *je l'ai vue* (I saw her); *je les ai vu(e)s* (I saw them).

A Identify the direct object pronouns in the texts for activity 3b.

B Translate the sentences into English.

C Find an example of the preceding direct object rule.

Compétences

Suffixes

Many nouns in English and French are similar. An awareness of related endings (suffixes) can help you to guess a new word and can indicate its likely gender.

A Copy and complete the chart below.

English ending	English example	French ending	French ex. 1	Gender in French	French ex. 2
-em	system	-ème	un problème	masculine	
-ity	popularity	-ité	la popularité	feminine	
-ment	government	-ment	le gouvernement	masculine	
-ic(s)	politics	-ique	la politique	feminine	
-tion	nation	-tion	la nation	feminine	
-ism	realism	-isme	le réalisme	masculine	

Le téléphone portable

▶ *Quels sont les avantages et les inconvénients du portable?*

Pour mes copines et moi, avoir un portable est très important. On peut s'appeler sans passer par nos parents et on est toujours en contact. Avec mon photophone, je peux aussi envoyer des photos aux autres. Pour les jeunes aujourd'hui, les mobiles sont indispensables. Mes parents **utilisent** les leurs seulement de temps en temps, mais nous n'**éteignons** jamais les nôtres.
Bérangère, 17 ans

Le téléphone portable pour les ados n'est pas forcément une bonne chose. C'est un objet de convoitise supplémentaire. Avant on **se faisait racketter** des montres, maintenant on nous **arrache** nos lecteurs MP3 et nos téléphones portables dans la rue. Le mien est assez vieux, mais quand je sors en ville le soir, je n'aime pas l'utiliser. Je ne veux pas attirer l'attention des délinquants.
Faustine, 17 ans

Le portable peut vraiment **dépanner** dans certaines situations. Si on rate le bus, on peut envoyer un message pour **prévenir** les parents. Les miens me laissent plus facilement sortir le soir; ça les rassure de savoir qu'ils peuvent me **joindre** à tout moment.
Arnaud, 16 ans

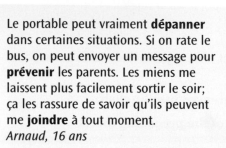

Il faut **interdire** le téléphone portable en classe. Certains ados **emmènent** le leur partout avec eux et ne l'éteignent jamais. Les portables sonnent pendant les heures de cours et **dérangent** les profs et les autres élèves. En ville ou dans le train, on **tolère les** sonneries constantes et les gens qui parlent sans cesse à haute voix, mais le travail scolaire demande de la concentration.
Lénaïc, 19 ans

Les nouveaux portables ne sont pas de simples téléphones. Le mien a un appareil-photo intégré et plusieurs jeux. Mais le mobile de ma copine offre aussi un lecteur MP3 et l'accès sans fil à Internet. Elle peut surfer sur Internet, recevoir et envoyer des e-mails. Mon portable est déjà assez sophistiqué, mais le sien est vraiment un objet à tout faire!
Julien, 18 ans

Les téléphones portables sont une mode. Presque tout le monde en a un. Mais un mobile coûte cher et en plus, il faut payer un forfait tous les mois. Ce n'est pas facile pour tout le monde. Les enfants de familles modestes qui n'ont pas de portable **se sentent** exclus quand ils entendent toujours "le mien est mieux que le tien!"
Bénédicte, 16 ans

1a 🎧 **Ecoutez et lisez les témoignages. Classez-les en deux catégories: positifs et négatifs.**

1b Utilisez un dictionnaire bilingue pour traduire ces verbes-clés du texte en anglais.

a utiliser	**g** arracher
b éteindre	**h** se sentir
c dépanner	**i** interdire
d prévenir	**j** emmener
e joindre	**k** déranger
f se faire racketter	**l** tolérer

1c Faites correspondre les moitiés de phrases.

1 Bérangère utilise son portable…

2 Les parents d'Arnaud sont rassurés…

3 La copine de Julien…

4 Faustine a peur des gangs…

5 Selon Bénédicte…

6 Pierre-Yves réclame…

a …qui menacent les jeunes et leur volent leur portable.

b …parce qu'ils peuvent joindre leur fils n'importe quand.

c …l'interdiction du téléphone portable pendant les cours.

d …peut télécharger de la musique sur son portable.

e …pour rester en contact avec ses copines.

f …les enfants se disputent au sujet de leurs mobiles.

1d Relisez les textes et notez trois arguments pour les téléphones portables et trois arguments contre.

Grammaire ➡ 147; 154 ➡ W7

Possessive adjectives

To choose the right word for "my", "your", "his" or "her" in French, look at the noun it refers to, not the gender of the person speaking: *mon portable* = my mobile; *sa mère* = his/her mother; *leur fils* = their son.

If a feminine singular noun starts with a vowel, use *mon/ton/son* instead of *ma/ta/sa*, e.g. *ton amie* (your girlfriend), *son enfant* (his/her child).

English	masculine	feminine	plural
my	*mon*	*ma*	*mes*
your	*ton*	*ta*	*tes*
his/her	*son*	*sa*	*ses*
our	*notre*	*notre*	*nos*
your	*votre*	*votre*	*vos*
their	*leur*	*leur*	*leurs*

A Find six examples of possessive adjectives in the texts on page 36 and in activity 1c and translate them into English.

B Fill in the gaps with the correct possessive adjective.

1 Ma sœur adore ..... nouveau portable.
2 Beaucoup de parents offrent un portable à ..... enfants.
3 Nous savons que dans ..... classe, tout le monde a un portable.

Possessive pronouns

The pronoun for "mine", "yours", etc. in French changes depending on whether the object it is describing is masculine or feminine, singular or plural:
le mien a un appareil-photo = (refers to a masculine singular object – *un portable*)

*ta sonnerie est amusante, mais je préfère **la mienne*** (refers to a feminine singular object – *une sonnerie*) Plural forms are ***les miens*** and ***les miennes.***

The other possessive pronouns follow the same pattern. See page 154.

C Find more examples of possessive pronouns in the text on page 36 and list them in chart form.

Possessive pronoun	Refers to	Masculine/feminine?	Singular/plural?	English meaning
les leurs	*les mobiles*	*masculine*	*plural*	*theirs*

Compétences

Taking notes when listening

Before listening:

● Read the questions carefully. Make sure you know exactly what information you are listening for.

● Think about the topic and the sort of language you might hear and try to predict likely answers.

● Check whether you have to answer in French or English and whether full sentences are required.

● Revise numbers thoroughly. Write them as figures, not words.

2a 🎧 Ecoutez la première partie du reportage au sujet de l'histoire du téléphone portable et complétez les phrases suivantes.

> Attention – il y a des statistiques dans le texte! Révisez les dates et les nombres avant de faire cette activité!

a Le téléphone portable a été inventé en ......

b Motorola lance le premier téléphone portable commercialisé en ......

c Il est aussi grand qu' ..... et il pèse ......

d Il coûte ......

e Des ..... de gens s'inscrivent sur ..... pour l'acheter.

2b 🎧 Ecoutez la deuxième partie du reportage au sujet de l'utilisation du portable aujourd'hui et complétez les blancs.

En ....., plus de ..... de téléphones portables ont été vendus dans le monde. Il y a actuellement ..... d'abonnés au téléphone portable dans le monde. Ce chiffre pourrait atteindre ..... en ......

En ....., les ..... ont envoyé ..... de SMS ("Short Message Services"). Mais le record est détenu par ....., avec ..... de SMS envoyés.

..... de ..... possèdent un téléphone portable, soit environ ..... de la population. Plus de ..... jeunes sur ..... utilisent un mobile.

> un milliard = 1 000 000 000

3 👤 Travaillez avec un(e) partenaire. Préparez une présentation PowerPoint au sujet des avantages et des inconvénients du téléphone portable. Présentez-la à la classe.

Les jeunes sur la Planète Internet

▸ *Qu'est-ce qu'on peut faire sur Internet? Quels sont les avantages d'Internet? Et quels en sont les dangers?*

1a Retrouvez dans la case les quatre synonymes d' "Internet".

*un internaute * le Web * un e-mail * le cybermarché
*la Toile * un moteur de recherche * en ligne
*un ordinateur portable * la livraison
* une commande *le Net * la société virtuelle *la
messagerie électronique * le forum * le site * le fichier

1b Utilisez un dictionnaire bilingue pour vérifier le sens des autres mots.

1c Comment utilisez-vous Internet? Discutez avec votre partenaire.

2a Lisez les témoignages et reliez chacun à l'image appropriée.

1 Depuis un an, j'utilise Internet pour organiser mes vacances. Je viens de rentrer d'un week-end super à Londres. Après avoir acheté les billets d'Eurostar en ligne, j'ai trouvé un hôtel et j'ai même réservé des places pour un concert à Wembley le samedi soir. Avec Internet, c'est facile.
Elodie

2 Quand on apprend une langue étrangère, Internet est indispensable. Depuis deux ans, j'utilise un dictionnaire en ligne, qui est excellent. En plus, maintenant je viens de découvrir des sites espagnols où on peut lire et écouter les informations chaque soir. C'est comme un voyage virtuel dans le pays!
Julie

3 Après avoir commencé à naviguer sur la Toile, je suis vite devenu accro. Depuis quelques semaines, je m'intéresse beaucoup à la politique et sur Internet on trouve tout, chacun a le droit de s'exprimer. Je viens d'examiner des sites où l'on exprime des opinions assez extrêmes, qui m'ont choqué quelquefois. Mais cela m'aide à comprendre la mentalité des extrémistes.
Nicolas

4 J'habite à la campagne, loin des grands magasins, et depuis janvier dernier je fais tous mes achats en ligne. Par exemple, je viens d'acheter un appareil-photo à carte mémoire au cybermarché. Après avoir choisi le modèle que je voulais, je l'ai commandé et il est arrivé chez moi le lendemain. Au cybermarché, on a un grand choix de produits à des prix très intéressants.
Benjamin

5 J'utilise Internet pour le travail scolaire depuis 2004. Je viens de préparer une dissertation au sujet de l'immigration en France et j'ai fait toutes mes recherches sur le Web. Après avoir consulté plusieurs sites, j'avais toutes les informations nécessaires. J'ai même pu lire des rédactions écrites par d'autres élèves à ce sujet.
Alexandre

6 Moi, j'apprécie beaucoup la messagerie électronique. Après être rentrée des Etats-Unis il y a une semaine, j'ai échangé plusieurs e-mails avec mes amis américains. Je viens de recevoir des photos de la fête d'anniversaire de ma correspondante, qui m'ont fait rire. Depuis mon retour, Internet est très important pour moi.
Amélie

2b Qui exprime les opinions suivantes?

a Internet est avant tout un moyen de communication.

b Internet est une bibliothèque mondiale accessible à chacun.

c Avec Internet, le consommateur peut accéder de chez lui à un choix gigantesque de produits.

d Internet commence à remplacer les agences de voyages traditionnelles.

e Internet favorise la liberté d'expression.

f Internet nous permet de connaître des cultures et d'apprendre des langues différentes.

2c Choisissez la bonne réponse.

1 Elodie vient **a** de faire un séjour à l'étranger
   b de réserver des places de théâtre
   c de passer une semaine en Angleterre

2 Julie vient **a** de perfectionner son espagnol
   b d'organiser un voyage en Espagne
   c d'acheter un dictionnaire

3 Nicolas vient **a** d'écrire un message à un forum
   b de voter en ligne
   c de s'informer sur des sujets politiques

4 Benjamin vient **a** de faire les grands magasins
   b d'acheter quelque chose en ligne
   c de commander des livres au cybermarché

5 Alexandre vient **a** de faire des recherches en ligne
   b de travailler à la bibliothèque
   c de publier sa dissertation sur le Web

6 Amélie vient **a** de fêter son anniversaire
   b d'envoyer des photos à ses amis
   c de rentrer de l'Amérique

3a Ecoutez les parents et reliez-les aux jeunes de la page 38.

Example: **a** *M. Martin – Benjamin*

b Mme Leblanc   **e** M. Malherbe
c M. Blondin   **f** Mme Bertin
d Mme Aubert

3b Réécoutez et décidez qui mentionne les problèmes suivants.

a le risque de vol et de fraude
b les sites qui incitent au racisme
c l'isolement des internautes
d les sites pornographiques
e la fiabilité des informations diffusées
f la sécurité des sites
g les gens qui ne sont pas connectés
h les internautes qui ne lisent plus de livres

4 "Internet fait partie de la vie d'aujourd'hui." Etes-vous d'accord? Ecrivez un paragraphe à ce sujet, tout en mentionnant les avantages et les dangers d'Internet.

Grammaire   ➡ 156; 157; 160 ➡ W65; 74

Expressions that use different tenses in French and English

In this unit, you have met three constructions where French uses a different tense from English.

● *venir de* + infinitive (to have just done something)

In English, we use the **past** tense to say "**I have** just **done**…". French uses the **present** tense of venir followed by de and an infinitive.

Je viens d'acheter un livre au cybermarché.
I have just bought a book online.

A Study the six texts on page 38 and the sentences in activity 2c. List five examples of sentences using *venir de* and translate them into English.

B Listen again to the recording for activity 3. Write down the phrase each parent uses which includes *venir de* and translate it into English.

C Translate the following sentences into French.

1 I have just watched a film on the Internet.
2 We have just organised a holiday in France.
3 My friend has just bought some CDs online.

● *depuis* (since, for)

In English, we use the **past** tense to say how long something has been going on. French uses the **present** tense with *depuis*.

J'utilise Internet depuis deux ans.
I have been using the Internet for two years.

D Write out the six sentences containing *depuis* in the texts on page 38 and translate them into English.

● *après avoir/après être* + past participle ("after doing")

In English, we use the **present** participle ("after doing"). French uses the **past** participle (literally "after having done").

Après avoir acheté un ordinateur, j'ai surfé sur Internet.
After buying a computer, I surfed the Internet.

Après m'être levé, j'ai lu mes courriels.
After getting up, I read my emails.

(With *après être*, the normal rule about past participle agreement applies.)

E Find the five examples of *après avoir/après être* in the texts on page 38 and translate them into English.

Grammaire active

Après avoir/après être

Rappel

To say "after doing…" in French, use *après avoir/après être* + past participle, e.g. *Après avoir mangé, nous avons regardé la télévision.*

If the verb takes *être*, the past participle must agree with the subject, e.g. *Après être arrivés à la maison, **ils** ont écouté de la musique.*

These constructions are useful ways of adding variety to your language and avoiding too many verbs in the perfect tense.

Entraînez-vous!

1 **Complétez les phrases suivantes avec *avoir/être* et le participe passé du verbe donné.**

Exemple: ***Après être sortie** du lycée, Julie a écouté de la musique.*

a Après ⸻ ⸻ du lycée, Julie a rechargé son portable. (rentrer)

b Après ⸻ ⸻ ses devoirs, elle a envoyé un texto à Anne. (faire)

c Après ⸻ ⸻ la réponse d'Anne, elle a téléphoné à sa mère. (lire)

d Après ⸻ ⸻ avec sa mère, elle est sortie de la maison. (parler)

e Après ⸻ ⸻ dans le bus, elle a envoyé un autre message à Anne. (monter)

f Après ⸻ ⸻ devant le cinéma, les filles sont entrées voir le film. (se retrouver)

2 **Ecrivez encore cinq phrases qui commencent par *après avoir/après être* sous le titre "Martin utilise Internet".**

Verbes-clés

télécharger	chatter
écouter	regarder
lire	faire
obtenir	envoyer
écrire	chercher
trouver	organiser

The perfect tense

Rappel

The perfect tense is used to describe actions in the past. It is made up of two parts:

   1 the present tense of *avoir* or *être*

   2 a past participle.

Entraînez-vous!

Noé (17 ans) est un fou d'informatique et de nouvelles technologies, un véritable "geek". Sa mère, inquiète, écrit une lettre à un magazine, où elle décrit ce qu'il a fait le week-end dernier.

Le comportement de mon fils devient de plus en plus bizarre. Samedi dernier, par exemple, il s'est levé à dix heures et…

3 Continuez le récit. Décrivez ce qu'a fait Noé samedi et dimanche et ce qu'il n'a pas fait. Utilisez des verbes au passé composé et *après avoir/après être*.

Au choix

Internet au quotidien

Les pratiques les plus répandues sur la toile

Recherche d'informations	
Messagerie électronique	
Recherche documentaire	
Obtenir des informations administratives	
Compte bancaire	
Achat de biens et services	
Messagerie instantanée	
Organisation de vacances	
Musique, films	

0 10 20 30 40 50 60 70 80 90

> la messagerie électronique *e-mail*
> la messagerie instantanée *instant messaging*
> les biens *goods*

1a Regardez le tableau et écoutez bien le reportage sur le sondage. Complétez les phrases suivantes avec le bon chiffre précis.

a ..... % des gens utilisent Internet pour chercher des informations sur des services et des biens.

b ..... % des Français font des recherches documentaires sur la Toile.

c ..... % des Français obtiennent des informations administratives en ligne.

d ..... % des internautes envoient ou reçoivent des e-mails sur le Net.

e ..... % des internautes utilisent Internet pour chatter.

f ..... % des internautes consultent leur compte bancaire sur Internet.

g ..... % des Français font des achats en ligne.

h ..... % des Français organisent leurs vacances sur le Web.

i ..... % des internautes écoutent de la musique ou regardent des films sur Internet.

1b Complétez les phrases suivantes en vous référant aux statistiques.

a Plus de la moitié des Français utilisent Internet pour...

b Un tiers des internautes...

c Presque trois quarts des Français utilisent...

d Plus de trois internautes sur dix...

1c Ecrivez encore trois phrases au sujet des statistiques.

Les dangers du portable

De nombreuses études ont été réalisées pour savoir si l'utilisation du téléphone portable a des effets dangereux sur notre santé. Les chercheurs n'arrivent pas tous à la même conclusion. Certains affirment que l'utilisation du téléphone portable entraîne migraines, pertes de mémoire, fatigue, dépressions, voire cancers. D'autres estiment au contraire que le portable n'a pas d'influence sur notre santé. Conclusion: on ne sait pas.

Cela ne signifie pas pour autant qu'il n'y a aucun risque. En effet, le fonctionnement des portables nécessite l'émission d'ondes pulsées invisibles. Ces ondes ne sont pas sans conséquences sur notre organisme. Des personnes souffrent de maux de têtes lorsqu'elles utilisent trop leur téléphone portable. Les enfants sont plus fragiles que les adultes face à ces ondes.

Bref, dans le doute, il faut respecter quelques règles: utiliser le portable pour des appels très courts (trois à cinq minutes), l'éteindre quand on ne l'utilise pas, ne pas placer de téléphone près des organes sensibles (cœur, foie...), et surtout interdire le portable aux plus fragiles (les petits enfants, femmes enceintes et personnes malades).

> voire *even*
> une onde *a wave*
> éteindre *to switch off*
> le foie *the liver*
> interdire *to forbid*

2a Lisez l'article au sujet des dangers du portable et répondez aux questions suivantes en anglais.

a Name five health problems which scientists have suggested could be caused by mobile phones. (5)

b Is there agreement about the effect of mobile phones on health? (1)

c What aspect of mobiles is thought to have an effect on users? (1)

d Which age group is particularly vulnerable? (1)

e What rules are suggested for the use of mobile phones? (4)

2b On vient de lancer une campagne pour encourager les gens à utiliser leur portable d'une façon responsable. Faites un poster ou une brochure où vous présentez les conseils donnés dans l'article ci-dessus.

3 Préparez une présentation orale sur le sujet "L'importance d'Internet pour les Français".

L'influence de la publicité, est-elle bonne ou mauvaise?

La publicité est un aspect essentiel de la société de consommation. Elle est partout et elle prend les formes les plus variées: les affiches sur les murs, les flashes à la radio et à la télé, les prospectus dans les boîtes à lettres, les gadgets distribués gratuitement, les t-shirts des sportifs... Mais cette omniprésence de la publicité ne plaît pas à tout le monde.

Anne: Je suis concernée par le fait que la publicité utilise des stéréotypes et des clichés traditionnels – la mère fait la cuisine, le père va au travail et les enfants heureux jouent dans une maison confortable. Les gens qui ne se sont pas conformés aux stéréotypes se sentent exclus.

Bernard: La publicité cherche à nous manipuler. Je pense surtout aux campagnes de positionnement des marques, dont le but est de graver le nom d'une marque dans l'esprit du consommateur, plutôt que de décrire les qualités du produit.

Christophe: Je trouve que la publicité joue un rôle important en nous informant sur de nouveaux produits. Les pubs pour les voitures ou les ordinateurs, par exemple, nous donnent beaucoup d'informations techniques, qui nous permettent de faire un bon choix.

Danielle: Je suis mère de famille et c'est l'influence de la publicité alimentaire sur les enfants qui m'inquiète. On voit toujours trop de pubs pour les produits très sucrés ou gras. A mon avis, la publicité est la cause principale de l'obésité chez les enfants.

Eric: Tout le monde profite de la publicité. Le sponsoring joue un rôle important dans le monde du sport, les chaînes de télévision sont financées par la publicité. Sans elle, il y aurait beaucoup moins d'événements sportifs.

Françoise: Les top models trop minces et trop belles m'inquiètent beaucoup. Je trouve qu'elles ont une très mauvaise influence sur les filles. Les conséquences de la publicité sont souvent désastreuses: anorexie, boulimie, demandes de chirurgie esthétique, etc.

Guy: A mon avis, le public considère la publicité comme une forme de spectacle. On sait qu'elle ne représente pas la réalité, qu'elle insiste sur les qualités d'un produit sans en mentionner les défauts. Les consommateurs ne sont pas naïfs, ce sont des gens intelligents.

---

une marque *a brand, a designer name*
la chirurgie esthétique *plastic surgery*

1a Lisez les témoignages au sujet de la publicité. A votre avis, qui est pour la publicité et qui est contre?

1b Trouvez dans le texte un synonyme des expressions suivantes.

a des posters

b des brochures

c la publicité pour la nourriture

d le surpoids

e catastrophiques

1c Lisez les affirmations suivantes. Qui parle?

a La publicité nous aide à comparer des produits avant d'en acheter.

b Les filles qui veulent ressembler aux mannequins risquent de tomber malades.

c La plupart des gens trouvent la publicité amusante.

d Pour nous persuader d'acheter des vêtements de marque, on répète le nom du produit.

e La vie familiale représentée dans les publicités n'est pas réaliste.

f La publicité finance beaucoup de spectacles.

g La publicité incite les enfants à manger des choses qui ne sont pas saines.

Les garçons sont plus attirés par Internet que les filles!	garçons	filles
% qui surfent depuis plus de six mois	75%	71%
% qui se connectent au moins trois fois par semaine	82%	73%
% qui utilisent Internet pendant plus de trois heures d'affilée	11%	5%
% qui ont déjà effectué un achat sur Internet	16%	9%
% qui possèdent un e-mail	79%	74%
% qui préfèrent les sites dédiés aux jeunes	70%	86%
% qui préfèrent les sites dédiés aux jeux en général	64%	21%
% qui préfèrent les sites dédiés à une personnalité	19%	44%

2a Travaillez avec un(e) partenaire. A cache les pourcentages des garçons, B cache ceux des filles. A pose des questions au sujet des garçons et note les réponses. Ensuite, B pose des questions au sujet des filles. Après, regardez le tableau pour vérifier les chiffres.

Exemple: *Quel pourcentage de garçons surfent depuis plus de six mois?*

2b Complétez les phrases suivantes.

a Plus de huit garçons sur dix...

b Presque la moitié des filles...

c Moins d'une fille sur dix...

d Moins d'un quart des filles...

e Plus de garçons que de filles...

2c Ecrivez encore trois phrases pour comparer les attitudes des filles et des garçons.

2d Préparez une présentation au sujet de l'usage d'Internet par les jeunes Français. Comparez les attitudes des garçons à celles des filles en citant des statistiques.

3a Ecoutez la première partie d'une émission de radio où l'on traite le sujet de la télévision dans la chambre des enfants et complétez les phrases suivantes.

a Les enfants qui ont la télévision dans leur chambre la regardent ...... que les autres.

b Ces enfants regardent la télévision sans leurs ....

c Ils sont quelquefois ....

d Les enfants ayant la télévision dans leur chambre se couchent ....

e Les enfants qui n'ont pas la télévision dans leur chambre ont de ...... notes scolaires.

f Les enfants qui ont la télévision dans leur chambre sont moins forts en ....

3b Ecoutez la deuxième partie d'une émission, où quatre personnes expriment leur point de vue. Pour chaque personne, choisissez deux phrases de la case.

a Il y a beaucoup de distractions qui peuvent détourner les adolescents de leurs études.

b Cela a complètement bouleversé notre vie de famille.

c Les ados doivent vivre autre chose que les études.

d Ses libertés dépendent de ses résultats scolaires.

e Il ne regarde jamais la télé en famille.

f "Pas de résultats, au revoir la télé."

g Il faut savoir concilier le travail et les distractions.

h Rien n'est plus important que de solides études.

3c Réécoutez la deuxième partie de l'émission et résumez en anglais ce que dit chaque personne.

4 Au début du 21ème siècle, quels sont les médias les plus importants? Ecrivez une réponse à cette question en 200 mots. Choisissez au moins trois médias différents, expliquez leur importance et décrivez leurs avantages et leurs inconvénients. Utilisez le vocabulaire des unités précédentes.

La vie culturelle en France

By the end of this unit you will be able to:

▶ Talk about different types of film

▶ Discuss the history of French cinema and the effect of DVDs

▶ Talk about the role of theatre and festivals

▶ Talk about different types of music

▶ Use prepositions

▶ Use the pluperfect tense

▶ Use the relative pronouns *qui* and *que*

▶ Form and use adverbs

▶ Use demonstrative adjectives and pronouns

▶ Speak effectively from notes

▶ Deal confidently with longer reading texts

1a Que savez-vous de la culture en France? Reliez les prénoms et les noms de famille des artistes. Utilisez Internet.

Gérard	Edith	Lelouch	Tautou
Audrey	Youssou	Truffaut	Depardieu
François	Maurice	Cézanne	Sartre
Claude	Paul	Ionescol	N'Dour
Albert	Auguste	Camus	Ravel
Eugène	Jean-Paul	Rodin	Piaf

1b Identifiez la profession de chaque personnage de l'activité 1a.

acteur/actrice	musicien/musicienne
réalisateur/réalisatrice	compositeur
cinéaste	artiste, peintre
auteur, écrivain	sculpteur
chanteur/chanteuse	

1c Reliez chacune des œuvres suivantes à un personnage de la liste.

a *Boléro*

b *La Vie en Rose*

c *Le Penseur*

d *L'Etranger*

e *Le Fabuleux destin d'Amélie Poulain*

2 Faites des recherches sur Internet et nommez trois autres artistes français: un du monde du cinéma, un du théâtre et un de la musique. Rédigez une affiche avec pour titre "La culture française" en y mettant des détails concernant les trois personnes que vous avez choisies.

LES PRATIQUES CULTURELLES DES FRANÇAIS

Lecture de livre 58%

Théâtre 16%

Concert ou spectacle 31%

Musée ou exposition 39%

Cinéma 47%

Ecoute de musique 75%

3a **Etudiez les statistiques sur les loisirs des Français. Quelle est l'activité culturelle la plus populaire? Et la moins populaire? Comment expliquez-vous cela?**

3b **Reliez les deux moitiés de phrases en vous référant aux statistiques.**

1 Les trois quarts des Français...

2 Presque quatre Français sur dix...

3 Plus de la moitié des Français...

4 Quarante-sept pour cent des sondés...

5 Presqu'un tiers des Français...

6 Seulement seize pour cent des sondés...

a ...vont au musée et aux expositions.

b ...aiment assister à un concert.

c ...lisent régulièrement un livre.

d ...vont souvent au cinéma.

e ...préfèrent écouter de la musique.

f ...ont l'habitude d'aller au théâtre.

3c **Travaillez avec un(e) partenaire. Essayez de parler pendant une minute sur les activités culturelles en France. Regardez les statistiques, mais pas l'activité 3b!**

3d **Quelles activités culturelles vous intéressent? Discutez avec votre partenaire. Utilisez les expressions suivantes.**

souvent	une fois par semaine
de temps en temps	pendant les vacances
régulièrement	rarement
tous les jours	

On va au cinéma!

▶ *Quels genres de films sont populaires en France? Pourquoi?*

1 Roman de gare

de Claude Lelouch (France – policier) avec Dominique Pinon, Audrey Dana, Fanny Ardant

Lelouch retrouve la forme avec un drame policier.

Judith Ralitzer, auteur à succès, est en quête de personnages pour son prochain livre. Un tueur en série vient de s'échapper de la prison de la santé. Huguette, coiffeuse dans un grand salon parisien, va changer leur destin...

2 Persépolis

de Marjane Satrapi, Vincent Paronnaud (France – comédie/animation) avec Chiara Mastroianni, Catherine Deneuve

Marjane Satrapi anime sa bande dessinée.

Téhéran 1978: Marjane, huit ans, vit la révolution, puis l'instauration de la République islamique. Plus tard, la guerre contre l'Irak entraîne bombardements, privations et disparitions de proches. Ses parents décident alors de l'envoyer en Autriche pour la protéger. A Vienne, Marjane vit à quatorze ans sa deuxième révolution: l'adolescence, la liberté, l'amour mais aussi l'exil, la solitude et la différence.

3 Spider-Man 3

de Sam Raimi (Etats-Unis – fantastique/action) avec Tobey Maguire, Kirsten Dunst

La suite des aventures de l'araignée la plus connue de la planète.

Peter Parker/Spiderman semble avoir réussi à concilier son histoire d'amour avec Mary Jane et ses responsabilités de super-héros. Mais une bactérie extra-terrestre trouve le chemin de son costume et infecte son organisme, entraînant des mutations inattendues...

4 Ensemble, c'est tout

de Claude Berri (France – comédie dramatique) avec Audrey Tautou, Guillaume Canet, Laurent Stocker

L'adaptation cinématographique du roman d'Anna Gavalda. C'est la première fois qu'une de ses œuvres est adaptée au cinéma.

La rencontre de quatre destins croisés qui vont finir par se connaître, s'aimer, vivre sous le même toit.

Camille fait des ménages le soir dans les bureaux, Philibert est un jeune aristocrate timide et solitaire. Franck est cuisinier, viril et tendre, il aime infiniment sa grand-mère, Paulette, une vieille dame fragile et drôle. C'est ensemble qu'ils vont apprendre à réaliser leurs rêves...

en quête de *in search of*
les proches *close family*
entraîner *to bring about*
un roman *a novel*
une œuvre *work*

1a Ecoutez et lisez la publicité pour les quatre films. Trouvez dans les textes le nom de:

a trois réalisateurs français

b deux écrivains français

c cinq genres de films

1b Lisez les résumés des films et trouvez-y des expressions pour traduire les mots en français suivants.

a a character (in a film)　**d** the continuation

b a serial killer　**e** a love story

c a cartoon　**f** a superhero

1c Lisez les opinions des spectateurs et décidez de quel film ils parlent.

> **1** Une très belle animation en noir et blanc. Le style graphique est très original. L'histoire de l'Iran est racontée avec simplicité et en même temps avec humour. En fin de compte, du pur plaisir!
>
> **2** A mon avis, c'est sans doute le meilleur de la série! Les effets spéciaux sont parmi les plus spectaculaires jamais vus. On comprend pourquoi c'est le film au plus gros budget de l'histoire du cinéma (250 millions de dollars).
>
> **3** Une très bonne adaptation, fidèle au roman; ce film observe d'une façon légère et tendre la quête d'harmonie de ces quatre personnages au cœur pur.
>
> **4** Un vrai polar et français en plus! C'est un super suspense: pendant tout le film, on se pose des questions et on est tenu jusqu'à la fin. Un film à voir et même à revoir.

2a De ces quatre films, lesquels aimeriez-vous voir? Mettez-les par ordre de préférence, puis comparez votre liste à celle de votre partenaire.

2b Allez-vous souvent au cinéma? Quels types de films aimez-vous? Quelles sortes de films ne vous intéressent pas? Posez ces questions à votre partenaire, puis faites part de ses opinions à la classe.

> * un film d'horreur * un dessin animé * un polar
> * un film romantique * un film d'action et
> d'aventures * un film de science-fiction
> * une comédie * un film fantastique
> * une comédie dramatique

3a Ecoutez Caroline et Marc qui parlent devant le cinéma.

a Quel film préfère Marc?

b Quel film préfère Caroline?

c Quel film vont-ils voir?

d Quel film n'est pas mentionné?

3b Réécoutez. Qui exprime les opinions suivantes, Caroline ou Marc?

a Les films grand spectacle, il faut absolument les voir au cinéma.

b J'ai envie de voir un film qui fait réfléchir.

c J'ai horreur de ces blockbusters américains à budget colossal et aux effets spéciaux exagérés.

d On s'intéresse beaucoup trop à la violence, aux crimes et aux morts.

e Je préfère toujours voir un film en version originale.

f Les sous-titres, ce n'est pas idéal.

3c Relisez les phrases de l'activité 3b. Avec quelles opinions êtes-vous d'accord?

4 Travaillez en groupe et jouez une scène d'un film célèbre. Les autres doivent deviner le titre du film.

5 Ecrivez la critique d'un film que vous avez vu récemment.

Grammaire　➡ 150–151　➡ W18

Prepositions

● Many prepositions in French have a direct equivalent in English, e.g. *avec* (with), *dans* (in), *jusqu'à* (until).

● Sometimes French uses a different preposition from English: *à mon avis* (in my opinion), *en même temps* (at the same time).

● French may use a preposition where English does not: *en plus* (moreover), *à l'étranger* (abroad).

● Remember that when *de* or *à* come before *le* or *les*, they combine: *le film au plus gros budget, l'adaptation du roman*.

Always think carefully about the correct preposition to use. Learn which preposition to use with a new phrase, so that you are not tempted to translate directly from English.

Ⓐ Look at the phrases containing prepositions in activity 1c. List them and work out what their English equivalents would be.

Le cinéma en France

▶ *Que savez-vous de l'histoire du cinéma français? Quelle est l'importance des DVD pour l'avenir du cinéma?*

Pour les Français, le cinéma n'est pas seulement un divertissement, c'est un art. Que savent les jeunes cinéphiles de l'histoire du cinéma français?

A
J'ai appris que Georges Méliès avait réalisé le premier film de science-fiction *Le Voyage dans la Lune* en 1902. Ce film avait duré 14 minutes seulement, mais les effets spéciaux avaient impressionné tous les spectateurs.

B
Mes grands-parents viennent d'acheter *La Grande Vadrouille* en DVD. Ils l'avaient vue au cinéma pendant les années soixante, ils avaient ri et, ils s'étaient très bien amusés. En fait, j'ai lu que c'est le film qui avait eu le plus grand succès sur le territoire hexagonal – jusqu'à l'arrivée de *Titanic!*

C
Le grand succès international du 21ème siècle, c'est sans doute la comédie romantique *Le Fabuleux destin d'Amélie Poulain*. Je l'ai vu récemment à la télévision, mais en 2001 il avait connu un succès fou presque partout dans le monde. On m'a dit que même les Américains l'avaient aimé!

D
J'ai fait des recherches sur les frères Lumière. Je savais déjà qu'ils avaient inventé le cinématographe en 1895. J'ai découvert qu'ils avaient présenté une dizaine de courts-métrages à des spectateurs payants quelques mois plus tard à Paris. La première séance de cinéma!

E
J'ai été très impressionné par *La Haine*, qui traite le thème de l'exclusion et du racisme dans les banlieues. Mes parents m'ont dit que ce film avait choqué la France dans les années 80, parce qu'on l'avait trouvé trop violent et parce qu'il avait abordé des problèmes sociaux très difficiles.

F
Les Enfants du Paradis, qui était sorti en 1943, a été nommé "meilleur film français de l'histoire du cinéma" pendant les années 80. Marcel Carné avait réalisé ce film pendant l'Occupation et il l'avait tourné dans le plus grand secret, car plusieurs des acteurs travaillaient dans la Résistance.

G
J'ai découvert des films de la "Nouvelle Vague" sur Internet qui m'ont beaucoup plu. Les jeunes cinéastes des années cinquante, comme Jean-Luc Godard et François Truffaut, avaient imposé un nouveau style plus réaliste, plus naturel, qui avait influencé tous les réalisateurs qui ont suivi.

un cinéphile *a cinema fan*
réaliser un film *to make a film*
un court-métrage *a short film*
un cinéaste *a film maker*

1a Lisez les témoignages au sujet de l'histoire du cinéma français et mettez-les dans le bon ordre chronologique.

Exemple: D (les frères Lumière)...

Grammaire ➡ 160 ➡ W48

The pluperfect tense

The pluperfect tense is used to describe something that **had** happened. It is formed using the imperfect tense of *avoir* or *être* (see page 159) and a past participle.

Example: *elle avait vu* she had seen

ils s'étaient bien amusés they had enjoyed themselves

The rules about past participle agreement in the perfect tense also apply to the pluperfect tense. See pages 32 and 159.

The pluperfect tense stresses that events are further back in time. It is mainly used in reported speech and to give reasons based on earlier events.

1b Reliez les deux moitiés de phrases.

1 On a noté que *Le Voyage dans la Lune*...

2 On a appris que *La Grande Vadrouille*...

3 On a découvert que *La Haine*...

4 On a remarqué que *Le Fabuleux destin d'Amélie Poulain*...

5 Les grands-parents ont acheté *La Grande Vadrouille*...

6 *La Haine* a choqué les Français...

7 On admirait toujours les cinéastes de la "Nouvelle Vague" plusieurs années plus tard...

8 Les frères Lumière sont devenus célèbres...

a ...avait fait rire les Français.

b ...avait beaucoup plu aux Américains.

c ...avait duré 14 minutes seulement.

d ...avait traité les problèmes des banlieues.

e ...parce qu'ils avaient réalisé des films plus naturels.

f ...parce qu'on l'avait filmé dans les banlieues.

g ...parce qu'ils avaient présenté leurs films au grand public.

h ...parce qu'ils l'avaient vue quarante ans auparavant.

2a Ecoutez le reportage sur l'importance des DVD pour le cinéma français. Quel film n'est pas mentionné?

a *Les Enfants du Paradis*

b *Jean de Florette*

c *Le Fabuleux destin d'Amélie Poulain*

d *La Haine*

e *Les Quatre Cents Coups*

2b Réécoutez et notez les quatre avantages des DVD mentionnés par le reporter.

a le choix énorme de films

b la possibilité de découvrir les films classiques

c la documentation contextuelle

d les "outtakes"

e le développement du "cinéma à domicile"

f le prix bas

2c Réécoutez et complétez les phrases suivantes en français.

a La location de films sur Internet permet aux cinéphiles de...

b Les films classiques ne figurent jamais...

c La documentation nous aide à...

d L'ami de Truffaut commente...

e La télévision à écran large et plat nous permet d'...

f Le financement public du cinéma en France est important pour...

g Grâce aux DVD, on peut découvrir...

3 Jeu de rôle. Travaillez avec un(e) partenaire. A est un(e) jeune cinéphile qui essaie de persuader ses parents d'acheter une télévision à écran large et plat. B est sa mère/son père qui pense qu'il est préférable d'aller au cinéma. Lisez *Compétence*s, préparez vos arguments et jouez la conversation.

4 A votre avis, le cinéma français a-t-il toujours un rôle important? Ecrivez une réponse à cette question. Mentionnez l'histoire du cinéma, les réalisateurs et les films les plus célèbres, la concurrence des films hollywoodiens et l'influence du numérique.

Compétences

Speaking from notes

● Structure your notes clearly, e.g. in bullet points.

● Always make notes in French, not English.

● Don't be tempted to write out full sentences. Note a few key phrases for each point.

● Include good structures and topic-specific vocabulary.

● Check pronunciation of all the language in your notes.

Vive le théâtre!

▸ *Quels genres de théâtre sont populaires en France?*

▸ *Qu'est-ce qui se passe au Festival d'Avignon?*

Jeunesse – Culture

Que pensez-vous du théâtre?

Moi personnellement, j'adore les comédies musicales. J'ai vu *Les Misérables* trois fois déjà – quel spectacle! Les décors et les costumes étaient splendides, les acteurs ont bien joué leurs rôles et, en plus, ils ont chanté brillamment. Le théâtre que je préfère, c'est certainement celui qui m'amuse et qui me divertit.
Julie

J'étudie les arts dramatiques à Paris, alors je vais régulièrement à la Comédie Française, où il y a toujours des représentations des pièces classiques. Généralement, je préfère les tragédies, mais récemment j'ai vu une merveilleuse comédie, *L'Avare,* de Molière, que j'ai beaucoup aimée et qui m'a fait rire. J'admire énormément le dramaturge anglais, Shakespeare, qui lui aussi, traite des sujets qui sont toujours actuels.
Andréa

Franchement, je pense que le théâtre classique est un art démodé qui n'a pas sa place chez les jeunes d'aujourd'hui. Ce qui est beaucoup plus intéressant, c'est le théâtre expérimental, qui met en scène des œuvres contemporaines et qui repousse constamment les limites de la représentation théâtrale. Il y a quelques mois, j'ai vu une pièce qui a duré vingt-quatre heures, que j'ai trouvée passionnante.
Benoît

N'oubliez pas le café-théâtre, qu'on retrouve dans toutes les grandes villes et qui crée une atmosphère plus intime, plus décontractée. C'est vraiment quelque chose de spécial! En plus, beaucoup de metteurs en scène célèbres ont commencé leur carrière dans les cafés de la capitale.
Olivier

Le théâtre traditionnel coûte trop cher pour nous, les étudiants. Voilà pourquoi il faut applaudir les artistes de la rue, qui nous proposent des représentations gratuites et originales. Devant le Centre Georges Pompidou à Paris, par exemple, il y a toujours des mimes, des saltimbanques, des bateleurs, des prestidigitateurs qui sont une véritable attraction touristique.
Karine

Et quand on habite à la campagne? Il n'y a pas de représentations théâtrales du tout dans mon village! Ni tragédies classiques ni saltimbanques – rien que les vaches!
Julien

> un mime *a mime artist*
> un saltimbanque *an acrobat*
> un bateleur *a juggler*
> un prestidigitateur *a conjuror*

1a Lisez les messages que les jeunes ont envoyés au forum et répondez aux questions suivantes.

a Qui aime le théâtre traditionnel?

b Qui n'a pas assez d'argent pour aller au théâtre?

c Qui préfère les pièces de théâtre modernes?

d Qui aime manger et boire pendant la représentation?

e Qui habite loin des possibilités culturelles des villes?

f Qui aime les spectacles musicaux?

g Comment s'appelle le théâtre national qui met en scène les œuvres classiques?

h Comment s'appelle le dramaturge français mentionné sur le forum?

Grammaire   154 W27

Relative pronouns: *qui* (who, which) and *que* (that)

● The relative pronouns *qui* and *que* are used to link short sentences and avoid repetition of a noun.

*J'ai vu une pièce **qui** a duré vingt-quatre heures.*

*C'est le théâtre expérimental **que** je préfère.*

● If *que* is used with the perfect tense, the preceding direct object rule applies.

*J'ai vu <u>une pièce</u> **que** j'ai trouvé<u>e</u> passionnant<u>e</u>.*

Ⓐ Find examples of sentences using *qui* and *que* in the text above. Explain why *qui* or *que* is used and translate the sentences into English.

1b Trouvez, dans le texte, des mots pour traduire les expressions suivantes en français.

a a musical

b the set (scenery)

c the costumes

d to act a part

e a performance

f a tragedy

g a comedy

h a playwright

i to create an atmosphere

j a producer

1c Relisez les messages et notez trois aspects positifs et trois aspects négatifs du théâtre qui sont mentionnés.

2 **Allez-vous souvent au théâtre? Quelles sortes de représentations aimez-vous? Parlez avec votre partenaire au sujet d'une pièce de théâtre ou d'un spectacle que vous avez vu et qui vous a plu.**

3 Le théâtre, a-t-il toujours un rôle important? Ecrivez un paragraphe pour répondre à cette question. Décrivez les aspects positifs et négatifs du théâtre et donnez votre point de vue personnel.

4 **Ecoutez le reportage sur le Festival d'Avignon et complétez les phrases suivantes.**

a Le festival d'Avignon date de .... (1)

b Il a lieu au mois de .... (1)

c Il y a des représentations dans .... (3)

d C'est un des plus célèbres festivals en .... (1)

e A l'origine, c'était exclusivement un festival de .... (1)

f Maintenant, on peut aussi voir des spectacles de .... (5)

g En 2006, le Festival a fêté .... (1)

h Cette année-là, on a vendu .... (2)

Grammaire ➡149 ➡W14

Adverbs

● Adverbs are used to describe a verb, an adjective or another adverb.

● In English, most adverbs end in *-ly*. In French, most adverbs end in *-ment*. To form an adverb in French, *-ment* is usually added to the feminine form of the adjective, e.g. *normal* ⟶ *normalement* (normally).

A Complete the grid with adverbs from the text on page 50.

Adjective	Adverb	Meaning
personnel		
certain		
régulier		
général		
franc		

● If an adjective ends with a vowel, add *-ment* to the masculine form.

● Some adjectives change the final *e* to *é* before adding *-ment*.

● If an adjective ends in *-ent* or *-ant*, the adverb ends in *-emment* or *-amment*.

B Use the rules above and the text on page 50 to complete the grid for these adjectives: *brillant, récent, constant, vrai, énorme.*

C Find the adverb which corresponds to the adjective *bon* in the text on page 50.

Le Palais des Papes, Avignon

La musique – une passion française

▶ *Quels genres de musique sont populaires en France?*

▶ *Que savez-vous du rap et du slam français?*

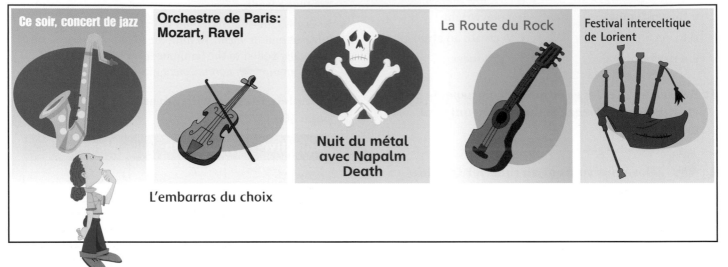

Ce soir, concert de jazz

Orchestre de Paris: Mozart, Ravel

Nuit du métal avec Napalm Death

La Route du Rock

Festival interceltique de Lorient

L'embarras du choix

1a **Lisez les affiches ci-dessus et faites une liste des différents genres de musique.**

Exemple: le jazz, …

1b **Travaillez avec un(e) partenaire. Utilisez un dictionnaire bilingue et ajoutez d'autres types de musique à la liste.**

1c **Posez ces questions à votre partenaire.**

- Quelles sortes de musique aimez-vous?
- Quels artistes préférez-vous? Pourquoi?
- Avez-vous déjà assisté à un concert ou à un festival de musique? C'était comment?

2 **Ecoutez les trois jeunes qui parlent des festivals de musique auxquels ils ont assisté. Recopiez et complétez la grille.**

Festival	C'est quand?	Quel genre de musique est proposé?	Pourquoi y est-il /elle allé(e)?	2 autres détails mentionnés
1 Festival Interceltique de Lorient				
2 Festival d'Aix-en-Provence				
3 Festival de Paris-Plage				

Grammaire   ➡147;155 ➡W11; 28

Demonstrative adjectives and pronouns

	masc. sing	fem. sing	masc. pl.	fem. pl.	meaning
adjective	*ce* (*cet* before a vowel)	*cette*	*ces*	*ces*	this/that, these/those
pronoun	*celui*	*celle*	*ceux*	*celles*	this/that, these/those ones

- Demonstrative adjectives come before a noun and must agree with it, e.g. *ce festival*, *ces concerts*.
- Demonstrative pronouns are used to avoid repeating a noun, e.g. *J'ai vu plusieurs représentations inoubliables. J'ai surtout aimé **celles** qui étaient données en plein air.*

A **Listen again to the people talking about music festivals (activity 2). For each speaker, note three examples of demonstrative adjectives and pronouns.**

B **Rewrite these sentences using a demonstrative pronoun to replace the underlined words.**

1 Tous les festivals m'intéressent, mais c'est <u>le festival</u> d'Aix que j'aime le plus.

2 Ce concert coûte cher; par contre <u>les concerts</u> qui ont lieu la semaine prochaine sont gratuits.

3 J'adore la musique. <u>La musique</u> que je préfère, c'est le jazz.

3a Lisez l'article au sujet du rap français. Faites correspondre chacun des titres suivants avec un paragraphe.

a les débuts du slam

b le message du rap français

c le rap au féminin

d une vue d'ensemble du rap français

e le rap philosophique

3b Selon le texte, quel rappeur ou quelle rappeuse traite les thèmes suivants:

a la violence conjugale

b la compréhension des autres

c les inégalités mondiales

d la politique

e les inégalités sociales

f les problèmes des banlieues.

3c Pour chacune des affirmations suivantes, décidez si elle est vraie, fausse ou pas mentionnée dans le texte.

a Le rap peut exprimer des idées violentes.

b Le slam existe dans tous les pays du monde.

c Grand Corps Malade est toujours paralysé.

d Abd Al Malik a changé d'attitude depuis sa jeunesse.

e Abd Al Malik a passé quelques mois en prison.

f Diam's critique tous les partis politiques.

g Keny Arkana est née en Afrique.

h Beaucoup de rappeurs veulent changer la société.

4 Préparez une présentation Powerpoint au sujet d'un(e) musicien(ne) français(e) qui vous intéresse. Ecrivez un résumé de sa vie et de sa musique, téléchargez des photos et enregistrez des clips.

Compétences

Dealing with a longer reading text

1 Read the whole passage for gist. Try to spot key words and get an idea of what the text is about.

2 Identify the main ideas presented in the text. Tip: the first paragraph is likely to be an introduction and the last paragraph a conclusion.

3 Identify the focus of each paragraph. Tip: the first sentence of each paragraph is usually a general statement about what is to follow.

4 Look at each paragraph in detail.

Le rap français: une scène éclectique

1 Aujourd'hui, on peut trouver en France, les musiques de presque tous les pays et des plus grands artistes du monde. Mais c'est surtout le rap qui attire les jeunes. Le rap français existe sous plusieurs formes: le rap antisystème, parfois violent, le rap commercial et dansant et le rap responsable et poétique (le slam).

2 C'est Grand Corps Malade qui a transformé le slam, la poésie contemporaine déclamée sur scène, en un phénomène grand public. Dans son album *Midi 20*, ce jeune homme traite des sujets aussi variés que l'exclusion sociale, l'amour ou les épreuves de l'existence. C'est un jeune courageux: paralysé pendant deux ans à la suite d'un accident sportif, il est parvenu à se remettre debout.

3 Abd Al Malik se pose en philosophe des temps modernes. Cet artiste d'origine congolaise, qui a tiré un trait sur son passé tumultueux (il avait basculé dans la délinquance et l'extrémisme religieux durant sa jeunesse), prêche aujourd'hui la tolérance dans un style musical qui mixe rap, slam et jazz.

4 Il ne faut pas oublier les rappeuses non plus. Diam's, une jeune femme d'origine chypriote, a réussi à s'imposer dans un milieu dominé par les hommes. Dans *Brut de femme*, elle n'hésite pas à briser le tabou des violences conjugales ou du sexisme dans les banlieues. En 2006, Diam's s'est engagée à nouveau en s'attaquant au malaise social et à l'extrême droite. On admire aussi Keny Arkana une jeune Marseillaise qui dénonce les inégalités globales, mais qui pose également son regard sur une jeunesse des cités en perdition.

5 Le rap français est une musique pleine d'énergie. Les rappeurs sont des musiciens accomplis et créatifs, mais aussi peut-être les jeunes révolutionnaires de nos jours.

une épreuve *a trial, hardship*
tirer un trait sur *to put something behind you*
basculer dans *to teeter on the edge of*
briser le tabou *to break the taboo*
le malaise *dissatisfaction*

Grammaire active

The pluperfect tense

Rappel

The pluperfect tense is used instead of the perfect or imperfect tenses to stress that events are further back in time. It is often used:

● in reported speech: *Il a dit qu'il n'avait pas compris le film.*
● to give reasons based on earlier events:
Je suis allé voir le film parce que j'avais lu le livre.

Entraînez-vous!

① Look at the sentences in activity 1b on page 49 and explain why the pluperfect tense is used in each one.

② Choose three of the texts on page 48 and write down the examples of the pluperfect tense used in each one.

③ Complete the following sentences using the pluperfect tense of the verb in brackets.

a Je suis allé voir le film parce qu'il ...... un prix au Festival de Cannes. (gagner)

b On m'a dit que les films comiques ...... beaucoup de succès dans les années 60. (avoir)

c Je voulais voir ce film parce que mes copains ...... déjà le voir. (aller)

d Je suis arrivé en retard au cinéma et le film ...... déjà. (commencer)

④ Rewrite the following sentences in reported speech. You will need to change the perfect tense of the original words to the pluperfect tense. You may also need to change the pronouns.

Example: Elle a dit: "J'ai loué un nouveau DVD".
Elle a dit qu'elle avait loué un nouveau DVD.

a J'ai dit: "Je me suis renseigné avant d'aller au cinéma".

b Il a dit: "J'ai vu le premier film *Pirates des Caraïbes* et je l'ai trouvé très amusant".

c Mon professeur m'a expliqué: "Le film est sorti en 1965".

d Mes amis ont raconté: "Nous avons décidé d'organiser un club de ciné au lycée".

Relative pronouns and adverbs

Rappel

Using relative pronouns *(qui, que)* and adverbs will make your French more fluent and complex in expression.

Entraînez-vous!

⑤ Lisez ces deux déscriptions du rappeur Booba. Laquelle utilise une langue plus complexe? Qu'est-ce qui a changé?

1 Booba est un rappeur français. Il vend beaucoup de disques mais il a mauvaise réputation. C'est le "mauvais garçon" du rap français. Il ressemble à un rappeur gangster américain. Il refuse de condamner la violence et les trafics illégaux.

2 Booba est un rappeur français, qui vend actuellement beaucoup de disques mais qui a vraiment mauvaise réputation. Ce "mauvais garçon" du rap français, qui ressemble énormément à un rappeur gangster américain, refuse absolument de condamner la violence et les trafics illégaux.

Rappel

When you have to produce a piece of written French, think carefully about the quality of language. Write a first draft in simple French, then spend at least as long again redrafting it. Link short sentences and add adverbs.

Entraînez-vous!

⑥ Réécrivez le texte dans un français plus complexe. Utilisez "qui", "que" et les adverbes de la case.

Shrek le troisième est un dessin animé américain. Il est populaire partout dans le monde. Les adultes et les enfants l'adorent. Le film raconte une aventure du célèbre ogre vert. Il vit avec la princesse Fiona. Elle aime Shrek. Le roi Harold est le père de Fiona. Il tombe malade. Shrek ne veut pas devenir roi. Il est malheureux.

extrêmement * gravement * tendrement * énormément *paisiblement * vraiment * absolument

Au choix

EDITH PIAF

Figure fascinante, blessée, géniale et terriblement humaine, Edith Piaf, de retour sur le devant de la scène avec le film *La Môme* d'Olivier Dahan, illumine toujours l'histoire de la chanson française.

La vie d'Edith Piaf est un roman. Un mélange de joies et de larmes, un drame parcouru d'élans passionnés et d'histoires de cœur déchirantes. Celle qu'on appelait "la Môme" est un personnage unique. Avec *La Môme,* le réalisateur Olivier Dahan donne enfin vie au mythe. Le mythe immortel d'une interprète tout entière incarnée dans ses chansons, que l'on écoute encore aujourd'hui et qui continuent de rayonner au-delà de nos frontières.

Edith Piaf est née en 1915 dans les rues de Belleville, quartier populaire de Paris, d'un père contorsionniste de cirque et d'une mère chanteuse de rue. Ballottée entre ses parents, élevée un temps par sa grand-mère tenancière de maison close, elle a connu la misère et le malheur dès son enfance. Le film revient sur cette période fondatrice et raconte comment, à dix-huit ans, elle a été repérée alors qu'elle chantait au coin d'une rue.

Son ascension était irrésistible, des grands boulevards parisiens aux salles de concert prestigieuses de New York, où elle a fait un triomphe à la fin des années 40. Amoureuse invétérée des hommes et de la vie, elle a perdu l'homme de sa vie, le champion de boxe Marcel Cerdan, dans un accident d'avion en 1949. Elle est morte à seulement quarante-sept ans, usée par les excès, la drogue, l'alcool, aussi fatiguée qu'une vieillarde.

"Edith Piaf fascine car sa musique est émouvante autant que son existence est passionnante," explique Philippe Crocq, son biographe. "Elle symbolise une époque, un âge d'or, et sa vie est un véritable drame. Ce qu'elle chantait, elle le vivait." Ses titres les plus célèbres ont fait le tour du monde, 'La Vie en Rose' mais aussi 'Padam... Padam...', 'Milord' ou 'Non, je ne regrette rien', reflètent sa volonté de jouir de la vie, malgré tout, à chaque instant."

1 **Lisez le texte au sujet d'Edith Piaf et répondez aux questions en anglais.**

  a What has reawakened public interest in Piaf recently? (1)

  b Why is Piaf's life described as being like a novel? (2)

  c What is remarkable about her songs? (3)

  d What is known about her family background? (3)

  e When was her singing talent discovered? (1)

  f What two events affected her professional and private life in the late 1940s? (3)

  g What factors contributed to her early death? (4)

  h Give three of the reasons suggested by Piaf's biographer for her continued appeal. (3)

2 **Ecoutez le reportage en direct de Los Angeles au sujet de la sortie de *La Môme*, qui a pour titre *La Vie en Rose* à l'étranger. Complétez les phrases suivantes avec un mot ou un chiffre de la case.**

  a Les journaux américains ont ...... ce film.

  b *Le Fabuleux destin d'Amélie Poulain* est le film français le plus ...... aux Etats-Unis.

  c Marion Cotillard a déjà tourné des films en ....

  d *La Vie en rose* va arriver dans environ ...... villes.

  e On a fait de la publicité pour ce film sur ....

  f Un film français qui a du succès engrange ...... de dollars environ.

  g *Spider-Man 3* a fait ...... millions de dollars le premier mois.

  h On fait souvent des versions ...... des films français à Hollywood.

  i La location des DVD sur Internet ...... les films étrangers.

populaire * favorise * aimé * mer * critiqué * produit * Internet * coûteux * américaines * anglais * télévision * originales

7 * 60 * 322 * 332 * 60 000 * 600 000 *

3 Préparez une publicité pour la télévision ou la radio pour un événement culturel anglais en français (par exemple, un film, un festival, un concert, une pièce de théâtre).

4 La culture, est-elle importante pour les Français? Quelle est l'importance de la culture française dans le monde? Ecrivez une réponse à ces questions en 200 mots.

On est des ados...
Sortez-nous de là!

4

1 Qu'est-ce qui influence votre choix de vêtements? Choisissez toutes les phrases qui sont vraies pour vous.

a Je porte ce que je veux. Le confort est plus important que le look.

b J'achète mes vêtements dans les grandes boutiques.

c Les garçons qui se maquillent...? Ah non, merci. Trop bizarre!

d Ce que je mets est à la mode mais pas trop cher.

e Je cherche mes vêtements dans des boutiques d'Oxfam.

f Je n'achète que de la haute couture. C'est cher mais c'est de très bonne qualité.

g Je suis conscient(e) de ce que les autres pensent de mon apparence.

h Le look est plus important pour les garçons que pour les filles.

i Les garçons ont de la chance: personne ne fait attention à ce qu'ils portent.

j Les garçons qui se maquillent...? Mais oui, pourquoi pas?

2 Comparez vos réponses avec celles d'un(e) partenaire et faites un petit commentaire à la classe sur les similarités et les différences.

On est ce qu'on porte!

3 Ecoutez cinq jeunes (Jérémy, Sophie, Mélanie, Jean et Romain) qui expriment leurs opinions sur les piercings et les tatouages. Ecrivez le prénom de la personne qui dit que:

a Ce n'est pas sans danger, cette sorte d'opération.

b Cela peut avoir des bienfaits psychologiques.

c Cela n'a aucun effet psychologique.

d Ce n'est pas très joli.

e Cela risque de sembler ridicule plus tard dans la vie.

4 Avec lesquelles de ces opinions êtes-vous d'accord? Quelles sont les autres raisons pour ou contre les piercings ou les tatouages? Mettez-vous en groupe et partagez vos idées.

5 Ecrivez, en français, vos réponses aux questions suivantes:

a Comment sont vos vêtements?

b Qu'est-ce que vous aimez porter/qu'est-ce que vous n'aimez pas porter?

c Quand vous achetez des vêtements est-ce que la marque est importante?

d Y a-t-il des marques que vous n'achetez jamais?

e En moyenne, combien dépensez-vous par mois pour les vêtements?

Les ados et le look

▶ *Pourquoi est-ce que les jeunes semblent obsédés par leur image? Pourquoi faut-il toujours acheter la meilleure marque? Est-ce que cette préoccupation est quelque chose de nouveau? Que nous dit le look d'un individu?*

1 **Regardez ces deux images et préparez vos réponses à ces questions:**

a Qui a l'air plus respectable, la personne A ou B? Pourquoi?

b Qu'est-ce que leur apparence nous dit sur ces deux personnes, sur leurs goûts et leurs centres d'intérêt, par exemple?

c Comparez vos réponses avec celles d'un(e) partenaire.

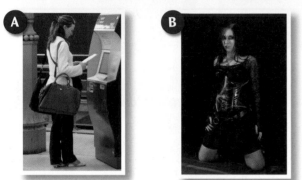

2a **Lisez les textes à droite et répondez avec le prénom de la personne dont il s'agit:**

a Son papa n'était pas content de son choix de couleur.

b Sa coiffure reflétait son passe-temps préféré.

c Son apparence multicolore et sa coiffure agaçaient son père.

d Sa jeunesse n'a pas été une période très agréable.

e Sa priorité en matière de vêtements, c'était la vitesse.

2b Traduisez en anglais.

a Je portais des vêtements de toutes les couleurs.

b Je m'habillais avec la première chose que je trouvais le matin.

c Mon père disait que j'avais l'air du comte Dracula.

d Ma mère ne faisait jamais de shopping avec moi.

e Je me changeais pour faire du cheval.

2c Traduisez en français.

a My father kept telling me all the time to go the barber's.

b My mother didn't understand why I didn't like my hair blond.

c I loved black. Everything was black.

d I didn't know how you bought clothes in normal shops.

e My parents had a farm and I owned a horse.

TÉMOIGNAGES

Moi, j'avais l'air totalement ridicule. *Je portais des vêtements de toutes les couleurs…un pantalon jaune clair* avec un pull bleu foncé et une chemise rose. Mes cheveux étaient longs et frisés. Je ne les lavais que deux ou trois fois par mois. Mon père me disait tout le temps d'aller chez le coiffeur. Il ne supportait pas l'idée d'un fils qui avait l'air d'une fille.
Frédéric

Vers l'âge de 19 ans, j'avais les cheveux roses. Ma mère ne comprenait pas pourquoi les cheveux blonds ne me plaisaient pas. Côté vêtements, c'était plutôt style "pas de style". Je m'habillais avec la première chose que je trouvais le matin.
Catherine

Moi, c'était le look goth. *J'adorais le noir.* Tout était noir. Mon père disait que j'avais l'air du comte Dracula, ce qui était exactement ce que je recherchais. Mais il s'est vraiment fâché quand j'ai peint les murs de ma chambre en noir.
Antoine

Je n'étais pas du tout féminine, j'avais un look androgyne. Les seuls magasins de vêtements que je connaissais, c'était Champion et les supermarchés en général. *Je ne savais pas comment acheter des habits dans des magasins normaux.* Ma mère ne faisait jamais de shopping avec moi. J'étais très timide et j'avais honte de mon corps.
Pauline

Je vivais à la campagne. Mes parents avaient une ferme et moi, j'avais un cheval. Alors, pour l'école, c'était le jean et le pull bleu marine avec un chemisier blanc. Très correct, quoi. Et puis dès le retour à la maison, je me changeais pour faire du cheval. Le week-end, c'était pareil. *J'avais les cheveux longs en queue de cheval, bien sûr.*
Lorène

Grammaire

➡ 159 ➡ W44

The imperfect tense

To form the imperfect tense, use the *nous* form of the verb in the present tense and replace *-ons* with the following endings:

je	-ais	nous	-ions
tu	-ais	vous	-iez
il/elle	-ait	ils/elles	-aient

Example:

- *aimer* → *nous aimons* → *aim* imperfect: *j'aimais tu aimais, il aimait, nous aimions, vous aimiez, ils aimaient*
- *voir* → *nous voyons* → *voy-* imperfect: *je voyais tu voyais, il voyait, nous voyions, vous voyiez, ils voyaient*
- *faire* → *nous faisons* → *fais-* imperfect: *je faisais tu faisais, il faisait, nous faisions, vous faisiez, ils faisaient*

The only exception is *être*:

j'étais	nous étions
tu étais	vous étiez
il/elle/on était	ils/elles étaient

A Look at the texts on page 58 and note all the examples of the imperfect tense.

B Rewrite the statements in italics in the texts in the third person (*il/elle*).

3a Ecoutez ces quatre personnes qui parlent de différents aspects du look des jeunes, puis notez si les phrases suivantes sont vraies ou fausses.

a La jeune personne ne pense pas qu'on devrait être libre de porter ce qu'on veut.

b Selon la mère, 89% des jeunes disent qu'ils portent des marques la plupart du temps.

c Le professeur de Lyon pense que certains problèmes d'argent sont dûs au phénomène des marques.

d Selon lui, certains parents sont pour l'uniforme scolaire.

e La représentante de l'association de familles parle des effets psychologiques sur les jeunes qui ne peuvent pas acheter les grandes marques.

3b Avec un(e) partenaire, préparez vos idées sur la question des grandes marques et leur importance chez les jeunes. Présentez vos idées à la classe.

a Pourquoi les jeunes insistent-ils pour avoir les grandes marques?

b Quels problèmes cela peut-il poser a) aux parents et b) aux enfants?

c Pour vous personnellement existe-t-il des marques que vous n'achetez jamais? Pourquoi?

d Quelle est l'importance du look pour vous?

4 Comment est-ce que votre look a changé depuis l'âge de 13 ou 14 ans? Ecrivez un paragraphe, en français, où vous décrivez quel look vous aviez à cet âge-là et votre look maintenant.

Compétences

Comparing and contrasting

- To compare and contrast, use the imperfect tense to say how things used to be and the present tense to say how things are now.
- To make statements of comparison or contrast, use conjunctions or linking words, e.g. *tandis que/alors que* (whereas). For example: *Quand j'étais plus jeune, j'avais moins d'inhibitions en ce qui concerne les vêtements: je portais ce que je voulais tandis que maintenant je choisis mes habits selon ce que les autres attendent de moi.*

A Put the verbs in brackets into either the present or imperfect tense.

J'[**1** être] plus courageuse quand j'[**2** avoir] seize ans. Je [**3** mettre] ce que je [**4** vouloir] alors que maintenant je [**5** faire] attention à ce que [**6** dire] mon mari.

Je [**7** connaître] ma femme quand elle [**8** avoir] dix-huit ans. A cet âge-là, elle [**9** être] très conformiste. Elle [**10** s'habiller] bien le dimanche pour aller à l'église tandis que maintenant, le week-end, elle [**11** mettre] de vieux vêtements. Elle [**12** être] plus à l'aise.

B Translate the text in activity A into English.

C Translate these sentences using *tandis que* and *alors que*.

1 I used to wear a lot of make-up whereas now I don't wear any make-up.

2 I used to have long hair whereas now my hair is very short.

3 We used to wear strange clothes whereas now we are more conventional.

Vive la célébrité

▶ *Pourquoi est-ce que nous nous intéressons tous à la vie des personnes célèbres
Est-ce que nous les envions? Leurs petites histoires nous fascinent mais est-ce
qu'elles ont quelque chose de positif à offrir?*

**1a Lisez les textes et trouvez l'histoire qui
correspond à chacun des résumés:**

a Conduite peu responsable

b Les dangers de servir à boire

c Bleu, blanc... et rouges de honte!

d Il va gagner des millions

e Après le cyclisme, le football

1b Trouvez l'expression en français qui correspond à:

a she's back on the front page

b she drinks only freshly squeezed orange juice

c the barman wasn't in the know

d she didn't say anything though

e especially when you fail

f she's playing the part of the girlfriend

g that the whole country is in love with

h the contract is worth about 2 million euros

i for trying to climb up the front of the Hôtel de Ville

j they wanted to auction the flags

**2a Travaillez avec un(e) partenaire. Discutez
des deux questions suivantes. Ensuite, comparez
vos réponses avec celles des autres membres de la
classe.**

a Laquelle de ces histoires trouvez-vous la plus
intéressante? Pourquoi?

b Laquelle de ces histoires trouvez-vous la plus digne
d'intérêt? Pourquoi?

**2b Pouvez-vous penser à des gens célèbres qui
contribuent à quelque chose de vraiment positif
pour la société ou même le monde? Que pensez-
vous de l'influence de certaines célébrités sur les
jeunes?
Préparez vos idées sous forme de notes afin de
faire par la suite une petite présentation à toute la
classe.**

**2c A partir des idées données ci-dessus, écrivez, en
français, un petit article de 100 mots destiné aux
lecteurs du magazine *Gala*:**

- un acteur ou une actrice célèbre

- un secret découvert par la presse

- la réaction de la personne célèbre.

1 DE PLUS EN PLUS AGRESSIVE, NOTRE MANNEQUIN AMÉRICAINE

Elle est de retour à la une, notre "top-model" new-yorkaise, cette fois pour un acte d'agression contre un serveur dans un bar de Londres. Histoire de cocktail mal préparé. Mademoiselle la Mannequin ne boit que du jus d'orange fraîchement pressé avec sa vodka.

Malheureusement, le barman n'était pas au courant et il en a pris dans une bouteille. Elle n'a rien dit, pourtant. Elle a tout simplement versé sa boisson sur la tête du serveur avant de lancer le verre contre le mur du bar.

2 UN FOOTBALLEUR SUPERDOUÉ TENTÉ PAR LE DOPAGE

C'est dur de vivre la pression du succès... surtout quand on échoue! Voilà ce qu'a appris notre grand striker brésilien qui joue son dixième match de suite sans marquer un but. Il a

subi un test médical obligatoire à la fin de la rencontre Brésil-Allemagne qui a indiqué des traces de substances interdites. Il proteste de son innocence, bien sûr.

3 UNE JEUNE VEDETTE DE CINÉMA RISQUE DE PERDRE SON PERMIS

Elle conduit sa BMW neuve dans une jolie petite banlieue de Cambridge (GB) à 120 kilomètres à l'heure. La vitesse maximale autorisée est de 60 k/h. Poursuivie et arrêtée par un policier, notre actrice explique que dans son

prochain film, elle interprète le rôle de la petite amie d'un pilote de course automobile et qu'elle conduisait aussi vite pour savoir comment c'était. Le policier lui a sèchement répondu que c'était dangereux.

4 ENCORE UNE "VICTIME" DE LA TÉLÉ-RÉALITÉ

Hier soir le public a voté pour la dernière fois et voilà le jeune pianiste russe éliminé du concours. A la sortie, un représentant d'une des plus grandes maisons de disques l'attendait, contrat à la main.

La signature de ce musicien dont tout le pays est amoureux vaut à peu près deux millions d'euros... CDs, concerts, tournées internationales, et évidemment, l'inévitable film sur ses origines obscures.

5 DES COPINES MÉCHANTES MAIS SYMPA!

Partout où elles vont, elles font des bêtises de plus en plus incroyables. Nos deux riches héritières viennent de passer la nuit dans la cellule du commissariat de Bourges pour avoir tenté d'escalader la façade de l'Hôtel de Ville en quête

des drapeaux français. Motif: leurs compatriotes trouvent le drapeau tricolore très joli et, de retour chez elles, elles voulaient revendre les drapeaux aux enchères pour aider les victimes de la famine.

Compétences

Improving your writing skills

Ⓐ Compare these two extracts. Which one do you think is more interesting and why?

1 Emmanuelle Béart a choisi de vivre à Bruxelles avec le nouvel homme de sa vie, l'acteur Michael Cohen. Elle va résider dans le village de Glabais. C'est plus calme. Elle sera loin des paparazzi. Elle sera libre de faire ses courses. Elle pourra embrasser son amoureux. Elle va éviter la curiosité des autres.

2 C'est dans le village de Glabais à Bruxelles qu' Emmanuelle Béart a choisi de vivre avec le nouvel homme de sa vie, l'acteur Michael Cohen. Elle va mener une vie plus calme là-bas où elle sera loin des paparazzi. Elle a choisi de vivre là parce qu'elle sera libre de faire ses courses et d'embrasser son amoureux sans susciter la curiosité des autres.

3a **Ecoutez les quatre jeunes. Complétez les blancs.**

Aimeriez-vous être célèbre?

Qui ne veut pas être célèbre? Je **[1]** d'avoir une vie de luxe. Je **[2]** épouser un homme riche même si je l'aime pas. L'argent est plus important que l'amour. Quand je **[3]** la vie des actrices ou des chanteuses célèbres, je **[4]** que je veux absolument être comme elles.
Francine

Je pense que l'importance de la célébrité est exagérée. Je n'aime pas le fait que si je ne **[5]** pas riche, je ne compte pas. Je ne **[6]** pas le succès selon mon compte bancaire. Tant de gens **[7]** corrompus par l'argent. Les personnes célèbres ne sont pas pour moi des modèles à suivre.
Grégory

Non, pas du tout. J'**[8]** trop ma vie privée. J'apprécie trop ma liberté. Je suis libre de faire ce que je **[9]** sans m'inquiéter de la curiosité des autres. Quand on est célèbre, on est tout le temps poursuivi par les paparazzi.
Shani

Oui, je **[10]** être célèbre car je **[11]** très ambitieux. Je veux devenir riche et connu. Je **[12]** de la guitare et je compose des chansons. Je **[13]** qu'un jour je **[14]** réussir et devenir une grande vedette. Et puis j' **[15]** une fortune à dépenser en voitures, en bateaux... tout ce qui représente le bonheur, quoi.
Alphonse

● When you are writing or speaking, remember to use conjunctions to make longer and more interesting sentences.

Useful conjunctions	
et and	*donc* so
mais but	*quand* when
ou or	*pourtant* yet
parce que because	*sinon* if not
comme as	*même si* even if

Ⓑ Look again at your answer to activity 2c and improve it by using more interesting sentences.

Ⓒ Swap your rewritten answer with a partner. Suggest ways of rephrasing what he/she has written.

Grammaire   ➡ 167 ➡ W50

Indirect speech

● Sometimes you will need to transfer direct speech (quoting directly what people have said) to indirect speech (reporting what someone has said).

● Direct speech tends to use the first person forms of verbs (*je* and *nous*). When transferring these to indirect speech, switch to the third person: *je* becomes *il/elle*, *nous* becomes *ils/elles*.

● Only use *elles* if the nous refers to a feminine plural. If it refers to a mixed group of masculine and feminine, use *ils*.

Ⓐ Look at the sentences below. Make a list of all the changes that occur when direct speech is transferred into indirect speech.

1 "Je veux gagner beaucoup d'argent et devenir célèbre," a dit Mathilde.
→ Mathilde a dit qu'elle voulait gagner beaucoup d'argent et devenir célèbre.

2 "Je vais faire du shopping tous les jours," a-t-elle ajouté.
→ Elle a ajouté qu'elle allait faire du shopping tous les jours.

Remember that as well as changes to the spellings of verb forms, adjectives and pronouns will also change:

3b Avec lequel des quatre jeunes êtes-vous le plus d'accord? Expliquez les raisons de votre choix.

La culture de jeunesse

▸ *Que signifie la culture de jeunesse et quelle est son importance?*

▸ *Quelle est l'importance des amis? Pourquoi les amis ont-ils souvent plus d'influence que les parents?*

1a Travaillez avec un(e) partenaire. Regardez la liste de mots à droite. Lesquels associez-vous à l'idée de la "culture"?

1b Comparez vos réponses avec celles de vos camarades de classe. Justifiez en français pourquoi vous avez choisi tels ou tels mots. Et y a-t-il d'autres mots qui ne sont pas dans la liste à droite? Lesquels?

2a Ecoutez cette interview avec un sociologue français, Hervé Baudet, qui parle de la culture de jeunesse, puis mettez les questions ci-dessous dans le bon ordre selon ce que vous entendez.

a Vous dites que c'est relativement nouveau. Cela date de quand?

b Hervé Baudet, comment définissez-vous la culture?

c Est-ce qu'il s'agit toujours de protester contre les adultes?

d Et quelle est l'importance de la mode?

e Et la culture de jeunesse?

f Est-ce que la musique joue un rôle important, alors?

2b Réécoutez l'interview et dites si les phrases suivantes sont vraies ou fausses.

a Hervé Baudet dit qu'à son avis la musique classique et la musique pop sont toutes les deux de la culture.

b Par l'intermédiaire de la culture les jeunes disent qu'ils sont toujours des enfants.

c L'interviewer demande si le cinéma joue un rôle important.

d Hervé Baudet pense que le rock'n'roll a déclenché d'autres mouvements culturels.

e Il dit que les jeunes protestent toujours contre les adultes.

f Selon Hervé Baudet, la mode influence les mouvements culturels.

g Il pense que la mini-jupe était responsable de la libération sexuelle des années soixante.

h Il dit que le commerce exploite les mouvements culturels pour faire des profits.

---

des moyens d'expression
des objets de consommation
la mini-jupe
différents styles de musique
drogues
vêtements et bijoux
les concerts de rock
les immigrés de 2ème et 3ème génération
les téléphones portables
la mode
punk, grunge, métal et rap
les boîtes de nuit

Grammaire   ➡ 166–167 ➡ W12, 29

Asking questions in French

There are several ways to ask a question in French.

1 Add a question mark at the end of a statement: *Tu aimes le football?* The intonation is important here. By making your voice go up at the end, you change a statement into a question.

2 Use *est-ce que* + subject + verb: *Est-ce que tu aimes le football?*

3 Swap subject and verb: *Aimes-tu le football?*

4 Use a question word: *Qui?* (Who?), *Quand?* (When?), *Pourquoi?* (When?), *Où?* (Where?), *Comment?* (How?), *Combien?* (How many?/How much?), *Que?* (What?), *Quel(le)(s)?* (Which? What?)

A Match the question types (1–4) above to the questions in activity 2a.

B Translate the following questions into English.

1 Depuis combien de temps écoutes-tu du rap?

2 Quand as-tu commencé à t'intéresser au rap?

3 Comment les sociologues définissent-ils la culture de jeunesse?

4 Pourquoi la musique est-elle importante?

5 Quelle musique les jeunes préfèrent-ils?

C All of the questions in activity B are "type 3" questions. Rephrase them using *est-ce que* (making them into "type 2" questions).

Example: *Depuis combien de temps est-ce que tu écoutes du rap?*

3 Lisez ces opinions et décidez s'il s'agit d'Eve, de Julien, Naomi ou Raphaël.

a It's more of a male than a female thing.

b You need to be strong to say no.

c Prove yourself by shoplifting.

d Young people are more at ease with their friends.

e It's becoming worse on estates, for example.

f Older kids influence younger ones.

g We need to equip kids to deal with peer pressure.

h You can't generalise about it.

4a  Lisez cette petite histoire où il s'agit de la pression des pairs. La copine d'Anna va-t-elle résister à la pression de son amie ou est-ce qu'elle va faire le vol à l'étalage? Avec un(e) partenaire, inventez une conclusion.

Cela est arrivé samedi dernier. J'étais en ville avec ma copine Anna. Nous étions dans une boutique. Anna n'avait plus d'argent mais elle avait très envie d'avoir un petit t-shirt rose de Versace. Elle m'a dit que si j'étais une vraie copine je lui offrirais ça. Mais il ne me restait que quelques euros… pas assez pour le t-shirt. J'ai dit à Anna que je n'avais pas assez d'argent. Elle m'a proposé de faire du vol à l'étalage. Je n'ai jamais fait une chose pareille et j'ai dit non. Elle m'a dit que j'étais lâche. Garder Anna comme copine était très important pour moi. Je n'avais pas d'autres amies…

4b  Réfléchissez à un exemple dans votre vie où vous avez été victime de la pression des pairs. Comment avez-vous réagi? Pourquoi avez-vous réagi de cette façon? Discutez à deux.

5 Voici un résumé plutôt négatif de la culture de jeunesse. Ecrivez votre réponse, en français, où vous défendez les aspects plus positifs de votre culture.

La culture de jeunesse?

C'est la musique qu'on joue si fort qu'on n'entend plus les paroles des chansons. C'est le bruit qui rend fous les jeunes. C'est ça qui les mène au vandalisme et à la délinquance. Et puis vous avez ces festivals de rock qui encouragent des foules de jeunes drogués à tout casser. La culture de jeunesse c'est la révolte, le manque de respect, le manque de discipline. C'est l'anarchie

L'influence des pairs

On parle assez souvent de l'influence que les jeunes exercent les uns sur les autres. Mais que pensent les jeunes de cette influence? Est-ce que la pression des pairs existe en réalité? Voici les opinions de quatre jeunes.

Eve

Si on est influencé ou pas dépend de l'individu. On ne peut pas dire que tous les jeunes sont influencés les uns par les autres. Si on a un caractère fort, on ne va pas se laisser faire. Si on est sûr de soi, je veux dire. Parce que pour résister à cette pression il faut savoir dire non. Il faut avoir le courage de dire ça face à l'influence des autres.

Julien
L'influence des pairs est plus forte chez les garçons que chez les filles, à mon avis. Surtout quand on est dans un groupe ou une bande parce que souvent il est question de se faire accepter par tout le groupe. Donc les autres peuvent imposer des défis. Du genre faire un petit vol à l'étalage pour prouver qu'on a sa place dans le groupe.

Naomi
Je suis persuadée que cela existe dans certains milieux. Et même que cela pose un problème de plus en plus grave. Dans des cités, par exemple, là où vous avez des jeunes d'âges différents qui se retrouvent dans les rues. Vous avez les plus âgés qui lancent des défis aux plus jeunes. Qu'il s'agisse de la délinquance – actes de vandalisme – ou de la drogue.

Raphaël

Oui, la pression des pairs existe et je dirais que c'est normal. Une jeune personne cherche son indépendance donc on va être plus à l'aise avec ses amis. Les jeunes vont vers leurs pairs quand ils ont besoin de renseignements. Puisque c'est normal, il est important d'apprendre comment faire face aux influences négatives quand elles arrivent.

Citoyens, citoyennes

▶ *Est-ce que les jeunes sont de bons citoyens? Qu'est-ce que cela veut dire?*
Une personne qui respecte les autres? Qui vote?

A votre avis, être un bon citoyen, ça veut dire quoi?

Louis

Je pense qu'un bon citoyen respecte les lois de son pays et ne commet pas de crimes. Aussi je crois que c'est quelqu'un qui aide les autres, surtout ceux qui sont vulnérables comme les sans-abri ou les personnes âgées.  Pour les sans-abri, je veux dire leur donner de quoi acheter un repas chaud. Pour les personnes âgées, leur dire bonjour tout simplement, leur offrir un petit sourire. A mon avis, c'est plus une attitude qu'autre chose.

Elisa

Etre un bon citoyen, c'est s'impliquer au maximum dans tous les aspects de la vie. Le bon citoyen vote, respecte l'environnement, et agit quand il y a un problème ou un abus humanitaire.  Moi, par exemple, j'écris à un prisonnier politique en Chine. Tous les mois, je lui envoie un petit mot pour lui montrer qu'il n'est pas oublié. Il ne peut pas me répondre mais ce n'est pas important. Je crois qu'il faut se rappeler que nous sommes des citoyens du monde.

Dimitri

Un bon citoyen? Mais ça n'existe pas. Tout le monde fait des erreurs. Par exemple, on oublie d'attacher sa ceinture de sécurité, on fume dans un endroit non-fumeurs. Ou peut-être qu'on voit un vieux monsieur qui  veut traverser la rue et on ne fait plus attention à lui parce qu'on est trop pressé. Je crois que l'important c'est d'essayer de faire le moins d'erreurs possibles et de se rappeler qu'on n'est pas seul dans la société.

Paule

C'est difficile de définir ce qu'est un bon ou un mauvais citoyen. Je crois par exemple que quelqu'un qui est raciste ou violent est effectivement un mauvais citoyen. Au  contraire, je pense que les gens qui aident les autres et essayent de se comporter au mieux dans une société sont de bons citoyens. Personne n'est parfait mais je pense que tout le monde devrait essayer de faire de son mieux.

1a **Lisez les réponses des quatre jeunes et résumez, en anglais, leurs points de vue.**

1b **Trouvez des exemples dans leurs réponses pour continuer la liste suivante. Ajoutez vos propres idées.**

- Un bon citoyen, c'est quelqu'un qui:
  respecte les lois; ne commet pas de crimes…

- Un mauvais citoyen, c'est quelqu'un qui:
  est violent pendant une manifestation; n'aide pas les sans-abri…

---

sans-abri *homeless person*
s'impliquer *to get involved*
une ceinture de sécurité *a seatbelt*

Grammaire → 152 → W24

Indirect object pronouns

- Indirect object pronouns are the object pronouns that mean "to someone" in French:

me to me	*vous* to you
te to you	*lui* to him or to her
nous to us	*leur* to them

- Like direct object pronouns (see page 35), they normally come before the verb, unless the verb is in the command form.

A Reread the texts on page 64 and write out all the indirect object pronouns.

B Find the indirect object pronouns in the statements below and translate them into English.

1 Amnesty International encourage les gens à se mettre en contact avec des prisonniers politiques d'autres pays et de leur envoyer une carte de Noël, par exemple.

2 On montre qu'on est un bon citoyen si on rend visite à son voisin pour lui dire bonjour ou pour lui demander s'il a besoin de quelque chose.

3 Si quelqu'un dans la rue vous demande de l'argent, est-ce que vous lui en donnez ou pas?

- A verb takes an indirect object pronoun if it is followed by *à* + *quelqu'un*:

dire à qqn	to tell, say to someone
demander à qqn	to ask someone
apprendre à qqn	to teach someone
donner à qqn	to give (to) someone
offrir à qqn	to offer (to) someone

Compétences

Dealing with cloze tests

- Read the language before and after the gap very carefully so that you understand exactly what the meaning of the missing item(s) should be.

- In most cases, the statements with gaps will relate to a source passage that you will have had to read. Make sure that you link the statements to the correct part of the source passage.

- Look for any grammatical clues, e.g. is the missing word a verb or an adjective?

2 **Trois jeunes ont choisi différents moyens d'exprimer leurs opinions. Lisez les trois paragraphes et remplissez les blancs avec les verbes manquants.**

Alfred

Moi, j'aime [1] des tags sur les murs de ville ou sur les portes de métro. Je sais que c'est illégal mais j'espère [2] ainsi une réaction chez les gens. J'essaie aussi [3] très artistique, comme ça cela me permet aussi [4] les rues!

provoquer * d'embellir * de rester * dessiner

Pascal

A mon avis, le meilleur moyen d'expression, c'est le droit de vote. Grâce à ce droit, on peut [5] et même empêcher certains politiciens racistes [6] élus. On apprend aussi [7] les autres et [8] avancer les choses.

à respecter * d'être * à faire * s'exprimer

Yassinda

Personnellement, j'ai décidé [9] des chansons de rap pour pouvoir [10] mon avis sur des choses que je trouve particulièrement importantes aujourd'hui. J'adore [11] et cela m'aide en plus [12] de bonne humeur!

d'écrire * chanter * donner * à rester

Grammaire active

The imperfect tense

Rappel

The imperfect tense is often referred to as the **continuous** past tense because it is used to express:

1 what was happening or what people were doing

2 the way things or people were in the past

3 something that happened repeatedly or that used to happen in the past.

Entraînez-vous!

1 **Choisissez une définition (1–3) pour chaque phrase.**

  a Selon mes parents, les jeunes étaient plus disciplinés il y a vingt ans.

  b Ils faisaient toujours ce qu'on leur disait de faire.

  c Leurs goûts étaient plus simples: il n'y avait pas la même obsession pour les grandes marques.

2 **Pensez à votre vie maintenant – vos centres d'intérêt, vos valeurs et vos priorités. Imaginez-vous dans dix ans. Comment décririez-vous votre vie? Utilisez les phrases ci-dessous et ajoutez-en d'autres.**

Quand j'avais seize ou dix-sept ans, je trouvais important de…

Je passais beaucoup de temps à…

Je n'aimais pas trop… ; je préférais…

Je m'intéressais surtout à…

3 **Lisez le texte à droite puis choisissez une expression de la case pour compléter chaque blanc. Mettez tous les verbes à la forme correcte de l'imparfait.**

  a Les hippies ...... la guerre du Vietnam.

  b Ils ...... un style de vie nomade.

  c Le pouvoir des fleurs ...... ce mouvement pacifiste.

  d Les messages des hippies ...... l'appel à l'anarchie.

  e Pour le grand public, les hippies ...... du cannabis ou du LSD.

| prendre | être pour | signifier |
| être contre | | symboliser |

Indirect speech

When you transfer direct speech to indirect speech, use the third person (*il/elle, ils/elles*). Remember that as well as changes to the spellings of verb forms, adjectives and pronouns will also change:

direct speech	*je*	*me*	*mon*	*ma*	*mes*
indirect speech	*il/elle*	*se*	*son*	*sa*	*ses*

direct speech	*nous*	*nous*	*notre*	*nos*
indirect speech	*ils/elles*	*se*	*leur*	*leurs*

Entraînez-vous!

4 **Rewrite these statements as indirect speech.**

  a "Quand je regarde la vie des actrices ou des chanteuses célèbres, je sais que je veux absolument être comme elles," a dit Justine.

  b "Je n'aime pas le fait que si je ne suis pas riche, je ne compte pas. Je ne définis pas le succès selon mon compte bancaire," a déclaré Grégory.

  c "Je suis libre de faire ce que je veux sans m'inquiéter de la curiosité des autres," a insisté Shani.

  d "Je veux devenir riche et connu. Je joue de la guitare et je compose des chansons. Je sais qu'un jour je vais réussir et devenir une grande vedette," a annoncé Alphonse.

  e "Nous pensons que notre fils va réussir dans la vie," ont ajouté les parents d'Alphonse.

Dans les années soixante et soixante-dix, les hippies dominaient la culture alternative. Ils étaient opposés à la guerre du Vietnam et ils préféraient un style de vie marginal, communautaire ou nomade.
Les hippies nous ont donné le pouvoir des fleurs – "Flower Power" – qui était le symbole de ce mouvement pacifiste. Les valeurs que les hippies voulaient nous communiquer étaient l'opposition à la consommation, la libération sexuelle et le féminisme. En général, les gens se méfiaient de ces messages. Pour les conformistes, les messages représentaient l'appel à l'anarchie. En plus, ces gens qui décoraient tout avec des dessins psychédéliques, qui se droguaient avec du cannabis ou du LSD, menaçaient la stabilité économique. Leurs valeurs étaient des valeurs tout à fait négatives: opposition à la guerre, à la consommation, opposition à tout.

Au choix

1a **Travaillez avec un(e) partenaire.**

- Personne A: à partir des questions données à droite, interviewez votre partenaire qui est vedette de cinéma ou de musique.
- Personne B: répondez aux questions en disant à chaque fois quelle est votre préférence et pourquoi.
- Puis changez de rôles.

1b Présentez à la classe un résumé de la personne interviewée.

1c Préparez à l'écrit deux reportages. Le premier sera au discours direct et le deuxième au discours indirect.

2a Lisez les renseignements sur l'actrice Grace Kelly et trouvez dans le texte tous les exemples de pronoms complément indirect.

2b Use the information given to create an article in English of the type you would find in *Hello* or *OK*.

2c Traduisez en anglais:

- **a** elle a épousé le prince de Monaco
- **b** en proie à des crises d'anxiété
- **c** les Monégasques lui donnent le nom de "princesse invisible"
- **d** son plus bel épanouissement consistera en l'éducation de ses enfants
- **e** puis vient la déprime
- **f** pour rester toute la journée au lit
- **g** une vie de princesse pas si rose que ça

Questions:

Saison préférée – été ou hiver?

Plat préféré – sucré ou salé?

Vêtement préféré – jean ou costume?

Divertissement préféré – cinéma ou théâtre?

Sport préféré – football ou rugby?

Vin préféré – rouge, blanc, rosé?

Destination préférée – mer ou montagne?

Vacances préférées – actives ou passives?

Logement préféré – moderne ou ancien?

Endroit préféré – ville ou campagne?

Légendes d'Hollywood

La première année de sa vie de princesse – elle a épousé le prince de Monaco – est difficile. Maîtrisant mal le français et en proie à des crises d'anxiété, la jeune mariée reste cachée dans le palais au point que les Monégasques lui donnent le nom de "princesse invisible". Le protocole lui pèse lourdement et le cinéma dont elle s'était pourtant lassée lui manque férocement. Son plus bel épanouissement consistera en l'éducation de ses enfants – elle leur apprend tout – et son plus grand chagrin en une succession de fausses couches. Puis vient la déprime. Certains matins, elle renonce à ses obligations pour rester toute la journée au lit. Sans compter les violentes migraines et les problèmes de circulation dont elle souffre. Une vie de princesse pas si rose que ça…

Paris Hilton: "J'adore ce que je suis!"

Questionnée sur les raisons qui l'ont poussée à enregistrer un disque, la reine des jet-setteuses nous a répondu: "Beaucoup de filles issues, comme moi, de familles riches, ne font rien. Elles ne travaillent pas, elles passent leurs journées à faire du shopping et se marient avec un autre riche. Elles exploitent la richesse de leurs parents. Je n'ai jamais eu besoin de travailler, c'est vrai, mais il était impensable pour moi de suivre cette route-là. J'ai toujours voulu me faire un prénom, et je crois que j'y suis arrivée."

VSD: Il paraît que vous achetez une voiture chaque fois que vous arrivez dans une nouvelle ville.

Paris Hilton: C'est le genre d'histoire dont je ne suis même pas au courant. Je ne lis pas les tabloïds qui les colportent.

VSD: Vous êtes plutôt traquée.

Paris Hilton: C'est vrai, les paparazzi ne me laissent aucun répit, ils me suivent partout. Mais ma famille et mes amis me soutiennent. Je ne peux pas me plaindre. De quoi, d'ailleurs? J'adore ce que je fais et ce que je suis. Je vis vraiment un super-moment.

VSD: Que représente pour vous la ville de Paris?

Paris Hilton: C'est la plus belle ville du monde. C'est cool, dans les magasins je peux acheter des t-shirts qui portent mon prénom. J'adore ça!

colporter *to spread (rumours)*
traquer *to hound*
soutenir *to support*

1a **Lisez l'interview paru dans un magazine people et décidez si les affirmations suivantes sont vraies, fausses ou pas mentionnées dans le texte.**

a Paris Hilton vient d'enregistrer un disque.

b Elle adore faire du shopping.

c Elle pense qu'il est important de travailler, même si on est riche.

d Elle achète beaucoup de nouvelles voitures.

e Elle déteste les reportages exagérés des tabloïds.

f Elle regrette le fait qu'elle n'a pas droit à une vie privée.

g Elle apprécie le soutien de ses amis.

h Elle est contente de sa vie.

i Elle passe beaucoup de temps à Paris.

j Elle adore les boutiques de mode parisiennes.

1b **Relisez le texte et trouvez un synonyme pour chacune des expressions suivantes.**

a les motifs qui l'ont incitée

b il m'était inconcevable

c j'ai réussi à le faire

d je ne sais rien des rumeurs comme cela

e les photographes ne me laissent pas de repos

1c **Complétez les phrases suivantes selon le sens du texte.**

a Paris Hilton a décidé d'enregistrer un disque parce que...

b Elle méprise les filles riches qui....

c Elle ne lit pas les tabloïds parce que...

d L'attention des médias ne la trouble pas parce que...

e Elle adore Paris parce que...

2  Ecoutez le reportage au sujet de gens célèbres qui travaillent pour des organisations humanitaires et complétez la grille. Avant d'écouter, vérifiez le sens des expressions suivantes en utilisant un dictionnaire bilingue.

l'Unicef - DATA* - les Nations Unies - ambassadeur/ambassadrice itinérant(e) - ambassadeur/ambassadrice de bonne volonté - la pauvreté - les réfugiés - la scolarité - les conditions de vie - récolter des fonds - l'effacement de la dette du Tiers-Monde

* DATA: *Organisation humanitaire qui combat les problèmes du Tiers Monde. D pour dette, A pour Aids (le sida), T pour Trade (commerce), A pour Afrique.*

Nom	L'organisation pour laquelle il/elle travaille	Les problèmes dont il/elle s'occupe	Autres détails
1 Liv Tyler			
2 Bono			
3 David Beckham			
4 Angelina Jolie			
5 Shakira			

3a  Vous organisez le festival idéal pour attirer le plus de jeunes possibles. Le budget est illimité! Travaillez en équipe et préparez une présentation sur votre projet. Décidez:

- quelle sorte de festival
- quand et où il a lieu
- ce qui se passe chaque jour
- quels artistes il faut inviter
- quels spectacles sont intéressants pour les jeunes.

musique? théâtre? cinéma?
en été? au printemps? au mois d'août?
en ville? à la plage? dans le parc d'un château?

3b Présentez votre projet à la classe. Ensuite, vous pouvez voter pour le projet de festival le plus attrayant.

4 "Les jeunes d'aujourd'hui ne s'intéressent plus à la culture, ils se préoccupent seulement des célébrités." Etes-vous d'accord? Ecrivez 200 mots environ.

Allez les sportifs

By the end of this unit you will be able to:

▸ Discuss reasons for taking part in sport

▸ Discuss the health benefits of sport

▸ Talk about French sports stars

▸ Discuss fair play in professional sport

▸ Talk about the future

▸ Use verbs linked to an infinitive with *à* and *de*

▸ Use emphatic pronouns

▸ Use the pronouns *y* and *en*

▸ Use synonyms and antonyms

▸ Answer questions on a French text

1 Nommez les neuf sports dans la grille.

2a Ce sont les neuf sports avec le plus grand nombre de licenciés – c'est-à-dire d'adhérents à un club – en France. Classez-les de 1 à 9.

2b **Ecoutez pour vérifier.**

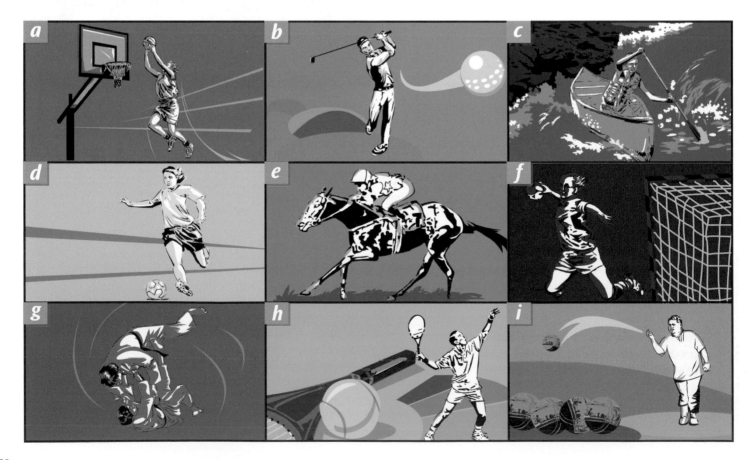

3 Choisissez le nom correct pour chaque sport de la grille.

4a  Posez les questions suivantes à un(e) partenaire et notez ses réponses. Puis changez de rôles.

Qu'est-ce que tu préfères…

a …le paintballing ou le hockey?

b …le jetski ou le ping-pong?

c …le karaté ou le surf?

d …le parapente ou l'équitation?

e …le golf ou le snowboarding?

f …la natation ou le VTT?

g …le saut à l'élastique ou le rugby?

h …le parkour ou le football?

i …le rugby ou le skate?

le saut à l'élastique	le jetski
le parkour	le paintballing
le snowboarding	le skate
le VTT	le surf
le parapente	

4b Notez combien de réponses bleues et combien de rouges votre partenaire a données. Comparez les réponses en classe. Avez-vous choisi plus de sports traditionnels ou "fun"?

5 Discutez en classe.

a Etes-vous plutôt du genre sport traditionnel ou "funsport"?

b Préférez-vous les sports individuels ou les sports d'équipe?

c Faites-vous plus de sports en été ou en hiver?

d Faites-vous assez de sport à l'école?

e Pour vous, le sport est-il un devoir ou un plaisir?

Pourquoi faire du sport?

▶ *iPod, DVD, ordinateur… est-ce qu'on a toujours le temps de consacrer ses heures de loisirs à un sport? Et si oui, qu'est-ce que ça apporte?*

1 **Répondez oralement aux questions suivantes.**

   a Quels sports avez-vous déjà pratiqués?

   b Quels sports peut-on pratiquer dans votre école? Et dans votre ville?

   c Combien d'heures de sport faites-vous par semaine?

2 **Pourquoi faire du sport? Lisez les textes et notez toutes les raisons données.**

   Exemple: *pour se détendre, pour…*

Manon
Moi, je fais du sport presque tous les jours. D'abord, cela aide à se détendre après une longue journée au lycée et à se maintenir en forme. Et puis, si on veut garder la ligne on doit bouger un peu!

Luc
Je ne connais pas de meilleure façon d'éviter le stress. Je mène une vie très active – les études, le petit boulot, les sorties – donc il est très important d'avoir beaucoup d'énergie. Et puis j'aime aussi être membre d'une équipe, parce qu'on a le sentiment de réaliser quelque chose ensemble. C'est sympa, je trouve.

3 **Ecoutez trois jeunes, Hervé, Isabelle et Pascal, parler des sports qu'ils pratiquent. Prenez des notes pour chacun(e).**

   a Quel sport pratique-t-il/elle?

   b Où?

   c Avec qui?

   d Quand?

   e Quel type d'équipement faut-il?

   f Quels sont les avantages et inconvénients de ce sport?

4 **A deux, imaginez l'interview de chacune de ces personnes. A pose des questions et B répond, puis changez de rôle. Aidez-vous des prises de l'activité 3.**

Alice
J'ai eu pas mal de problèmes après une maladie. J'ai souffert d'une mononucléose pendant un an, et après ça m'a fait du bien de reprendre le sport. J'étais contente de retrouver la forme progressivement et c'était aussi une façon de me faire de nouveaux amis après une longue période d'inactivité.

Karim
Moi, je fais du sport tout simplement pour le plaisir! Je suis très compétitif et j'adore gagner. Un jour, je ferai un marathon et pour le moment, je m'entraîne.

5a Lisez l'extrait du programme de l'entreprise Sports Elite Jeunes (SEJ) et faites une liste des sept sports mentionnés.

5b Trouvez les expressions-clés:

a to perfect
b relaxation
c a beginner
d at one's own level
e skill
f to make real progress
g self control
h to teach

6 Vous aimeriez passer vos vacances dans un camp de Sports Elite Jeunes et vous voulez persuader un(e) ami(e) de vous accompagner. Ecrivez-lui une lettre et expliquez:

- pourquoi vous avez choisi ce type de vacances
- ce que vous ferez exactement
- ce que vous apprendrez de l'expérience.

Grammaire ➡ 161 ➡ W54

The future tense

- You can use the present tense to refer to the very near future:

  *Ce soir, **je reste** à la maison.*

- To say what is going to happen soon, with a degree of certainty, use *aller* + infinitive:

  ***On va passer** beaucoup de temps à la plage cette semaine.*

- To say what will happen in the more distant or less certain future, use the future tense:

  ***Je passerai** l'été prochain à être animatrice pour SEJ.*

See page 80 for how to form the future tense.

Ⓐ Reread the SEJ summer sports programme and find seven examples of verbs in the future tense. Which one is irregular?

Ⓑ Translate the verbs from activity A into English.

Ⓒ Put each verb in brackets into the future tense.

1 on (jouer)
2 ils (faire)
3 nous (pouvoir)
4 je (s'amuser)
5 tu (nager)
6 elles (apprendre)
7 vous (passer)
8 il (expliquer)
9 elle (partir)

Sports Elite Jeunes: camp de vacances pour les jeunes sportifs

Parmi nos propositions pour cette année...

Handball
Notre programme aidera à perfectionner le savoir faire individuel et collectif. Les filles et les garçons s'adonneront à leur sport favori dans un cadre idéal, riche en installations sportives de haut niveau.

Beach volley et multi-voiles
Sport et décontraction au bord de la mer. A 100 mètres de la mer, le site de Boulouris vous ravira par ses installations sportives. Venez ici pour une découverte ludique du catamaran et de la planche à voile et une approche tout en douceur du beach volley.

Le ski pour tous
La qualité de l'enseignement dans un des plus beaux domaines skiables, permettra au débutant comme au skieur plus expérimenté, de progresser sur des pistes à son niveau.

Danse
Dans une ambiance dynamique et musicale, les jeunes pourront découvrir et pratiquer les activités chorégraphiques sous toutes ses formes.

Judo
L'apprentissage du judo de façon ludique, c'est ce que nos moniteurs transmettront avec bonne humeur aux "campers" sans oublier le plaisir et le respect. Ils commenceront aussi à enseigner le contrôle de soi dans un environnement divertissant et dans un cadre paisible.

Top sport, top santé

▶ *Bougez-vous assez ou menez-vous une vie trop sédentaire? Tous les experts soulignent l'importance de l'exercice pour la santé.*

1 Discutez en classe:

a Combien d'heures de sport faites-vous par semaine?

b Qu'est-ce que vous faites et avec qui?

c Voyagez-vous trop en voiture? Quand allez-vous à pied? Y a-t-il des trajets que vous faites à vélo?

2a Lisez le texte et trouvez deux statistiques sur les ados et leur manque d'activité physique.

2b Faites des listes:

a les maladies provoquées par un manque d'activité

b les raisons pour lesquelles notre vie est trop sédentaire

c les exemples de passe-temps inactifs.

Grammaire ➡ 155 ➡ W70

Verbs linked to an infinitive with *à* and *de*

● Some verbs are linked to the infinitive by the preposition *à*:

*J'**apprends à** jouer au tennis.*

*Ils **aident** les enfants **à** faire du ski.*

● Some verbs are linked to the infinitive by the preposition *de*:

*Ils **essaient de** gagner tous leurs matchs.*

*J'ai **fini de** m'entraîner pour le marathon.*

Ⓐ **Read the text and find three more verbs followed by *à* plus an infinitive and four more which use *de*.**

Ⓑ **Translate into French.**
1 I refuse to do sport.
2 He's helping his friend train for the marathon.
3 When are you going to start playing handball?
4 They've forgotten to buy trainers.
5 You are lazy! You always choose to stay at home.

Une société sédentaire?

Obésité, diabète, maladies cardiovasculaires, cancers... l'activité physique vous aide à lutter contre tous ces problèmes. Si on choisit de faire un peu de sport plusieurs fois par semaine, cela permet de se maintenir en forme. Plus on hésite à bouger, moins on peut compter sur un bon état de santé.

Certes, il est vrai que pas mal de jeunes refusent de bouger. Selon une étude menée dans le Bas-Rhin, à peine un tiers des élèves de sixième marchent ou font du vélo plus de vingt minutes par jour pour se rendre au collège.

Ni les conditions de vie plus confortables (transport motorisé, ascenseurs, chauffage central, climatisation) ni les loisirs passifs (télé, jeux vidéo, ordinateur), n'encouragent les jeunes à mener une vie active. Près de la moitié des filles et un quart des garçons ne font pas de sport en dehors de l'école.

Comment réagir? D'abord, n'oublions pas d'expliquer aux jeunes les risques de cette inactivité. Puis, il faut tout simplement donner un meilleur exemple: commençons tous à bouger davantage!

3a Choisissez la bonne image pour chaque partie du corps.

les muscles	le cœur	les artères
les poumons		les os

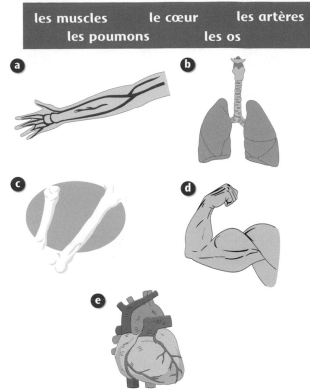

3b Faites des paires.

to work	fonctionner
being overweight	respirer
good spirits	lutter contre
to avoid	le surpoids
to fight against	le sommeil
to breathe	éviter
sleep	le moral

4a Tous ces ados ont décidé de faire plus de sport. Lisez les *Expressions-clés*, puis recopiez en complétant les blancs.

Les bonnes intentions…

a Clement: Moi, je vais ..... beaucoup plus de sport!

b Henri: J' ..... de ..... au basket au moins trois fois par semaine.

c Arlette: J'espère ..... plus actif dans l'avenir.

d Fatima: Je ..... nager une heure par jour.

e Jean: J'ai ..... de faire du jogging tous les matins.

f Maëlle: Je ..... apprendre à faire du judo.

g Dimitri: J'abandonnerai ma voiture et je ..... plus de vélo.

4b Vous aussi, vous allez bouger plus. Ecrivez huit bonnes intentions. Utilisez des expressions différentes.

5a Créez un dépliant destiné aux jeunes qui explique les dangers d'un manque d'activité physique et les bienfaits du sport et de l'exercice. Vous pouvez inclure des listes, un article, une section intitulée "Saviez-vous que…?"etc.

5b Jeu de rôle à deux. A est journaliste et interviewe un(e) expert(e) au sujet du manque d'exercice chez les jeunes. B est l'expert(e), par exemple prof de sport, médecin de sport ou pédiatre.

Expressions-clés

Parler de l'avenir
* avec le présent:
  Ce week-end, j'arrête de fumer.
  Ce soir, je fais du jogging.
* avec un futur:
  Je vais + infinitif
  J'irai…
* avec un conditionnel:
  Je voudrais…
  J'aimerais…
* avec des expressions:
  J'espère, je compte, je pense + infinitif
  J'ai envie de, j'ai l'intention de, j'envisage de + infinitif

Allez la France!

▶ *Quels sportifs admirez-vous? Et qui sont les stars du sport français à l'heure actuelle?*

1a Ecoutez les jeunes parler de leurs héros et notez le sport de chaque champion.

a Benoît Peschier
b Laure Manaudou
c Julien Absalon
d Antoine Dénériaz
e Emilie Le Pennec

1b Réécoutez. Notez encore quelques détails et discutez-en avec un(e) partenaire.

1c Lisez le texte, puis recopiez et complétez avec vos propres mots.

a Benoît Peschier a ....

b Laure Manaudou a ....

c La victoire de Julien Absalon était surprenante parce qu'il ...... et qu'il y avait d'autres ....

d Antoine Dénériaz a fait un temps de 1.48 pour ....

e Malgré sa blessure, Emilie Le Pennec a réussi à ....

Grammaire ➡154 ➡W27

Emphatic pronouns

moi	*toi*	*lui*	*elle*	me/you/him/her
nous	*vous*	*eux*	*elles*	us/you/them

These are used:

● for emphasis:

Moi, mon sport c'est le kayak.
*Antoine Dénériaz, **lui** aussi, a devancé tous les favoris.*

● after prepositions:

*C'était des victoires magnifiques pour **elle**.*
*Chez **nous**, au club de gymnastique...*

Ⓐ **Find two more examples of each use of emphatic pronouns in the text.**

Ⓑ **Complete each sentence using an emphatic pronoun.**

1 ...... , elle veut gagner une médaille d'or.

2 ...... , ils rêvent de briller.

3 ...... , aussi, nous faisons du kayak.

4 ...... , je ne suis pas très sportive.

5 ...... , tu gagnes toujours!

Ⓒ **Translate into French:**

1 with us	4 for you
2 without him	5 next to them
3 after me	6 behind her

Médailles d'or pour la France

Moi, mon sport c'est le kayak. Donc j'ai toujours admiré Benoît Peschier qui a remporté la médaille d'or aux Jeux Olympiques d'Athènes. En tant que kayakiste français, je suis fier de lui. Moi aussi, je rêve de briller!

Laure Manaudou a décroché trois médailles d'or pour la natation aux JO d'Athènes. Elle a gagné sur le 400 mètres nage libre, le 100 mètres dos et le relais 4 fois 100 mètres 4 nages. Des victoires magnifiques pour elle et pour la France!

Julien Absalon était débutant quand il s'est offert la médaille d'or avec un temps de 2:15:02 à l'épreuve de Vélo Tout Terrain. Quant aux cyclistes plus expérimentés, eux ils ont dû se contenter d'Argent et de Bronze.

Antoine Dénériaz, lui aussi, a devancé tous les favoris quand il a gagné la médaille d'or lors de la descente de ski alpin des Jeux Olympiques de Turin. Avec son temps de 1 minute 48 secondes il a pu prendre la première place à deux anciens champions du monde.

Emilie Le Pennec a remporté la première médaille d'or de l'histoire de la gymnastique artistique féminine française. L'année précédente elle s'était blessée au mollet, donc sa note de 9,687 à la finale des barres asymétriques était un triomphe formidable. Chez nous, au club de gymnastique, on parlait souvent d'elle et de sa ténacité.

2 **Lisez l'article sur Samuel Coco-Viloin et notez si les phrases sont vraies (V), fausses (F) ou pas mentionnées (PM).**

a Samuel est né en France Métropole.

b Il était très sportif dès le primaire.

c Son talent s'est développé très rapidement.

d Il attend toujours sa première médaille d'or aux Championnats du Monde.

e Samuel est un élève très doué.

f Il vient de participer à son premier tournoi senior.

3 **Faites des recherches, puis présentez un(e) athlète français(e) à la classe. Vous pouvez donner sa date et son lieu de naissance, puis parler de ses débuts dans le sport, de sa carrière jusqu'ici et de ses projets et espoirs pour l'avenir.**

4 **Faites des recherches, puis écrivez la biographie d'un(e) athlète britannique. Servez-vous des idées de l'activité 3.**

Compétences

Synonyms and antonyms

● A synonym is a word with the same meaning as another. Use synonyms to avoid repeating the same word in a passage and to make your language richer.

j'estime que = je pense que
lutter contre = combattre

Ⓐ Reread the text on page 76 and find:

1 four ways to express the idea of winning (a medal)

2 two phrases for a really good victory.

Ⓑ Find synonyms for these words in the text "Destinations Athlé 2012":

1 débuter   **2** prendre part à

3 en dépit de   **4** de première importance

● An antonym is a word of opposite meaning to another. It is useful to increase your vocabulary by learning pairs of words.

Ⓒ Copy these words and their antonyms, then think of five more pairs of words to add to the list.

gagner/perdre   augmenter/diminuer

victoire/défaite   en hausse/en baisse

débutant/expérimenté

Destination Athlé 2012

Dans le cadre de l'opération "Destination Athlé 2012", la Fédération Française met le coup de projecteur sur Samuel Coco-Viloin, vice champion du Monde junior 2006 du 110m haies.

Né à Conflans-Sainte-Honorine en région parisienne, Samuel est d'origine guadeloupéenne. Il commence l'athlétisme à l'âge de 15 ans, grâce à son frère qui lui fait découvrir ce sport. Il s'inscrit au club Ouest Yvelines Athlétisme et connaît alors une progression linéaire. L'année dernière, pour sa première sélection en équipe de France, Samuel se qualifie pour participer à la finale des Championnats d'Europe juniors. Malgré une chute, on peut qualifier sa saison suivante de presque parfaite: champion de France indoor et outdoor, il monte sur la deuxième marche du podium lors des Championnats du Monde juniors à Pékin. Etudiant en terminale ES, Samuel passera son bac cet été. Cet été sera capital pour lui car en plus du bac, Samuel vise un podium lors des Championnats d'Europe à Debrecen en Hongrie, et une qualification pour les Championnats du Monde seniors d'Osaka. N'oublions pas Londres en 2012.

Le fair-play: quelle est l'influence des professionnels?

▶ *C'est quoi, le fair-play? Est-ce que cela existe dans le domaine du sport professionnel?*

1 **Vous rappelez-vous le fameux "coup de tête" de Zinédine Zidane dans les derniers moments de la Coupe du Monde 2006? Discutez en classe:**

- Qu'est-ce qui s'est passé?
- Que pensez-vous de cet incident?

2 **Ecoutez l'opinion de cinq jeunes et décidez si elles sont positives ou négatives. Puis lisez le texte pour vérifier.**

Grammaire ➡ 153 ➡ W25

The pronouns *y* and *en*

Use the pronouns *y* and *en* to avoid repeating words.

a *y* = there

Tu vas au match? Oui, j'y vais.

b *y* = it (with verbs followed by *à*, e.g. *penser à*, *réfléchir à*)

Tu penses à ce moment? Oui, j'y pense.

c *en* = some

Du talent? Oui, Zidane en a.

d *en* = of it, of them (quantity)

Des t-shirts? Oui, j'en ai dix.

e *en* = it/them (with verbs followed by *de*, e.g. *parler de*, *se souvenir de*)

La défaite? N'en parlons pas!

Ⓐ **Find an example of each of the four uses of *y* and *en* in the opinions on Zidane (1– 5).**

Ⓑ **Rewrite these sentences using *y* or *en* to replace the underlined words. Which uses (a–e) do they represent?**

1 Tu penses toujours à notre victoire?

Oui, je pense toujours <u>à ça.</u>

2 Tu as une médaille?

Oui, j'ai beaucoup <u>de médailles!</u>

3 Tu l'as oublié?

Ah non, je me souviens très bien <u>de ça.</u>

4 Vous allez souvent au stade?

Mais oui, nous allons tous les soirs <u>au stade.</u>

Faut-il condamner Zidane pour cet incident?

Des médailles, Zidane en a plein, mais on a vu ce coup de tête partout dans le monde, et je pense vraiment que cela a ruiné sa réputation.

Moi, j'étais au match. J'y suis allé pour voir un grand spectacle de sport, mais le coup de tête de Zidane a gâché tout cela.

Le fameux coup de tête? Oui, je m'en souviens très bien! Mais ce qui est pire, c'est que l'on n'a pas gagné. Comme insulte, ce n'était pas si grave.

Condamner Zidane pour cela? J'hésite, parce qu'en fin de compte il a brillé pour la France pendant des années. On ne peut pas oublier tout cela pour un moment de folie!

De mauvais moments? Oui, Zidane en a comme tout le monde. Mais je crois qu'on doit lui pardonner! N'oublions pas son talent et son grand succès pour la France.

Le fair-play, ce n'est pas toujours évident

En tant que professeur de sport, je suis très concerné par le fair-play. A mon avis, c'est vital. Ça commence sur le terrain. Je n'aime pas voir mes élèves tricher et je leur dis toujours qu'une victoire malhonnête est sans valeur. Si on a joué 'fair-play' on a le respect des autres, tandis que les tricheurs sont méprisés. On joue pour gagner, c'est clair, mais il faut accepter la défaite avec dignité. J'encourage mes élèves à féliciter les vainqueurs et à ne pas chercher d'excuses.

Mais je trouve que les joueurs professionnels ont aussi un rôle à jouer. Quand les jeunes les voient se disputer avec l'arbitre, cracher par terre, même se battre entre eux, ça donne un exemple affreux. Ces joueurs tant respectés par les jeunes sont obligés de montrer du respect envers les autres: les adversaires, leurs co-équipiers, les officiels et les spectateurs. Ils doivent se comporter sportivement à tout moment.

Ces joueurs ont aussi un rôle à jouer en dehors du terrain. Trop peu d'entre eux ont le courage de lutter contre tous les maux du monde du sport: la corruption, le dopage, le racisme, la violence et les paris. La drogue, par exemple, n'a pas sa place, ni dans aucun sport, ni dans la société. Est-ce que la plupart des sportifs nous donnent ce message de façon claire? Non. Combien d'entre eux contribuent au rejet du racisme et de la haine dans le sport? Et combien rejettent la violence à haute voix? Non, vraiment il reste du travail à faire.

3a Cochez ✓ les exemples de fair-play.
- **a** tricher pour gagner
- **b** respecter les adversaires
- **c** se disputer avec l'arbitre
- **d** contester la défaite
- **e** réagir de façon violente
- **f** féliciter l'autre équipe lorsqu'on a perdu
- **g** chercher des excuses pour une défaite
- **h** faire de son mieux à tout moment

3b Cinq des idées de la liste sont mentionnées dans le premier paragraphe du texte. Lesquelles?

3c Quels exemples de mauvais comportement par les professionnels de sport sont cités dans le deuxième paragraphe?

3d D'après ce prof de sport, que doivent faire les joueurs professionnels en dehors du terrain?

4 Discutez en classe. Comment trouvez-vous le comportement des sportifs célèbres que vous connaissez? Chacun(e) doit citer un exemple et justifier son opinion.

5 C'est quoi exactement, le fair-play? Et est-ce que c'est important? Pourquoi? Ecrivez environ 150 mots.

Compétences

Answering questions in French

If you are answering questions on a text, you can use the original language to help you, but you will have to adapt it.

For example, a first person statement (*je...*) will become a third person statement (*il/elle...*), so the verb will change, as will the pronoun.

Question: *Que dit le professeur au sujet du fair-play?*

From the text: ***Je suis** très concerné par le fair-play. A **mon** avis, c'est vital.*

Answer: ***Il est** très concerné par le fair-play. A **son** avis, c'est vital.*

Ⓐ Adapt the sentences from the text to answer these questions.

1 Qu'est-ce qu'il déteste voir? ("Je n'aime pas voir mes élèves tricher.")

2 Que dit-il aux élèves au sujet de la victoire? ("Je leur dis qu'une victoire malhonnête est sans valeur.")

3 Qu'est-ce que les élèves doivent faire après une défaite? ("J'encourage mes élèves à féliciter les vainqueurs.")

Grammaire active

Talking about the future

You will often see references to the future in texts you read and you also need it, of course, to refer to your own future.

Rappel

Remember the various ways of talking about the future:

*Ce soir, **je vais** au match.*

*Je **vais jouer** au hockey en hiver.*

*Je **compte travailler** pendant les vacances et **j'espère gagner** beaucoup d'argent.*

*Un jour, **j'aurai** des enfants.*

Entraînez-vous!

1 Préparez une présentation sur votre avenir. Expliquez:

- Ce que vous allez faire avant de quitter l'école, e.g.
  Je vais passer quatre AS cette année et puis je vais continuer avec... et je vais...
- Ce que vous comptez faire après l'école, e.g.
  Je compte aller à l'université, où j'espère... et... je voudrais aussi...
- Comment vous voyez votre vie dans dix, vingt ou cinquante ans, e.g.
  Un jour, j'habiterai... et je travaillerai comme...
  J'aurai peut-être...
  et je ferai...

Rappel

To form the future tense of regular verbs, use the stem of the verb plus the endings from *avoir*:

-ai, -as, -a, -ons, -ez, -ont.

For example, *je passerai, on jouera, ils encourageront.*

To form the future tense of irregular verbs, learn the stem of the verb and then add the usual endings. (See Grammar section page 161.)

For example, *j'irai aux Jeux Olympiques de 2012.*

Entraînez-vous!

2a Lisez le texte, puis faites l'exercice.

Les Jeux Olympiques d'été de 2012 auront lieu à Londres et se dérouleront du 27 juillet au 12 août 2012. Vingt-six disciplines seront inscrites au programme et environ 10 500 athlètes y participeront.

Les Britanniques construiront un Village Olympique à Stratford, à l'est de Londres. On y installera cinq sites permanents: un centre aquatique, un vélodrome, un centre de hockey et des arènes couvertes. Plusieurs sites existants, dont Wimbledon, seront mis à contribution.

Un élément clé de ces Jeux sera la protection de l'environnement. Pendant la construction des sites on minimisera les déchets, on encouragera le recyclage et on réutilisera 90% des matériaux détruits. Le village Olympique deviendra un ensemble de logements sociaux après les Jeux, ce qui permettra de laisser un héritage durable.

2b Choisissez un verbe de la case pour compléter chaque blanc. Vous devrez mettre tous les verbes à la forme correcte du futur.

a Ce grand festival de sport ...... lieu à Londres en 2012.

b Les Jeux Olympiques ......17 jours.

c 10 500 athlètes ...... à Londres.

d On construira plusieurs nouveaux sites mais on ...... aussi des sites existants.

e Si possible, on ...... l'environnement.

f Par exemple, on ...... autant que possible.

g Le village Olympique ...... de logements sociaux après les Jeux.

h On ...... donc un héritage durable.

utiliser	recycler	laisser	servir
venir	avoir	protéger	durer

Au choix

1 **Ecoutez et complétez la grille.**

Nom	*Perec*
Prénom	*Marie-José*
Date de naissance	
Lieu de naissance	
Taille	
Poids	
La seule athlète française à...	
Victoires olympiques à Barcelone	
à Atlanta	

2 Regardez la liste des 26 sports olympiques pour les Jeux d'été de Londres de 2012. Discutez en groupe:

  a Lesquels pratiquez-vous? (Quand? Avec qui? A quel niveau?)

  b Lesquels aimez-vous regarder et pourquoi?

  c Lesquels aimeriez-vous retirer de la liste? Y a-t-il d'autres sports que vous aimeriez voir aux JO? Lesquels?

3 Lisez le texte, puis complétez le résumé en anglais.

> Lots of children lead sedentary lives. For example, ...
> and ......
>
> Recently however, ...
>
> But this isn't necessarily good news, because ......

La télé est une activité à haut risque

On nous dit souvent que les enfants préfèrent chauffer la télécommande que de chausser leurs baskets. 41% des enfants passent plus de 2 heures par jour devant le petit écran et presque tous disent que la télé représente "un bon passe-temps", situé dans le "top 5" de leurs centres d'intérêt.

Cependant, tout récemment on a observé une diminution de consommation de télé chez les jeunes. Faut-il se réjouir? Pas forcément, parce que cette évolution peut être en partie expliquée par une préférence pour d'autres activités multimédias, tout autant sédentaires, telles que la console de jeux, Internet et les DVD.

4 Le site-web Santé-Jeunes vous invite à lui envoyer un rapport sur le sujet "Les ados et la vie sédentaire". Ecrivez environ 100 mots, expliquant votre niveau d'activité actuelle et vos espoirs pour l'avenir en ce qui concerne ce thème.

athlétisme   AVIRON   BADMINTON   basket-ball   *boxe*   canoë-kayak   CYCLISME

équitation   escrime   FOOTBALL   gymnastique   *haltérophilie*   handball

hockey   judo   lutte   NATATION   pentathlon moderne   taekwondo

tennis   tennis de table   tir   tir à l'arc   TRIATHLON   voile   volley-ball

6 En pleine forme?

By the end of this unit you will be able to:

▶ Discuss smoking and drinking

▶ Discuss the health risks of taking drugs

▶ Talk about healthy eating and eating disorders

▶ Discuss healthy lifestyles

▶ Use impersonal verbs

▶ Use *dont*

▶ Use the conditional

▶ Use present participles

▶ Talk about your rights and duties

▶ Write an opinion piece

▶ Use expressions for making suggestions

1 Vrai ou faux? Devinez!

a L'espérance de vie en France est la plus élevée d'Europe.

b Le taux de maladies cardio-vasculaires est beaucoup plus élevé qu'en Grande-Bretagne.

c Le tabac est responsable d'environ un cancer sur quatre.

d La France est l'un des pays d'Europe les plus touchés par le sida.

e Il y a plus de décès causés par le suicide que par les accidents de la route.

f En général, il n'y a pas de longues listes d'attente dans les hôpitaux français.

g En France, il faut payer quand on va voir un médecin.

h Les Français se servent en général de moins de médicaments que les autres Européens.

2 Faites le quiz "Etes-vous en pleine forme?", puis comparez vos réponses avec un(e) partenaire.

3 Ecoutez Marc, puis devinez ses réponses au quiz. Combien de points a-t-il?

4 Inventez deux questions supplémentaires.

5 En groupe, posez des questions supplémentaires, puis expliquez quelle était la bonne réponse.

Quiz : Ètes-vous en pleine forme?

1 **Que prenez-vous au petit déjeuner?**

a   rien, je suis trop pressé(e) le matin

b   un fruit et du pain complet grillé

c   j'achète un gâteau en route pour l'école

2 **Mangez-vous à la cantine à midi?**

a   oui, j'adore les frites

b   oui, on peut y manger bien, je trouve

c   non, je préfère acheter un coca et un paquet de chips

3 **Et le soir?**

a   je dîne en famille

b   je grignote devant la télé

c   je sors, je bois, je ne mange pas grand-chose

4 **Que buvez-vous en général?**

a   drôle de question – de la bière!

b   du vin surtout, puis du coca aussi

c   principalement de l'eau

5 **Fumez-vous?**

a   jamais!

b   oui, si je sors avec la bande

c   oui, environ quinze cigarettes par jour

6 **Vous fêtez votre anniversaire. Que buvez-vous?**

a   un bon vin rouge

b   autant d'alcool que possible

c   un mélange de bière, de vin et d'alcopops...

7 **Faites-vous du sport?**

a   oui, de temps en temps

b   oui, j'adore m'entraîner

c   oui, si je ne trouve pas d'excuse

8 **Comment évitez-vous le stress?**

a   pas possible – je suis toujours stressé(e)

b   en prenant des médicaments

c   ce n'est pas tout à fait possible, mais je fais de mon mieux

Score

1 point pour chaque bonne réponse: 1b, 2b, 3a, 4c, 5a, 6a, 7b, 8c

Votre résultat: si vous avez plus de 6 points, vous êtes en pleine forme. Sinon, il faut faire plus d'effort!

Les drogues licites

▶ *L'alcool et le tabagisme: plaisirs ou fléaux?*

1 🎧 **Vrai ou faux? Devinez, puis écoutez pour vérifier.**

a Le tabac n'est pas en vente libre.

b On peut fumer partout.

c La vente d'alcool est interdite aux moins de 18 ans.

d Un jeune qui a entre 16 et 18 ans ne peut pas boire de vin ou de bière.

e On n'a pas le droit de boire de l'alcool dans les établissements scolaires.

f Dans les bars et les cafés, l'âge minimum est fixé à 16 ans.

2 **Qu'est-ce qui est permis? Lisez les textes, puis recopiez et remplissez la grille avec ✓ , ✗ , ou ?**

Victoria		
Florian		
Jules		
Sarah		

Compétences

Explaining what you can do or have to do

Use the modal verbs *pouvoir* and *devoir* to explain what you can do or have to do. Use other expressions for variety:

Je peux (+ infinitif)	I can
J'ai le droit de (+ infinitif)	I'm allowed to
On me permet de (+ infinitif)	I'm allowed to
On ne me permet pas de (+ infinitif)	I'm not allowed to
Je dois (+ infinitif)	I have to
Je suis obligé(e) de (+ infinitif)	I have to

A **Qu'est-ce que vous avez le droit de faire concernant le tabac et l'alcool? Qu'est-ce qui n'est pas permis à l'école, à la maison, en ville, au pub, etc.? Ecrivez un paragraphe. Utilisez les expressions ci-dessus.**

Nous, au lycée, on ne nous permet pas de fumer, mais on peut le faire dans un certain coin de la cour. Moi, je ne fume pas, mais je trouve que c'est quand même agaçant, parce que si on a le droit d'acheter des cigarettes, on devrait avoir le droit de les fumer!

Victoria

Moi, je n'ai pas le droit de boire de l'alcool. Je trouve que c'est ridicule, parce que chez nous les adultes boivent souvent un verre de vin quand on dîne, alors pourquoi pas moi? Surtout quand je suis chez des amis. Je sais très bien qu'il ne faut pas trop boire, mais à quinze ans je suis capable de prendre mes propres décisions.

Florian

Quand je sors ou que je suis chez moi, on me permet de boire ce que je veux. C'est raisonnable à mon âge, surtout que je connais mes limites! Au lycée, c'est strict. On n'a même pas le droit de fumer pendant la récréation. Mais je comprends pourquoi – tout le monde sait à quel point c'est nuisible pour la santé.

Jules

Comme mon père est mort d'un cancer des poumons, je suis tout à fait contre le tabagisme. Je n'ai aucune envie de fumer. J'aimerais bien boire un coup entre amis, mais ma mère trouve qu'à 16 ans je suis trop jeune. Si je veux boire une bière au café, je suis obligé de lui mentir. Ce n'est pas idéal.

Sarah

3a 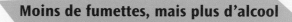 Ecoutez six jeunes – Béatrice (B), Serge (S), Alex (A), Pierre (P), Karine (K) et Fatima (F) – et expliquez pourquoi ils ne fument pas. Puis, lisez les phrases et notez qui dit quoi. Certaines de ces phrases ne sont prononcées par personne.

a Je ne fume pas parce que je fais beaucoup de sport.

b Le tabac est dangereux pour la santé et les cigarettes coûtent cher.

c Fumer augmente le risque de bronchite et de maladies pulmonaires.

d Je déteste le goût et l'odeur du tabac.

e Je pense que fumer est un acte très social.

f Les gens savent que la nicotine rend accro.

g Je n'ai jamais essayé de fumer parce que j'ai de l'asthme.

h Ma mère est morte d'un cancer de la gorge il y a deux ans.

i Les fumeurs polluent l'air que les non-fumeurs respirent.

j J'ai essayé de fumer une fois, quand j'avais treize ans.

3b Avec quelles opinions êtes-vous d'accord? Discutez avec un(e) partenaire.

Grammaire ➡ 157

Impersonal verbs

These impersonal verbs are set expressions, found only in the third person singular form:

Il faut + infinitif	You have to/You must…
Il ne faut pas + infinitif	You don't have to/You mustn't…
Il s'agit de + nom/infinitif	It's a question of…
Il vaut mieux + infinitif	It's better to…
Il convient de + infinitif	It's advisable to…

Ⓐ **Choose one of the impersonal verb constructions to complete each sentence.**

1 ...... constater que l'alcool peut être très dangereux.

2 ...... ne pas prendre le volant si on a bu de l'alcool.

3 ...... vendre de bière aux moins de 16 ans.

Ⓑ **Translate the sentences into English.**

Ⓒ **Write three more sentences of your own which use impersonal verbs.**

Moins de fumettes, mais plus d'alcool

Les jeunes Français [1] moins mais boivent plus… A 17–18 ans, l'alcool est de très loin le produit psychoactif le plus consommé. L'usage d' [2] concerne 8 jeunes sur 10 (76,2% des filles et 84,2% des garçons) et provoque des situations d'alcoolisation de plus en plus [3]. Par exemple, les accidents de la [4], souvent directement liés à l'alcool, constituent chez les jeunes l'une des premières causes de [5]. Nos ministres consacrent actuellement 10 millions d'euros à la lutte contre la [6] d'alcool chez les jeunes, mais ceci est totalement [7]. Pourquoi? D'abord parce qu'on croit que l'alcool est moins dangereux que le tabagisme ou le [8]. En plus, beaucoup de gens ne veulent pas qu'on vende moins d'alcool: les industriels séduisent les jeunes [9] avec leurs alcopops – des cocktails très sucrés généralement à base de vodka, de rhum ou de tequila – et le lobby des producteurs viticoles redouble d'effort pour protéger leur [10].

4 **Lisez le texte et choisissez un mot de la case pour remplir chaque blanc.**

*consommateurs * route * production * fument * préoccupantes * mortalité * cannabis * insuffisant * alcool * surconsommation

5 **Vous participez à une émission de radio et vous avez exactement une minute pour exprimer votre opinion sur l'alcoolisme ou le tabagisme. Préparez ce que vous allez dire, écrivez quatre ou cinq mots comme aide-mémoire et puis enregistrez votre intervention.**

6 **Ecrivez deux paragraphes, donnant votre opinion personnelle sur l'alcool et le tabagisme. Utilisez trois verbes dans *Grammaire*.**

La toxicomanie

▸ *Quels sont les différents types de drogues? Est-ce que toutes les drogues sont dangereuses?*

1a A l'aide d'un dictionnaire, faites une liste des drogues légales (aussi appelées "licites") et des drogues illégales (aussi appelées "illicites") que vous connaissez.

Exemple: drogues licites: alcool, tabac... ;

drogues illicites: cannabis, cocaïne...

1b Regardez votre liste. A votre avis, quelles sont les drogues qu'on appelle drogues "dures" et drogues "douces"? Donnez un exemple pour chaque type.

2 Lisez la description des drogues licites, à droite. Trouvez un produit qui correspond à chacune des définitions suivantes.

a Contient de la nicotine, un produit qui entraîne une forte dépendance.

b Contient de la théine, un excitant.

c Aident à s'endormir, mais peuvent entraîner une dépendance.

d Est la cause de nombreux accidents de la route.

e Donnent une sensation de bien-être, mais peuvent faire perdre le contact avec la réalité.

f Contient du sucre et de la caféine, deux produits qui provoquent une stimulation.

3a Audrey, une ancienne toxicomane, raconte. Lisez le texte ci-dessous.

3b Répondez en anglais aux questions.

a What type of drug did Audrey use at the start?

b Where did she live at the time?

c How did her family react? What did she think of it?

d What happened when she started using cocaine?

e Why did she stop using drugs?

Les drogues licites

Plusieurs produits courants contiennent des éléments qui modifient le comportement et les sensations de ceux qui les consomment: ce sont des "drogues" autorisées, aussi appelées drogues légales ou licites. Par exemple:

- le thé, le café et le Coca-Cola
- le tabac et l'alcool
- les médicaments contre l'angoisse, l'insomnie ou la dépression
- les solvants (trichloréthylènes, éther, colles fortes, essences).

Tous ces produits peuvent entraîner une dépendance et des changements de comportement plus ou moins graves. Certains d'entre eux peuvent aussi entraîner la mort suite à une dose excessive ou une consommation prolongée.

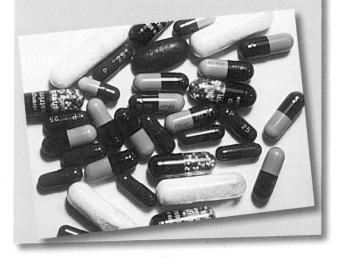

Je vivais dans un appartement à Lyon avec plusieurs amis, dont deux se droguaient. C'est avec eux que j'ai commencé à fumer de la marijuana. Au début, je trouvais ça cool. Je fumais environ trois cigarettes de marijuana par semaine et je n'avais pas l'impression de me droguer. Ma famille me disait que ça pouvait être un problème très grave et je les regardais comme s'ils parlaient à quelqu'un d'autre... Puis, après quelques mois, je me suis mise à la cocaïne. Et je ne savais pas que c'était un produit si dangereux. Très vite, il y avait une dose quotidienne dont j'avais de plus en plus besoin et j'ai réalisé à quel point j'allais avoir besoin d'argent. Je passais des heures à imaginer les conséquences que mon mode de vie risquait d'entraîner. Et puis, un jour, mon meilleur ami est mort d'une overdose. Il prenait du crack depuis plusieurs mois et il a pris une mauvaise dose par accident. Et c'est là que j'ai tout arrêté. Parce que je ne voulais pas finir comme lui.

4 Ecoutez Nabila, une copine d'Audrey, parler de la dépendance de son amie. Puis décidez si les phrases suivantes sont vraies ou fausses.

a J'ai remarqué que quelque chose n'allait pas quand Audrey est partie vivre à Lille.

b C'était juste après son dix-huitième anniversaire, alors qu'elle passait le bac.

c Au début, elle n'utilisait que du cannabis.

d Son état de santé est allé de pire en pire.

e Elle était toujours stressée... probablement à cause de la cocaïne.

f Elle était tellement accro que même la mort de Dominique n'a rien changé.

g Elle est allée dans un centre de désintoxication pendant plusieurs mois.

h Nabila et Audrey sont redevenues les meilleures amies.

5 Imaginez qu'un ami(e) se drogue. Ecrivez une lettre pour la page courrier d'un magazine pour les jeunes. Racontez comment et pourquoi votre ami(e) a commencé à se droguer, quelle(s) drogue(s) il/elle utilise, les effets sur la santé, etc.

Grammaire ➡ 154 ➡ W27

dont

Dont is a relative pronoun (see page 154) and has a number of meanings, including "whose", "of which", "of whom" and "about whom".

Ⓐ Translate the first sentence of the text for activity 3a into English.

Ⓑ Translate these sentences into English.

1 Tu connais Nabila, **dont** la copine est une ancienne toxicomane?

2 Ah oui, celle **dont** les copains ont été si inquiets.

3 C'est une histoire **dont** j'ai déjà entendu quelques détails.

Dont is also used as a pronoun to replace *de qui* or *duquel* etc. with verbs and expressions that are normally followed with *de*, in expressions such as *avoir besoin de*, *avoir envie de*, *souffrir de* or *parler de*, e.g. *Tu as l'argent dont tu as besoin?*

Ⓒ Find an example of this use of *dont* in the text for activity 3a.

Ⓓ Translate these sentences into French.

1 Is it coffee that you want? *(avoir envie de)*

2 Here's the money you need.

3 The illness she's suffering from is terrible.

Compétences

Writing an opinion piece

Write your opinion on this question:
Pensez-vous que toutes les drogues illicites sont dangereuses?

Follow these steps to plan your answer:

● Decide what your view is, then think of a number of points to back up your argument.

Ⓐ Jot down two or three reasons why the answer to the question might be 'yes'.

● Search texts you have read or listened to for vocabulary which will help you make the points.

Ⓑ Reread the text for activity 3a and note the French for the following:

1 to start
2 to find something cool
3 a serious problem
4 to start taking cocaine
5 such a dangerous product
6 to die of an overdose
7 a bad dose

Ⓒ Decide which points you want to make and how the vocabulary you have found will help you phrase them.

● Use a good variety of the phrases you have learned for expressing an opinion.

Ⓓ Look back at the expressions in the *Compétences* box on page 21, then write up your opinion piece combining some of them with the vocabulary you have collected.

Manger équilibré

▸ *Qu'est-ce que ça veut dire, bien manger? Et ce sont quoi,*
les troubles alimentaires?

1a Travaillez à deux. Partenaire A décrit tout ce qu'il/elle a mangé hier et partenaire B note les détails, puis lui donne une note sur dix.

> 0–2 points = régime catastrophique
> 3–6 points = tu pourrais faire beaucoup mieux
> 7–9 points = tu manges de façon assez saine
> 10 points = régime équilibré

1b Changez de rôles, puis discutez des résultats en classe.

Bien manger avec un petit budget

Concilier la vie étudiante avec un régime équilibré n'est pas toujours évident. Mais suivez nos conseils et tout ira bien!

★ Vous n'avez pas le temps de préparer un petit déjeuner nourrissant? Vous pourriez boire un jus de fruit, puis emporter un yaourt liquide et des biscottes emballées individuellement.

A midi, si vous alliez au restaurant universitaire, vous pourriez vous composer un repas équilibré: une
★ entrée (des crudités plutôt que de la charcuterie), un plat principal (choisissez des légumes verts pour accompagner votre viande ou poisson) et un dessert (optez pour un fruit frais plutôt qu'une pâtisserie). Rappelez-vous: les frites devraient rester occasionnelles.

Si vous êtes obligés de prendre un sandwich à midi, limitez la présence de matières grasses en évitant les
★ versions "au pâté" ou "au saucisson" avec beaucoup de mayonnaise. Si possible, demandez un sandwich "nature", c'est-à-dire sans beurre.

Le soir, ne mangez pas de plats cuisinés. Ce serait facile et rapide, mais ces plats sont pleins de sel, de sucre, et
★ de matières grasses. Mettez-vous à la cuisine et préparez une recette simple, rapide et saine comme des pâtes à la sauce tomate.

2a Recopiez et traduisez en anglais:

  a sain

  b un régime équilibré

  c nourrissant

  d matières grasses

  e éviter

  f les plats cuisinés

2b Lisez les conseils, puis écrivez un plan de nourriture saine pour une journée typique d'étudiant: petit déjeuner, déjeuner, dîner, casse-croûte.

3a Travaillez en groupe. Vous avez deux minutes pour écrire une liste de mots que vous associez avec le thème "les troubles alimentaires".

3b Ecoutez l'interview avec le docteur Marianne Rochais. Recopiez et complétez les blancs.

  a A onze ans, ... % d'élèves canadiennes changeraient d'apparence si elles le pouvaient.

  b A ..... ans, ce pourcentage monte à ..... %.

  c ..... jeunes canadiens de ..... à ..... ans ont des troubles alimentaires.

  d Une anorexique se prive de ..... parce qu'elle veut être ..... .

  e Elle fait souvent beaucoup d' ..... pour ..... du poids.

  f Elle souffre souvent d'une pauvre ..... d'elle-même et de troubles ..... .

  g Une personne souffrant de boulimie a souvent un ..... normal.

  h Elle mange souvent ..... , puis elle ..... .

  i Elle est souvent trop gênée pour chercher de ..... .

3c Ecoutez les conseils du docteur Rochais et notez les points principaux en anglais.

Angélique should...
She shouldn't...

Grammaire ➡ 162 ➡ W60

The conditional

The conditional is used to express what you would do if certain conditions were met. It is formed using the future stem of the verb, plus the imperfect tense endings: *-ais, -ais, -ait, -ions, -iez, -aient*.

Future: *je mangerai*   I will eat

Conditional: *je mangerais*   I would eat

A verb which is irregular in the future tense keeps its irregular future stem for the conditional.

Future: *je ferai*   I will do

Conditional: *je ferais*   I would do

For irregular verbs, see page 168.

Note the special meanings of *devoir* and *pouvoir* in the conditional:

Je devrais   I should

Je pourrais   I could

A **Look at the text on page 88 and find the sentences which match these translations:**

1 you could drink a fruit juice

2 chips should remain an occasional treat

3 it would be easy

4 Un(e) ami(e) vous parle de ses difficultés à se nourrir sainement avec son tout petit budget d'étudiant (e). Donnez vos conseils. Utilisez les *Expressions-clés*.

5 Lisez les lettres à la page Conseil-Santé d'un magazine, puis écrivez des réponses.

Expressions-clés

Giving advice

Moi, je + conditionnel

Tu pourrais + infinitif

Tu devrais + infinitif

Si j'étais toi/vous, je + conditionnel

A ta/votre place, je + conditionnel

Pourquoi est-ce que tu ne...?

As-tu déjà essayé de + infinitif

B **Complete these sentences by inserting the suggested verbs in the conditional:**

Afin de rester en forme, ...

1 je ...... manger sainement (devoir)

2 je ...... faire plus de sport (pouvoir)

3 il ...... bon de dormir huit heures par nuit (être)

The **conditional** is used in a main clause when the *si* clause is in the <u>*imperfect tense*</u>:

*Si vous <u>alliez</u> au restaurant universitaire, vous **pourriez** vous composer un repas équilibré.*

(If you went to the university restaurant, you could select a balanced meal.)

C **Complete these sentences by adding a phrase with a conditional verb in it:**

1 Si tu mangeais moins de matières grasses, tu...

2 Si je savais cuisiner, je...

3 Si mon amie souffrait de troubles alimentaires, je...

Conseil-Santé

Consultez notre médecin

1 Moi, je m'inquiète parce que mon amie Lucie me paraît malade. Elle est très, très mince – je dirais émaciée – car elle ne mange presque rien. Elle s'absente à l'heure du déjeuner, ne vient pas au café avec nous et ne veut pas parler de son problème. Que puis-je faire?

Jean

2 Je fais beaucoup de sport et j'ai toujours faim! J'achète pas mal de chips et de chocolat pour me donner plus d'énergie, mais je n'ai pas toujours le temps de rentrer manger à la maison. Qu'est-ce que vous pouvez me conseiller?

Sophie

Mode de vie et santé

> *Quel est le meilleur régime alimentaire?*
>
> *Quelles habitudes sont mauvaises pour la santé?*
>
> *Et que doit-on vraiment faire (et ne pas faire) pour mener une vie équilibrée?*

1a Lisez les textes et notez qui:

a ne fume pas

b mange souvent dans des fast-food

c dort peu

d ne boit pas d'alcool

e fait beaucoup de sport.

1b Relisez les textes et notez ce que chaque personne fait qui est:

a bon pour la santé

b mauvais pour la santé.

2  **A votre avis, qui a le pire mode de vie? Qui a le meilleur? Pourquoi? Comparez avec un(e) partenaire.**

Exemple: A mon avis, Florence a le pire mode de vie parce qu'elle fume et a une mauvaise alimentation. Elle risque d'avoir de graves problèmes de santé plus tard dans la vie. En plus, elle ne fait pas de sport et elle ne veut pas changer ses habitudes.

3a  **Voici trois passages sur les liens entre régimes alimentaires et santé. Ecoutez le premier passage "L'obésité" et notez les données suivantes.**

a proportion d'enfants obèses aux Etats-Unis

b pourcentage de femmes et d'hommes obèses en France

c trois grands facteurs qui causent généralement l'obésité

d trois risques de santé augmentés par l'obésité.

3b **Ecoutez le deuxième passage "Le régime crétois" et répondez aux questions.**

a Où se situe exactement la Crète?

b Qu'est-ce que plusieurs études ont montré?

c De quoi se compose le régime crétois? (6)

d Quel autre pays a un taux très bas de maladies cardio-vasculaires?

3c **Ecoutez le troisième passage "Avoir la forme" et notez les conseils donnés sous chaque rubrique.**

a nourriture   b repas

c boissons   d sports

Noémie

Je suis végétarienne, je dors dix heures chaque nuit et je fais beaucoup de natation. Je ne fume pas, je ne bois pas d'alcool et je ne me drogue pas. Je pense qu'être en bonne santé est la chose la plus importante dans la vie et j'essaie de mener une vie équilibrée en évitant tous les grands risques pour la santé.

Patrick

Je crois que le pire dans mon emploi du temps santé, c'est le manque de sommeil. Je dors environ cinq heures par nuit! Etant étudiant et aimant sortir tard le soir, je suis toujours fatigué! Je bois le samedi soir quand je suis en boîte avec mes amis, mais pas pendant la semaine. Je fume environ dix cigarettes par jour.

Julien

Je fais du vélo environ trois heures par jour, je pense que c'est important de prendre du temps pour soi, et pour moi, le cyclisme, c'est une passion. Mes copains, n'étant pas aussi actifs que moi, mangent ce qu'ils veulent, mais moi, parce que je fais un sport de façon intensive, j'ai un régime alimentaire beaucoup plus strict.

Florence

Je crois que mon mode de vie est aussi mauvais que celui de la plupart des jeunes de mon âge. Je mange souvent au MacDo, je sors presque tous les soirs et je bois de l'alcool tout en fumant trois ou quatre cigarettes et je ne fais pas de sport. J'imagine que je pourrais être plus active que ça, mais j'aime trop les hamburgers et les frites!

4 Travaillez à deux et parlez à tour de rôle. Lisez *Grammaire* et référez-vous au diagramme, puis inventez le plus de fins possibles pour la phrase "On peut mener une vie équilibrée en…"

Exemple: Partenaire A … prenant assez de temps pour soi.
Partenaire B … faisant du sport plusieurs fois par semaine.

5 Et vous? Menez-vous une vie équilibrée? En vous référant aux idées de l'activité 4, écrivez environ 150 mots pour expliquer:

- ce que vous faites de bien
- ce que vous faites qui n'est pas bien
- ce que vous devriez peut-être changer.

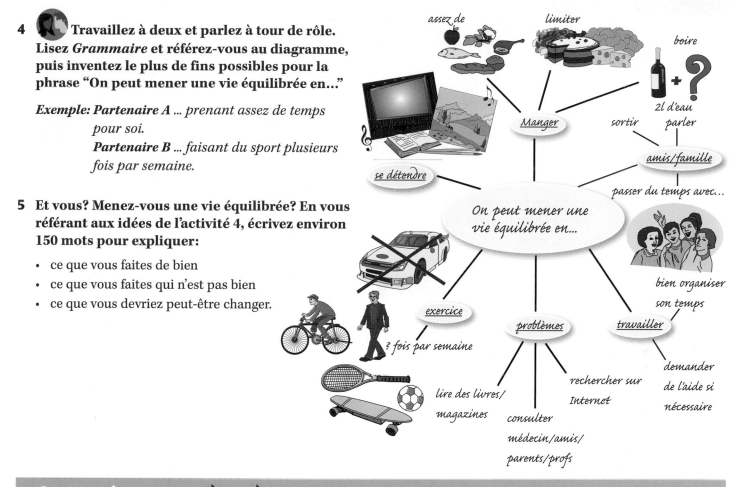

Grammaire ➡ 164 ➡ W64

Present participles

You can recognise a present participle by its typical *-ant* ending, which often corresponds to the English *-ing*.

The present participle is used in a number of different ways in French:

1 To say how something is done: *Elle évite le stress **en dormant** huit heures par nuit.*
She avoids stress **by sleeping** eight hours a night.

2 To show that two things are done at the same time: *Elle dîne tout **en regardant** la télévision.*
She eats dinner **while watching** television.

3 To explain the cause or reason for something: ***Ayant mangé** trop de gâteaux, elle a grossi.*
Having eaten too many cakes, she put on weight.

4 To use a verb as an adjective: *Les ados **souffrant** de troubles alimentaires devraient consulter un médecin.*
Teenagers **suffering** from eating disorders should consult a doctor.

Ⓐ Find examples for uses 1–4 in the texts on page 90.

To form a present participle, take the *nous* form of the present tense, remove the *-ons* and add *-ant*.
nous mangeons → *mangeant*
nous finissons → *finissant*

Three verbs have irregular present participles:
être → *étant*
avoir → *ayant*
savoir → *sachant*

Ⓑ Write out the present participles of these verbs:

1 regarder
2 dormir
3 boire
4 faire
5 prendre
6 acheter

Grammaire active

The conditional

Use the conditional to say what 'would' happen. It can be useful in speech or writing to express how you would react to a given situation.

Rappel

You form the conditional with the future stem of a verb (regular or irregular) and the endings from the imperfect tense: *-ais, -ais, -ait, -ions, -iez, -aient.*

Entraînez-vous!

1 **Qu'est-ce que vous feriez? Complétez les phrases à l'écrit ou à l'oral.**

a Si je voulais perdre du poids, je...

b Si je ne fumais pas, je...

c Si j'étais végétarien(ne), je...

d Si je faisais plus de sport, je...

e Si j'avais des troubles alimentaires, je...

f Si on interdisait la vente des cigarettes aux moins de 18 ans,...

g Si c'était permis de vendre de l'alcool aux moins de 16 ans,...

h Si tout le monde mangeait sainement,...

i Si les activités sportives étaient moins chères,...

j S'il y avait plus de centres de désintoxication,...

Rappel

The conditional can also be very useful in reported speech. If you are quoting someone who said something in the future tense, use the conditional to report what s/he said:

"Je **ferai** une demi-heure d'exercices tous les matins."

➡ Il a dit qu'il **ferait** une demi-heure d'exercices tous les matins.

L'anniversaire extraordinaire de Lola

Lola, mannequin extraordinaire et star de cinéma a révélé exclusivement à notre reporter ses projets pour son annivesaire qui a lieu aujourd'hui. Je prendrai mon hélicoptère pour me rendre dans le Val de Loire, où j'inviterai mes mille meilleurs amis à une petite réception au Château de Chenonceau. Je servirai des coupes de champagne et on mangera des amuse-gueules en écoutant un orchestre. Puis, après ce déjeuner de luxe, qui aura lieu entre midi et deux heures, j'inviterai tout le monde à faire le tour de la région en carrosse. Ensuite, il y aura plein de surprises! Je..."

Entraînez-vous!

2a **Lisez le texte, puis complétez le résumé en mettant les verbes au conditionnel.**

Lola a expliqué qu'elle prendrait son hélicoptère pour aller au Château de Chenonceau.

Elle [1] ses mille meilleurs amis.

Elle [2] des coupes de champagne et on [3] en écoutant un orchestre.

La réception [4] lieu entre midi et deux heures.

Après, elle [5] ses amis à faire le tour de la région en carrosse.

2b **Continuez l'histoire en imaginant la suite et en écrivant cinq phrases supplémentaires.**

Au choix

1a Voici trois mesures controversées qui peuvent être utilisées pour lutter contre la toxicomanie. Lisez les arguments pour et contre chaque mesure et classez-les dans la grille (à droite).

a donne plus de liberté individuelle à ceux qui veulent utiliser cette drogue "douce"

b crée une dépendance similaire à celle de l'héroïne et peut même provoquer une overdose

c limite les risques de maladies comme le sida ou l'hépatite transmis par le partage de seringues

d évite que les toxicomanes se piquent avec des seringues et diminue le trafic de drogue

e fait penser que cette drogue n'est pas dangereuse et peut augmenter le nombre de drogués

f facilite l'utilisation de drogues dures comme l'héroïne qui s'injecte dans les veines

1b Utilisez la grille remplie et décidez si vous êtes personnellement "pour" ou "contre" chaque mesure.

2 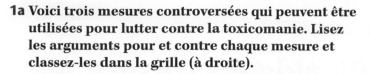 Ecoutez un passage sur l'alcool et les accidents de la route. Décidez si les phrases suivantes sont vraies ou fausses. Corrigez les phrases fausses.

a En France, on estime que l'alcool est en cause dans 14% des accidents mortels.

b Un conducteur en état d'ivresse a des réflexes plus lents et une vision limitée.

c Il a du mal à contrôler son véhicule et réagit de façon normale.

d Pour lutter contre l'alcool au volant, le gouvernement français a établi des limites d'Alcootest.

e Un conducteur ivre peut avoir une amende, un retrait de permis ou une peine de prison.

f "Un verre ça va, trois verres, bonjour les dégâts", est un slogan célèbre en France.

	pour	contre
1 la distribution gratuite de seringues		
2 l'utilisation de produits de subsitution comme la méthadone*		
3 la légalisation de la marijuana		

(* produit chimique avalé par la bouche, délivré en pharmacie sur ordonnance, qui procure des sensations similaires à celle de l'héroïne)

3 Lisez le texte, puis préparez une réponse orale aux questions suivantes. Après, discutez-en en groupe.

a La nouvelle loi date de quand?

b Quel est son but principal?

c Dans quels lieux est-ce que l'interdiction sera renforcée tout d'abord?

d Expliquez les deux possibilités pour ceux qui désirent fumer.

e Etes-vous pour ou contre cette loi? Donnez vos raisons.

f Comprenez-vous le point de vue de ceux qui ne sont pas d'accord avec vous? Donnez vos raisons.

Le nouveau décret anti-tabac

Depuis le 1er février 2007, la nouvelle loi anti-tabac est entrée en vigueur en France.

Etabli pour empêcher la cohabitation des fumeurs et des non-fumeurs, le nouveau texte veut d'abord agir contre le tabagisme passif. Il renforce aussi l'interdiction dans tous le lieux fréquentés par des jeunes (écoles, centres de formation, d'accueil, centres sportifs ...) et établit l'interdiction formelle dans les établissements de santé. Il laisse un délai supplémentaire aux bars, hôtels, restaurants et discothèques.

Il consacre la possibilité d'aménager des emplacements spécifiques mis à la disposition des fumeurs, mais sous des conditions très spécifiques: surface limitée, fermeture automatique, extraction mécanique puissante, accès réglementé pour les personnels, signalisation spécifique. On pourra aussi proposer des abris fumeurs extérieurs et suffisamment accessibles.

4 Ecrivez 150 mots sur la façon dont on vous enseigne la santé au collège. Expliquez:

Ce qu'on a déjà fait:
on a eu des cours sur.../on nous a expliqué.../on a visité.../on a regardé des vidéos sur... etc.

Comment on pourrait faire mieux:
on pourrait.../on devrait.../ce serait bien/mieux de... etc.

Paris Saint-Germain aide ses voisins

Saviez-vous qu'une convention lie le Département des Yvelines et le Paris Saint-Germain, club phare du football professionnel, dont le centre d'entraînement est situé à Saint-Germain-en-Laye? En quoi consiste cette convention?

Premièrement, 12 000 places par saison du championnat de France au Parc des Princes sont attribuées au Département et celles-ci sont distribuées en priorité aux jeunes des quartiers sensibles, aux établissements scolaires et aux associations socio-éducatives. Deuxièmement, la convention permet à de jeunes yvelinois d'être désignés comme ramasseurs de balles lors des rencontres à domicile du PSG.

Grâce au partenariat entre le Conseil Général des Yvelines et la Fondation d'Entreprise PSG, 35 postes "emplois-jeunes" ont été créés et on a développé plusieurs actions dans les collèges afin de sensibiliser les jeunes aux problèmes de violence dans le sport. En plus, des stages de football sont organisés durant les vacances scolaires d'été, surtout dans les quartiers moins favorisés. Des joueurs de l'équipe professionnelle du PSG participent aussi à des opérations d'animation dans les Yvelines.

1a Lisez l'article et nommez les deux institutions qui ont signé la convention.

1b Complétez les notes pour expliquer cinq choses qu'un jeune habitant du Département des Yvelines pourrait faire grâce à cette convention.

   a Recevoir un billet pour...

   b Travailler au stade comme...

   c Etre embauché pour un...

   d Participer à une action au collège et discuter...

   e Participer à...

2a Ecoutez Léopold et Sophia qui parlent du tabagisme. Recopiez et complétez la grille.

	Léopold	Sophia
1 Quand ont-ils commencé à fumer?		
2 Pourquoi?	(2 raisons)	(4 raisons)
3 Pensent-ils qu'il serait facile d'arrêter de fumer?		

2b Préparez le témoignage d'un troisième jeune qui répond aux trois questions de l'activité 2a. Vous pouvez soit écrire un extrait de son journal intime, soit le préparer oralement et l'enregistrer.

Exemple: *J'ai fumé ma première cigarette à l'âge de...*

3 Lisez le texte, puis répondez aux questions en anglais.

  a How is the practice of tattooing regulated?

  b What risks are there if a tattoo is not done hygienically?

  c List four things a reputable tattoo practitioner will do in order to safeguard your health.

4 🎧 Ecoutez Christine qui parle de son sport préféré et complétez les phrases.

  a Le sport de Christine, c'est...

  b C'est un sport qui permet d'apprendre différents moyens de...

  c Christine pense que c'est un sport qui devrait être surtout pratiqué par...

  d Grâce à ce sport, on apprend une certaine...

  e La seule chose qu'il faut acheter, c'est...

  f Contrairement à ce que les gens pensent, ce n'est pas un sport...

  g On utilise des protections...

  h Christine s'entraîne dans un club deux fois par semaine, de...

5 Ecrivez environ 200 mots sur un des sujets suivants.

  a Ecrivez le prospectus d'un centre de loisirs qui propose différentes activités sportives de plein air pendant les week-ends. Décrivez cinq activités différentes, en mentionnant ce que chacune d'entre elles apporte à ceux qui la pratiquent – ainsi que le type d'équipement nécessaire (si besoin).

  b Vous venez de découvrir qu'un(e) de vos ami(e)s se drogue. Ecrivez une lettre à un journal pour jeunes en donnant un maximum de détails sur la situation et en posant des questions précises.

6 Répondez à l'oral aux questions suivantes.

  a Que préférez-vous, les sports d'équipe ou les sports individuels? Pourquoi?

  b Quel(le) sportif (sportive) admirez-vous? Pourquoi?

  c Que diriez-vous à un(e) ami(e) qui n'aime pas l'exercice et ne pratique aucun sport?

  d A votre avis, que doit-on faire – et ne pas faire – pour avoir la forme?

  e Etes-vous d'accord avec l'interdiction de fumer dans les lieux publics? Pourquoi?

  f Qu'est-ce qui peut pousser certains jeunes à se droguer?

Comment se faire tatouer sans risque?

Tout le monde peut se déclarer tatoueur. Mais si certaines règles d'hygiène et d'asepsie ne sont pas respectées, les risques pour la santé sont réels. L'hépatite B, l'hépatite C, le VIH, les verrues, l'herpès et les infections bactériennes en sont parfois les conséquences.

Ce qu'il faut savoir
Lorsque le tatouage est pratiqué selon les règles de l'art, il ne présente aucun danger. A noter:
– Le tatouage devrait être effectué à l'aide d'un dermographe, un appareil qui fait vibrer les aiguilles à une profondeur de 1 ou 2 millimètres seulement.

– Les pigments doivent être purs, non toxiques et non allergènes. Ils peuvent être liquides ou préparés à partir d'une poudre de pigment.

– Après, on doit appliquer une lotion antiseptique et le recouvrir d'un pansement sec et stérile afin de prévenir l'infection. On doit vous donner des instructions verbales et écrites pour l'entretien de la zone tatouée et vous informer sur les signes d'infection qui pourraient exiger un traitement médical. Le tatouage prend environ deux semaines à cicatriser.

aiguilles *needles*
cicatriser *to heal over*

Le tourisme

By the end of this unit you will be able to:

▶ Describe your holiday experiences

▶ Say what you think about different types of holiday

▶ Discuss the pros and cons of tourism

▶ Discuss the impact of tourism on holiday destinations

▶ Talk about transport in the context of holidays

▶ Use the imperative

▶ Use the passive

▶ Start a sentence with an infinitive

▶ Extend your vocabulary through word families

▶ Tackle listening tasks more effectively

▶ Use a range of phrases for convincing someone of your point of view

1 Comment passiez-vous les vacances quand vous étiez enfants? Chez vous ou ailleurs? En famille ou autrement? Qu'est-ce que vous faisiez régulièrement? Avec qui avez-vous le plus de points communs? Comparez vos expériences oralement à deux.

2 Qu'est-ce que c'est, Paris-plage? Faites une recherche "Paris-plage" sur Internet et répondez à ces questions.

a Pour combien de temps la plage est-elle installée chaque année?

b Quelle taille fait-elle?

c Quels types d'aménagements et d'animations sont offerts?

d Qui fréquente Paris-plage?

Une plage à Paris? Eh oui! C'est une réalité chaque été depuis plusieurs années.

Une plage artificielle, bien sûr...

1 J'ai envie de changer de carrière parce que finalement le monde du commerce et des finances ne m'intéresse pas beaucoup, mais j'ai vraiment besoin d'améliorer mon espagnol parce que j'aimerais travailler dans le tourisme.

2 Comme nous avons déménagé il y a seulement quelques mois pour permettre à chacun des enfants d'avoir sa chambre, cette année nous sommes très limités sur le plan financier. Nous ne recherchons pas le confort: nous souhaitons avant tout changer d'air.

3 Bon, je sais, ça finit peut-être par devenir un peu une obsession, mais j'estime que nous devons tous faire un effort pour respecter l'environnement, même en vacances. Ça m'indigne, par exemple, quand je vois des gens qui dégradent des montagnes. Je préférerais qu'on les laisse tranquilles, ces pauvres montagnes.

4 Les châteaux... les ruines... les musées... ça va un peu, mais entre temps j'aime bien jouer les paresseux. Avec ça, un petit peu de luxe est bien agréable. Mais surtout, je n'ai absolument pas envie de faire des kilomètres en voiture pour me retrouver dans des embouteillages.
Ça suffit 11 mois de l'année!

3a 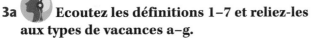 **Ecoutez les définitions 1–7 et reliez-les aux types de vacances a–g.**

  a les séjours à l'étranger

  b les croisières

  c le camping-caravaning

  d l'agrotourisme

  e l'écotourisme

  f les grandes randonnées

  g les séjours linguistiques

5 Pour moi, la meilleure façon d'oublier le travail et mes autres préoccupations, c'est de faire quelque chose qui ne demande pas d'effort intellectuel. J'aime être seul ou avec un petit groupe mais surtout pas dans la foule, car quand on travaille à Paris... Et le bon air, j'ai surtout besoin du bon air!

3b  **Réécoutez (1–7) et prenez des notes (qui? où? activités?). Ensuite, avec vos propres mots, expliquez les expressions a–g de l'activité 3a oralement ou par écrit.**

> ***Exemple**: L'agrotourisme, c'est pour les personnes qui préfèrent les vacances à la campagne. Ce genre de vacanciers aime bien, par exemple, loger dans une ferme, une chambre d'hôte ou un gîte à la campagne plutôt que dans un hôtel ou un centre de vacances.*

4 **Quels types de vacances de l'activité 3a recommanderiez-vous aux personnes ci-dessus? Faites des phrases par écrit, en essayant de varier les structures.**

Expressions-clés

Vous pourriez essayer... (+ *noun or* de + *infinitive*)

Je vous recommande... (+ *noun or* de + *infinitive*)

Avez-vous pensé à... (+ *noun or infinitive*)?

Pourquoi ne pas... (+ *infinitive*)?

Si j'étais vous, je... (+ *conditional*)

A votre place, je... (+ *conditional*)

5 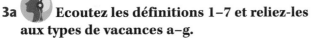 **Travaillez avec un(e) partenaire. Quels types de vacances choisiriez-vous? Pourquoi?**

Les vacances des Français

▶ *Que font les Français de leur temps de vacances? Partent-ils souvent? Où vont-ils?*

Les Français et les vacances

Chiffres 2005 – Personnes de plus de 15 ans

Avec 39 journées par an en moyenne, les Français ont le record du monde des congés payés. Signalons malgré tout que quatre personnes sur 10 ne partent pas en vacances. Les plus enthousiastes sont les Parisiens, dont les 4/5 effectuent un séjour de vacances, contre seulement 2/3 des ruraux.

Fini le temps de l'unique séjour de vacances annuel: avec une moyenne de 4,2 par an, la fréquence des séjours continue. N'oublions pas cependant que la tradition des grandes vacances persiste, puisque presque la moitié des Français continuent de choisir juillet-août pour leur plus long séjour-vacances. A ceci, ajoutons que les vacances d'hiver, en nette hausse depuis les années 70–80, concernent quasiment les 2/5 des Français.

La qualité et la variété des infrastructures touristiques sur notre territoire expliquent peut-être pourquoi seulement un Français sur 10 choisit de faire un séjour-vacances de plus de quatre nuits à l'étranger, mais aussi pourquoi plus des 3/4 des Français privilégient la voiture pour leurs départs en vacances. Quant aux destinations étrangères, sachez que les Français préfèrent de loin l'Espagne et l'Italie... facilement accessibles en voiture.

En ce qui concerne plus précisément les destinations estivales, notez que la campagne arrive maintenant en tête avec 35% des séjours, tout juste devant la mer et quatre points devant la ville.

Finalement, signalons qu'avec la semaine de travail de 35 heures de nombreux Français multiplient maintenant les départs en long week-end. Cette tendance n'est pas reflétée dans cet article, qui ne concerne que les séjours de plus de quatre nuits.

1a **Lisez l'article "Les Français et les vacances" et faites correspondre les titres a–e à chaque paragraphe.**

- **a** Les Français privilégient la France
- **b** Les séjours très courts se multiplient
- **c** Vacances pour certains mais pas pour tous
- **d** Retour à la nature
- **e** L'été: toujours le grand gagnant

1b **Relisez l'article et complétez les phrases 1–10.**

Exemple: 1 ...tous les autres pays du monde.

1 Les Français ont plus de congés payés que...
2 Quatre personnes sur dix restent...
3 Ce sont les Parisiens qui partent...
4 Un tiers des ruraux...
5 Environ 50% des Français...
6 Seulement 10% des Français...
7 La voiture est très souvent...
8 L'Espagne et l'Italie...
9 L'été, plus du tiers des Français...
10 La multiplication des départs en long week-end est due à...

Grammaire → 162 → W58

The imperative

The imperative is used to tell someone what to do or to make a suggestion. It has three forms: *tu, vous* and *nous*. It often looks the same as the present tense except that for *-er* verbs the final 's' on the *tu* form is omitted.

A Reread "*Les Français et les vacances*" on page 98 and find the imperative for:

1 Let's point out that... (paragraphs 1 and 5)
2 Let's not forget that... (paragraph 2)
3 Let's add that... (paragraph 2)
4 Note that... (paragraph 4)

B *Savoir* is irregular in the imperative. Find how to say "Bear in mind that..." (paragraph 3).

2a Ecoutez quatre personnes qui parlent de leurs vacances typiques. Prenez des notes:

- Destination?
- Quand?
- Combien de temps?
- Transport?

2b Réécoutez et, à l'aide de l'article (page 98), essayez d'identifier la personne la plus typique et la personne la moins typique.

2c A plusieurs, justifiez votre classement (activité 2b) oralement, simplement à l'aide de vos notes. Ne préparez pas de phrases complètes car il est important d'apprendre à improviser.

3 Ecrivez le profil d'un vacancier/une vacancière typique. Recommandez des types de vacances plus appropriés.

C Write sentences beginning with verbs in the *nous* form of the imperative under the heading: "*Pour être comme les Français les plus typiques...*"

Example: Faisons plus de quatre séjours-vacances par an...

D Use the *vous* form of the imperative to give imaginary people advice on what types of holiday to opt for depending on their likes and dislikes. Start your sentences with *Si...* and use a variety of verbs, for example, *faire, choisir, aller, prendre, opter pour, essayer de* and *oser*.

Example: Si vous aimez la mer et les océans, faites une croisière.

Compétences

Word families

A useful way of extending your vocabulary is to focus on word families rather than learn isolated words.

A Here are some words used in "*Les Français et les vacances*". For each of them, find words from the same family as indicated. Use a monolingual dictionary or the French-English section of a bilingual dictionary to help you.

Example: 1 mondial

1 monde (adj.)
2 partent (nom)
3 un séjour (verbe)
4 des ruraux (adj.)
5 continue (adj.)
6 oublions (nom)
7 tradition (adv.)
8 choisir (nom)
9 hiver (adj.)
10 explique (nom)
11 estivales (nom)
12 la campagne (adj.)
13 devant (verbe)
14 long (nom)

B Make up as many sentences as you can using the words from activity A.

Destination: vacances!

*Quel type de vacancier ou vacancière êtes-vous? Qu'est-ce que le Club Med?
Cela correspond-il à votre style de vacances?*

1 Discutez avec un(e) partenaire. Quel est votre type de vacances préféré? Et qu'est-ce qui vous attire le moins?

2a Les paragraphes A–D décrivent quatre types de vacanciers. Lisez d'abord les paragraphes A et B et traduisez a–e.

a sunbeds

b to avoid

c rock climbing

d deep-sea diving

e to have a lie-in

2b Lisez A–D. Redonnez son titre (1–4) à chacun des paragraphes.

1 Les fêtards

2 Les passionnés

3 Les explorateurs

4 Les pachas

2c Relisez A–D et décidez quel type de vacancier vous êtes et faites de même pour deux ou trois autres personnes de votre groupe. Ensuite, discutez-en.

A mon avis, tu es avant tout un... parce que...

Moi, je dirais plutôt que je suis un... Par exemple, cette année, je vais...

2d Ecrivez un paragraphe pour décrire quel type de vacancier vous êtes (A–D). Pour vous justifier, donnez des détails sur vos préférences-vacances et décrivez certains épisodes de vos vacances passées.

A Ces vacanciers ne sont pas des rois de l'effort et s'enthousiasment peu pour le camping sauvage. Ils sont d'abord à la recherche du confort et privilégient les destinations-vacances qui se concentrent avant tout sur le raffinement dans des domaines tels que l'hébergement, l'art culinaire et les activités de loisir. Bronzer idiot ne les dérange pas... mais à condition que les transats soient hyper-confortables. Et tout ceci, bien sûr, dans une ambiance totalement décontractée afin d'éviter le moindre stress.

B Pleins d'énergie, plutôt compétitifs (avez-vous dit obsessifs?), ils sont trop occupés à améliorer leur performance en surf, en varappe ou en plongée sous-marine pour se préoccuper de découvrir les trésors de la région. Faire la grasse matinée n'est pas une de leurs activités favorites et, quand ils font la fête, leur préoccupation essentielle consiste à raffiner leur technique de salsa... ou à critiquer celle des autres.

C Aujourd'hui, s'ils sont jeunes, on a plutôt tendance à les appeler "clubbeurs". Les sortir du lit avant 2h de l'après-midi est difficile car ils se couchent rarement avant 6h du matin. Ils pourront vous indiquer tous les lieux où danser aux rythmes des danses les plus endiablées et... ils connaîtront peut-être par cœur la liste des cocktails couleur locale. Entre deux fiestas, vous les trouverez plutôt écroulés sur une plage qu'occupés à photographier les trésors architecturaux de la région.

D Rester immobiles pendant plus de cinq minutes est pour eux un effort quasi-impossible. Plutôt que de bronzer allongés sur une plage, ils ont tendance à attraper des coups de soleil en randonnée-safari sur le dos d'un dromadaire. Loin de privilégier les villages de vacances du style "prison dorée", ils recherchent la couleur locale qui leur permet de faire découverte sur découverte dans une ambiance multiculturelle.

3 Lisez l'article sur le Club Med. Dans quel ordre apparaissent ces données?

a systèmes pour payer ses boissons au Club Med

b anniversaire important pour le Club Med

c ouverture d'une location de montagne

d location du premier village Club Med

e nombre de locations Club Med aujourd'hui

f début des vacances Club Med en bateau

4 **Ecoutez l'interview avec M. Beauvallet, qui travaille dans le tourisme, et répondez aux questions en anglais.**

a What does the interviewer say about young British people's holiday preferences? *(2 marks)*

b What type of holiday do young French people tend to prefer when they are not with their parents?

c Why do some young French people favour Spain or Italy for their holidays?

d Why do some young French people favour France for their holidays?

e What kind of customer is Club Med not aimed at?

f What do many people particularly like about holidaying with Club Med?

g Who are the *"villages adultes"* particularly aimed at? *(2 marks)*

h What possible objection does the interviewer raise about Club Med?

i Why does M. Beauvallet mention sunbathing in his answer?

j What are we told about *"l'île de Gorée"*?

5 **Travaillez à deux. Discutez des avantages et des inconvénients des différents types de vacances.**

6 Créez un spot publicitaire pour un des types de vacances.

Le Club Med a été fondé en 1950 et a installé son premier "village de vacances" aux Baléares. Après l'ouverture de plusieurs destinations balnéaires, le premier village de neige a été inauguré en Suisse en 1956. C'est l'année suivante que le "collier-bar" a été créé, un collier constitué de boules de couleurs différentes pré-payées qui permet de payer dans tous les bars d'un village du Club. Le collier a été remplacé en 1994 par un "carnet de bar". Après l'Europe, les Antilles et l'Afrique du Nord, le premier village américain a été implanté dans les montagnes du Colorado. L'année 1990 a été marquée par le lancement du Club Med One pour des croisières ensoleillées. Le Club, aujourd'hui implanté sur six continents, a fêté son 20 millionième vacancier en 1994. Le Club exploite actuellement environ quatre-vingts villages dans le monde.

Grammaire   ➡ 164–165 ➡ W66

The passive

● In an active sentence, the subject of the sentence "does" whatever the verb says: *On **a fondé** le Club Med en 1950*.

● In a passive sentence, the subject of the sentence "has something done to it": *Le Club Med **a été fondé** en 1950*.

● To form the passive, use the verb *être* plus a past participle (which agrees with the subject of the verb).

A Look for examples of passive sentences in the Club Med text and translate them into English.

B All the passive sentences in activity A are in the perfect tense singular form. Analyse the following passive sentences and translate them into English.

Example: *J'ai été encouragée à aller au Club Med par mes cousines.*
Perfect tense – I was encouraged to go to the Club Med by my cousins.

1 Un nouveau club sera peut-être implanté en France dans quelques années.

2 Les "colliers-bar" ont été remplacés par les "carnets de bar".

3 Un très vaste choix de destinations est offert.

4 Les années qui viennent vont être marquées par un accent plus prononcé sur le luxe.

5 J'aimerais être invitée à aller dans un Club Med.

L'écotourisme

▶ Qu'est-ce que l'écotourisme? Quel est l'impact de tourisme sur l'environnement?

▶ Que peut-on faire pour réduire les dégâts en continuant à voyager et à découvrir différentes cultures?

1 Travaillez avec un(e) partenaire. Regardez les images. Discutez des aspects négatifs du tourisme.

2 Ecoutez le reportage sur le Mont Blanc. Lisez les phrases a–h. Vrai ou faux? Corrigez les phrases fausses.

a Le Mont Blanc est un site protégé par l'Unesco.

b Le Mont Blanc fait plus de 4 800 mètres de haut.

c Les parties les plus basses bénéficient d'un climat agréable.

d C'est en particulier l'hiver que le Mont Blanc attire aujourd'hui un nombre préoccupant de visiteurs.

e L'été, 300 à 400 visiteurs par semaine tentent d'escalader le Mont Blanc.

f Les visiteurs sont plus sensibles que la plupart à la préservation de l'habitat, mais causent malgré tout des problèmes environnementaux.

g Le nombre d'opérations de sauvetage commence enfin à baisser.

h Les visiteurs sont parfois obligés de dormir en plein air.

3a Lisez cette définition, puis relisez-la en cachant le dernier mot, puis les deux ou trois mots précédents, etc., avec pour objectif de mémoriser la phrase complète.

L'écotourisme est une forme de tourisme qui respecte l'environnement et les populations locales, et qui contribue à leur économie. On l'appelle aussi le tourisme solidaire.

3b Ecoutez la version paraphrasée de la phrase de l'activité 3a, notez-là, puis comparez vos notes à deux.

4a Reliez 1–8 et a–h pour faire des définitions de l'écotourisme.

1 Faire de grandes randonnées en montagne permet de...

2 Limiter et trier ses déchets sur son lieu de vacances est un bon moyen...

3 Manger de préférence des produits locaux...

4 Se concentrer sur la découverte des paysages permet de devenir...

5 Economiser l'eau et l'énergie est tout aussi important...

6 Acheter de préférence des souvenirs produits localement...

7 Passer plus de temps dans un seul endroit...

8 Passer ses vacances dans des zones rurales aide...

a ...plus sensible à la nature, précieuse mais également fragile.

b ...permet de contribuer à l'agriculture locale.

c ...peut faire survivre des activités artisanales traditionnelles.

d ...permet de réduire la pollution liée aux transports.

e ...de limiter son impact sur l'environnement.

f ...à faire survivre des villages parfois dépeuplés.

g ...se rapprocher de la nature sans la polluer.

h ...en vacances que le reste de l'année.

4b A deux, refaites l'activité 4a oralement. La personne B doit cacher 1–8 et donc bien écouter la personne A pour pouvoir compléter les phrases. Ensuite, changez de rôle.

Grammaire ➡ W70

Starting a sentence with an infinitive

In activity 4a, sentences 1–8 all start with an infinitive. Starting sentences with an infinitive can help vary sentence structures.

A Translate sentences 1–8 (activity 4a) into English. Compare with the French equivalents. In the English sentences, what is used instead of an infinitive?

B Find sentences beginning with an infinitive in texts A–D on page 100 and translate them into English.

C Make up "ironic" *En vacances* sentences aimed at heightening the importance of eco-friendly behaviour while on holiday. Use the *Expressions-clés*.

Example: En vacances, acheter des boissons en bouteilles plastique est une excellente façon d'augmenter les besoins en recyclage.

Expressions-clés

...aide à... (+ infinitif)

...permet de... (+ infinitif)

...est + adjectif + pour/quand/si...

...est un bon moyen de... (+ infinitif)

...est une excellente façon de... (+ infinitif)

...est une méthode idéale pour... (+ infinitif)

Compétences

Improving your listening skills

Here are a few techniques to help you improve your listening skills:

● Listen to French radio for 10 minutes every day. You will become attuned to French sounds and intonation.

● The better your knowledge of sound patterns, the better your listening skills. Listen to a passage with the transcript in front of you and repeat one sentence at a time. Concentrate particularly on cognates and liaisons.

● Use passages you have already studied. Listen to a passage without the transcript, then again with the transcript in front of you, pausing when necessary to concentrate on what you did not understand. Finally, listen one more time without the transcript.

● In listening tasks, the questions don't always use the same words as the listening passage (*beaucoup de/de nombreux*), therefore build up your knowledge of synonyms.

● Make sure you learn high-frequency words, such as adverbs and conjunctions. For example, in the sentence "*Le climat n'a guère changé*", understanding "*climat*" and "*changé*" counts for nothing if you don't know that "*ne... guère*" means "hardly".

● Before listening to a passage, look at the task set and use your common sense to predict answers or vocabulary which might come up.

A Use listening passages from previous units to try some of the above techniques.

Vacances et transports

▶ *Quel effet ont les vacances sur la circulation routière? Est-il nécessaire de partir en vacances en voiture? Quels autres moyens de transport se développent en France?*

1 **D'après vous, que signifient a–h? Expliquez-le oralement ou par écrit.**

   a la circulation automobile

   b un automobiliste

   c un embouteillage/un bouchon

   d un week-end rouge sur les routes

   e la paralysie des centres-villes

   f le covoiturage

   g la pollution atmosphérique

   h une zone piétonnière

2 **L'article "Sur la route des vacances" parle-t-il des thèmes suivants?**

   a des mesures prises pour limiter les accidents

   b les causes des accidents de la route

   c la circulation dans les centres-villes

   d les jeunes qui conduisent

   e les périodes de haute circulation

   f la pollution liée aux transports

3 **Cherchez sur Internet ce que sont "Bison futé" et "le permis probatoire".**

CELUI QUI CONDUIT, C'EST CELUI QUI NE BOIT PAS.

Sur la route des vacances

Ah, les sacro-saints départs de juillet-août! Quand des millions de Français partent en vacances en même temps, Bison futé a du travail. Et encore plus quand ils croisent les vacanciers qui rentrent chez eux. Le record absolu d'embouteillages en France a été atteint le samedi 3 août 2002, avec 792 kilomètres d'embouteillages sur toute la France.

Le tourisme est pour la France un secteur économique très performant, mais quand on sait que les routes françaises comptent parmi les plus dangereuses d'Europe, on voit que le pays paye cher sa 1e place au monde pour le nombre de touristes étrangers, sans compter que beaucoup de Français choisissent de passer leurs vacances sur le territoire.

Même si de nombreux accidents mortels sont à attribuer à la fatigue, au portable et aux drogues ou psychotropes au volant, l'alcool occupe la première place. La mortalité liée aux accidents de la route a considérablement diminué depuis les années 70, grâce entre autres aux radars fixes automatiques qui ont fait baisser la vitesse. Cependant, beaucoup reste à faire.

Les accidents les plus graves frappent parfois les automobilistes étrangers, fatigués et peu familiers avec les lieux qu'ils visitent. Un des exemples les plus dramatiques a eu lieu dans les Alpes en juillet 2007, où un autocar transportant une cinquantaine de Polonais a quitté la route et s'est écrasé 20 mètres plus bas, avec un bilan de 26 morts et de nombreux blessés graves. L'autocar, non équipé du système de double freinage nécessaire, n'avait pas l'autorisation d'emprunter cette route de montagne.

Un autre point noir, et pas seulement à l'époque des vacances, concerne les jeunes automobilistes. Toutefois, le Gouvernement est loin d'être inactif à ce sujet. Ainsi, depuis plusieurs années existe le permis probatoire ainsi que la campagne Sam, pour alerter les jeunes aux dangers de l'alcool au volant. Pas inutile quand on sait que les moins de 24 ans représentent ¼ des victimes d'accidents de la route.

4a Pourquoi partir en vacances en voiture? Il existe d'autres solutions. Ecoutez le dialogue et notez les moyens de transport mentionnés.

4b Réécoutez le dialogue entre Max et Lucille et notez:

a comment Lucille va partir en vacances

b pourquoi Max n'aime pas son choix

c par quels arguments elle défend son choix (4)

d pourquoi elle mentionne Paris-Marseille

e la longueur du réseau TGV en 2007

f où elle va passer ses vacances

g comment elle a l'intention de voyager, une fois arrivée à destination

h quels avantages procure ce moyen de transport (3)

i ce qu'est un cyclopolitain comme à Nantes ou Strasbourg

j qui apprécie particulièrement ce mode de transport.

5 A deux: discutez. Lisez d'abord *Compétences*.

- La personne A veut partir en vacances en voiture.
- La personne B, qui va l'accompagner, veut partir en train.

Compétences

Convincing someone of your point of view

The imperative can be useful for convincing someone of your point of view and can, for example, be combined with the conditional (see Unit 6):

Allez à la campagne, ça vous aiderait à.../ça vous permettrait de.../ça pourrait vous.../comme ça, vous seriez.../comme ça, vous pourriez...

The phrases below, given here in the second person singular form, can also help convince someone:

Ecoute-moi/Ecoutez-moi,...

Je t'assure que/Je vous assure que...

Mais je t'assure!/Mais je vous assure!

Quand tu y réfléchis, tu vois bien que.../Quand vous y réfléchissez, vous voyez bien que...

Mais enfin, tu dois/vous devez bien voir/comprendre que...

Tu ne vois pas que...?/Vous ne voyez pas que...?

A Write a dialogue between two people who don't agree:
- Person A wants to go on holiday to Marseille by car
- Person B tries to convince Person A to take the train.

Use your notes from activity 4b and the expressions above.

– Tu vas passer une semaine de vacances à Marseille et tu veux partir en voiture? Tu rigoles!

Grammaire active

The passive

The passive can bring variety to a text (see page 101). It can also create dramatic effect. Remember, however, not to use it in excess.

Rappel

In a passive sentence, the subject of the sentence "has something done to it". To form the passive, use the verb *être* plus a past participle (which agrees with the subject of the verb).

Entraînez-vous!

1 Mettez ces phrases au passif, en utilisant les mots soulignés comme sujets.

> *Exemple: a Chaque année, la ville d'Orléans est fréquentée par des milliers de touristes étrangers.*

a Chaque année, des milliers de touristes étrangers fréquentent <u>la ville d'Orléans</u>.

b La Loire, le plus long fleuve de France, traverse <u>Orléans</u>.

c Le week-end, de nombreux pêcheurs fréquentent <u>les rives de la Loire</u>.

d Des organismes locaux organisent <u>des balades</u> pour tous les goûts.

e Les touristes apprécient particulièrement <u>les balades nocturnes</u>.

f Une ligne de tramway parcourt <u>le centre-ville et la banlieue</u>.

g On connaît bien <u>la ville et ses environs</u> pour la culture des roses.

h Tous les ans, de nombreux amateurs visitent <u>le fabuleux parc floral</u>.

i Le 8 mai, un grand défilé célèbre <u>Jeanne d'Arc</u>.

j Ce jour-là, un spectacle son et lumière anime <u>la cathédrale</u>.

2 Le passif est utilisé dans toutes ces phrases. Sont-elles a) à l'imparfait, b) au passé composé, c) au présent, d) au futur proche ou e) au futur?

a La ligne de TGV Paris-Strasbourg a été inaugurée en présence du Premier Ministre.

b Le taux d'alcoolémie autorisé chez les automobilistes va probablement être révisé.

c Des mesures supplémentaires pour limiter les accidents de circulation graves seront prévues par le Gouvernement.

d Avant la construction de la nouvelle route, le village était constamment envahi de poids lourds.

e L'accord sur le projet ferroviaire Lyon-Turin a maintenant été signé.

f Des efforts supplémentaires seront accomplis par le nouveau ministère pour améliorer la sécurité routière.

g Les motocyclistes sont particulièrement frappés par les accidents graves.

h La carte des radars fixes automatiques sera mise à jour régulièrement.

The imperative

The imperative is used to tell someone what to do or to make a suggestion. It has three forms: *tu*, *vous* and *nous*.

Rappel

Negative imperative: ***Ne** buvez **pas** d'alcool au volant.*
Reflexive verbs in the imperative: *Dépêche-toi! Dépêchez-vous! Dépêchons-nous!*
The imperative of *être* uses subjunctive endings: *Sois prudent. Soyons prudents. Soyez prudents.*

Entraînez-vous!

3a Ecoutez les 10 conseils aux conducteurs pour les départs en vacances, qui commencent tous par un impératif. Répétez chaque conseil en remplaçant la 2ᵉ personne du pluriel par la 1ᵉ personne (en *-ons*).

> *Exemple: a Faisons réviser la voiture avant de partir.*

3b Réécoutez les 10 phrases et notez les verbes, puis mettez-les à la 2ᵉ personne du singulier.

> *Exemple: a faites → fais*

Au choix

L'écotourisme en Guadeloupe

Le tourisme n'apporte pas **que** des avantages aux pays visités: au contraire, dans certains pays, il cause **parfois** une dégradation des paysages ainsi que certains problèmes sociaux. Une triste réalité, **bien sûr**, mais c'est pour **faire face à** ces problèmes que la Guadeloupe a décidé de se tourner vers l'écotourisme et d'encourager des comportements respectueux de l'environnement et des hommes. Pour commencer, **il faut comprendre** que la Guadeloupe, ce n'est pas seulement le soleil toute l'année: derrière ce soleil se cache parfois une réalité sociale et économique difficile. Voici donc quelques conseils aux visiteurs:

- **au lieu de** remplir les poches de **complexes** hôteliers internationaux, choisissez des **modes** d'hébergement proches des habitants pour leur permettre de mieux gagner leur vie: de nombreux gîtes et chambres d'hôtes vous attendent.

- respectez les modes de vie et traditions des habitants au lieu de penser que "ce sont des Français comme les autres"

- respectez le règlement du Parc National pour éviter de **fragiliser** la nature; entre autres, marchez seulement sur les chemins autorisés et restez **à une distance suffisante** des animaux sauvages

- soutenez l'activité économique locale en achetant et en consommant des produits de l'île.

1 Lisez l'article. Faites correspondre les mots en caractères gras aux synonymes a–j.

a quelquefois

b évidemment

c groupes

d éloignés

e sachons

f seulement

g mettre en danger

h styles

i surmonter

j plutôt que

2 Ecrivez environ 200 mots pour donner votre opinion et vos raisons sur les centres de vacances méditerranéens bon marché fréquentés par de nombreux jeunes Britanniques. Utilisez:

- des idées et du vocabulaire rencontrés pages 100–103
- quelques phrases qui commencent par un infinitif.

3 Listen to the interview and jot down at least 10 facts about "*les chèques-vacances*" in English.

4 Travaillez oralement à deux. Vous voulez partir en vacances ensemble, mais une personne veut aller au Club Med et l'autre désire faire une grande randonnée en montagne. Essayez de convaincre votre partenaire. Utilisez:

- des idées et du vocabulaire rencontrés pages 100–103
- des expressions pour convaincre (page 105).

En famille et entre amis

8

By the end of this unit you will be able to:

- Discuss family relationships
- Discuss friendships
- Talk about the pros and cons of marriage
- Discuss changes in family structure

- Use inversion
- Recognise the perfect conditional
- Recognise the past historic
- Use different registers when speaking
- Use a monolingual dictionary
- Structure an argument for a debate

1 Lisez les six titres. Lesquels trouvez-vous choquants? Avec un(e) partenaire, donnez une note à chaque titre: 1 = pas choquant, 2 = un peu choquant quand même, 3 = très choquant. Ensuite, discutez de vos résultats avec la classe.

a En Belgique il y a aujourd'hui 3 divorces pour 4 mariages

d L'âge moyen auquel on se marie a encore augmenté

b Boum des naissances hors mariage

e Après une séparation, 24% des enfants vivant avec leur mère ne voient plus jamais leur père

c Taux de natalité toujours en baisse

f Cette année en France: 86 000 mineurs en danger de maltraitance

2 Travaillez à deux. Regardez la famille et imaginez leur vie:

a Est-ce que les parents sont mariés?

b Quel âge a leur fille?

c Que font les parents dans la vie?

d Où habite la famille?

e Aimeraient-ils avoir d'autres enfants?

f Qui aide les parents avec leur fille?

3 Ecoutez et répondez aux questions de l'activité 2.

4 Complétez les phrases avec vos propres mots. Ensuite, comparez et discutez de vos idées avec un(e) partenaire.

a Pour moi, une famille traditionnelle est une famille avec ....

b Je pense que le nombre idéal d'enfants dans une famille, c'est ....

c Par comparaison avec la jeunesse de mes grands-parents, je crois que les familles modernes sont plus ...... et moins ....

d Continuer sa carrière si on a des enfants? Je crois que ....

e Le plus grand problème pour les familles d'aujourd'hui c'est (que) ....

5a Quelles sont pour vous les qualités d'un(e) bon(ne) ami(e)? Choisissez deux mots de la liste, puis ajoutez un troisième mot de votre choix. Comparez vos listes en classe.

> **Quelqu'un qui est...**
> calme * gentil * fidèle * attentif * riche *
> patient * drôle * animé * intelligent

5b Discutez en classe:

a Vous voyez vos amis combien de fois par semaine?

b Avez-vous un(e) ou deux bon(ne)s amis ou faites-vous plutôt partie d'une grande bande de copains?

c Comment restez-vous en contact avec vos amis?

d Passez-vous souvent le week-end entre amis? Si oui, à faire quoi? Sinon, pourquoi?

e Partez-vous en vacances avec vos amis?

f Serez-vous toujours en contact dans dix ans? Dans vingt ans? Dans cinquante ans?

La vie de famille

▶ *Ça existe, la famille typique? Ou la famille qui ne se dispute pas?*

1 **Posez les questions suivantes à votre partenaire.**

a Tu as des frères et sœurs? Si oui, donne des détails (âge, nom, etc.).

b Parle-moi un peu de tes parents.

c Est-ce que vous vous entendez bien dans votre famille?

d S'il y a des disputes, elles sont au sujet de quoi?

e Qu'est-ce que vous faites ensemble?

f Partez-vous en vacances en famille?

g Mangez-vous souvent ensemble?

h Tu as des grands-parents? Que fais-tu avec eux?

2a **Lisez l'article et écrivez un sous-titre pour chaque paragraphe. Comparez vos idées avec d'autres membres du groupe.**

2b **Complétez les deux phrases avec vos propres mots:**

Dans le premier paragraphe, on décrit la grande variété de…
Dans le deuxième paragraphe on parle de…

2c **Recopiez les phrases soulignées et traduisez-les en anglais.**

3a **A deux, faites une liste de sujets qui provoquent des disputes dans la famille, puis discutez de vos idées en groupe.**

3b **Ecoutez Grégory et son père qui parlent des disputes familiales. Recopiez la grille et prenez des notes en anglais.**

	Grégory	Olivier
appearance	people criticise his clothes/hair	
school		
smoking/ drinking		
friends		likes most friends, worries about one or two
solution		

La famille: plus ça change…

La famille typique, ça n'existe plus? Si, mais <u>sous différentes formes</u>. Voilà ce qu'on a découvert en parlant aux élèves de la maternelle qui est tout près de nos bureaux. Pour Louis, la famille c'est lui et sa mère, <u>son père étant décédé</u> il y a deux ans. Pour Rachelle, il s'agit aussi d'<u>une famille monoparentale</u>, elle et son père. "Maman est partie," explique-t-elle. Raoul est membre d'<u>une famille nombreuse</u>, <u>le cadet</u> de quatre enfants. Chez Romain aussi, il y a quatre enfants: "Moi, <u>ma demi-sœur</u> et mes deux demi-frères." "Oui, j'ai une famille," dit Armelle, toute fière. "Je suis adoptée."

On a demandé aux enfants ce qu'ils avaient fait le week-end précédent. Il ne manquait pas de nouvelles. Encore un poisson mort chez Audrey, <u>une fête de famille</u> chez Sylvain, dont le grand-père fêtait ses 60 ans, une visite au cinéma pour Frédéric, accompagné par son frère aîné et sa petite amie. Danielle a passé samedi après-midi à l'hôpital, rendant visite à sa cousine qui a eu un accident de voiture. La mère d'Eric lui a préparé son repas préféré ("des pâtes") et celle de Caroline lui a acheté un nouveau sweat. Tout le monde avait des choses à raconter. Des histoires de <u>la vie de famille</u> telle qu'elle est, peut-être telle qu'elle a toujours été.

4 Clément raconte une dispute familiale. Mettez ses phrases dans le bon ordre.

Exemple: c, g, ...

a Mon père est maintenant vraiment furieux. "Tu ne nous aides jamais," se plaint-il.

b Mon père n'est pas du tout content. "Que veut-il savoir précisément?" dit mon frère

c D'abord, mon père demande à mon frère aîné de l'aider dans le garage.

d Mon frère ne répond pas. Il continue à s'habiller.

e Clac! C'est la porte. Mon frère est parti.

f Alors, pour mon père c'est le comble. "Ah non," crie-t-il, "mais vraiment ça suffit. Tu ne sors pas, tu restes là."

g "Ah non," dit mon frère. "Je ne peux pas. J'ai autre chose à faire."

h "Alors," répond-il, "je suis en train de m'habiller pour sortir avec mes amis."

Grammaire ➡ 166

Inversion

● If verbs such as '*il dit*', '*il répond*' or '*il pense*' are used in dialogues, then they are inverted, so that the verb comes before the subject.

Il dit qu'il s'entend bien avec sa famille.

Inversion: *Il s'entend bien avec sa famille, **dit-il**.*

● Unless the verb ends with *-t* or *-d*, a 't' will be inserted to make the phrase easier to say:

*Ma famille est difficile à comprendre, **pense-t-il**.*

*Je suis la cadette de la famille, **a-t-elle expliqué**.*

A Reread activity 4. How many examples of inversions are there?

B Which of the examples uses an extra 't' for ease of pronunciation?

C Write an account of a family dispute you have witnessed or been involved in.

Compétences

Using different registers when speaking

In any language, you can say the same thing in different ways. You need to use the right 'register', that is the language which is right for the situation and the person you are speaking or writing to.

To tell a friend that your sister can be difficult, you might say "*elle m'énerve*". You wouldn't say that to tell a teacher that you find another member of staff difficult, but you might say "*je la trouve un peu difficile*". The message is the same but the language is different.

A You are telling your French teacher about difficulties at home. Choose the most appropriate sentence from each pair.

1 a Ma mère n'arrête pas de m'engueuler.

   b Je me dispute quelquefois avec ma mère.

2 a Mon père peut être assez exigeant.

   b Mon père, il me prend la tête.

3 a Nous ne faisons pas beaucoup de choses ensemble.

   b Faire des trucs ensemble? Bof!

4 a Il faut toujours faire attention à ma petite sœur.

   b Ma petite sœur est vachement agaçante.

5 a La vie de famille – ça me gonfle!

   b À mon âge la vie de famille est peut-être moins importante.

B Here are three other things you would like to say to your teacher. Write a more suitable expression for each of these sentences.

1 Ça va pas avec mon frère.

2 Ma mère a trop de boulot et je la vois jamais.

3 J'en ai marre de ma belle-mère.

5 Ecrivez deux paragraphes d'environ 100 mots sur votre vie de famille:

• un pour votre journal intime où vous pouvez vous exprimez librement

• un pour un nouveau prof de français qui va bientôt rencontrer vos parents pour la première fois.

Amitié ou conflit?

▶ *Vous entendez-vous toujours bien avec vos amis? Y a-t-il des conflits à résoudre?*

Débat du jour: la bande – amitié ou conflit?

Alors, moi, j'ai un problème pas comme les autres. Ce n'est pas que je me dispute avec ma meilleure amie – c'est plutôt que je vais la perdre. Nous, on fait tout ensemble – les sorties, les soirées DVD, les devoirs, même le petit boulot. Je m'entends très bien avec elle, je peux lui parler de tout et elle sait très bien m'écouter et me conseiller. Bref, elle est toujours là pour moi quand j'ai besoin d'elle. Mais, ses parents vont divorcer et elle va partir avec sa mère vivre ailleurs, à l'autre bout du pays. Et moi? Qu'est-ce que je vais faire? Je resterai ici toute seule et elle me manquera. Que feriez-vous à ma place?

Saïda

C'est bien triste. Mais la vie continuera, c'est sûr. Tu dois bien connaître d'autres jeunes et tu devras tout simplement passer plus de temps avec eux. Il faut aussi penser à ton amie, qui a des problèmes de famille et qui doit commencer une vie nouvelle. Parle-lui, explique-lui que vous resterez en contact et que tu as l'intention de lui rendre visite pendant les vacances.

Yasmine

Tu aurais dû y penser! Quand on a un(e) seul(e) ami(e), on court toujours le risque d'être abandonné. Il aurait été plus raisonnable de faire partie d'une bande de copains. Mais ce n'est pas trop tard. Sors avec d'autres amis, invite-les chez toi, cherche un nouveau passe-temps qui te fera rencontrer les gens – le sport peut-être ou la musique. Courage! Tu as déjà été une super amie et tu te feras certainement de nouveaux copains.

Raphaël

Je pensais que j'avais de bonnes relations avec Antonéta. On sortait quelquefois, on se téléphonait, on avait le même sens de l'humour. Mais tout d'un coup elle a arrêté de me contacter, elle ne m'appelle pas si je laisse un message, hésite à me parler si on se rencontre par hasard. Pourquoi? Je n'ai aucune idée, mais je ne peux plus lui faire confiance. Je suis déçu. Qu'est-ce que je peux faire?

Luc

On dirait qu'elle en a assez de toi! Cherche ailleurs!

Hichim

Arrête de lui laisser des messages si elle ne répond pas. A quoi ça sert? Si elle veut te contacter, elle le fera. A ta place, moi, je sortirais avec d'autres copains et je ferais plein d'autres choses.

Alice

Peut-être qu'elle essaie de rompre avec toi, mais sans conflit? Parle-lui quand l'occasion se présentera, mais pas trop. Montre-lui que tu as d'autres centres d'intérêt et d'autres copains et laisse-la réfléchir. Si elle veut rester en contact avec toi, elle devra faire un plus grand effort. Sinon, tu sauras que votre amitié n'existe plus. Je n'aime pas son comportement, mais je le comprends. Certaines personnes préfèrent éviter les conflits! Ce n'est pas très honnête… mais c'est plus facile!

Juliette

1a **Lisez les textes, puis notez si les phrases suivantes correspondent à Saïda, à Luc ou à aucun des deux.**

a Je passe énormément de temps avec lui/elle.

b On s'est souvent disputés pour des riens.

c On a toujours eu un très bon rapport.

d Je lui parle de mes problèmes.

e On a beaucoup ri ensemble.

f Je ne le/la comprends pas.

g Je sais qu'on se verra très rarement dans l'avenir.

h Je ne veux plus jamais le/la voir!

Compétences

Using a monolingual dictionary

Use a monolingual dictionary to find synonyms for words you already know. If you look up "*amusant*", you might find the alternatives "*drôle*", "*comique*" and "*divertissant*". Check the meanings in a bilingual dictionary, if necessary, before using them.

Ⓐ **Look these words up in a monolingual dictionary and find at least one suitable alternative for each.**

1 une dispute   5 aimer

2 un rapport   6 détester

3 rompre avec   7 conseiller

4 le conflit

1b Ce sont les conseils de qui? Yasmine, Raphaël, Hichim, Alice ou Juliette?

a Il faut accepter qu'il ne t'aime plus et que tu devras trouver un autre petit ami.

b Il vaut toujours mieux avoir plusieurs amis et pas un(e) seul(e).

c Garde le contact, mais fais moins d'effort.

d Tu dois faire un effort pour continuer cette amitié à distance.

e Oublie-le. Surtout arrête de le contacter.

f Accepte que c'est peut-être sa façon de te quitter.

g Cherche des activités qui te permettront de te faire de nouveaux amis.

h Ce n'est pas la fin du monde. Tu as bien d'autres copains aussi, n'est-ce pas?

2 **Ecoutez Louise et Antonéta. Ecrivez un mot qui convient dans chaque blanc.**

Louise et Saïda se connaissent depuis [1] ans et elles ont passé de bons [2] ensemble. Mais Louise pense que Saïda n'a pas toujours [3] ses difficultés et qu'elle était plus concernée par ses [4] à elle. Elle trouve que Saïda aurait pu l'[5] avec plus de [6].

Antonéta aimait Luc parce qu'il était [7], mais elle n'aimait pas le fait qu'il la [8] de plus en plus [9]. Si elle sortait avec d'autres [10] il était [11]. En fin de compte elle a décidé de ne plus le [12]. Elle sait qu'elle aurait dû lui [13], mais elle ne pouvait pas. Elle pense qu'il [14] maintenant.

en plus Quels sont les effets de la pression des autres sur les jeunes?

3 Ecrivez environ 150 mots sur un problème que vous avez eu avec un(e) ami(e).

• Décrivez votre amitié (Je l'aimais bien, parce que... et que...).

• Décrivez le problème que vous avez eu (Mais un jour/ une fois...).

• Expliquez ce que vous avez fait et ce que vous auriez dû faire (Moi, j'ai... et... Mais j'aurais peut-être dû...).

Grammaire ➡ 162 ➡ W79

Recognising the perfect conditional

● The perfect conditional is used to say what **would have happened** or what someone **would have done**.

● It is formed using the conditional of an auxiliary verb (*avoir* or *être*), plus the past participle of the main verb.

*Antonéta **aurait téléphoné** à Luc s'elle avait voulu la voir.*

Antonéta would have phoned Luc if she had wanted to see him.

*Si Louise n'avait pas déménagé si loin, Saïda **serait allée** la voir plus souvent.*

If Louise hadn't moved so far away, Saïda would have gone to see her more often.

● To say what **should have** or **could have happened**, the perfect conditional of *devoir* or *pouvoir* is used, followed by an infinitive.

*Antonéta **aurait dû expliquer** à Luc qu'elle ne voulait plus le voir.*

Antonéta should have explained to Luc that she didn't want to see him any more.

*Elle **aurait pu téléphoner**.*

She could have phoned.

Ⓐ Reread the texts on page 112 and find three phrases in the conditional and two more in the perfect conditional.

Ⓑ Do the following sentences use a conditional or a perfect conditional? Translate them into English.

1 Si Louise habitait loin de Saïda, elles ne se verraient pas souvent.

2 Saïda aurait dû faire plus attention à Louise.

3 Si les parents de Louise n'avaient pas divorcé, elle n'aurait pas déménagé.

4 Les deux filles pourraient correspondre par e-mail.

5 Luc, tu ne devrais pas me téléphoner tous les soirs!

6 Tu pourrais sortir avec tes autres amis.

7 Luc aurait été triste si Antonéta lui avait dit qu'elle ne voulait plus le voir.

8 Si Antonéta avait vraiment aimé Luc, elle ne serait pas sortie avec d'autres garçons.

Pour ou contre le mariage?

▶ *Le mariage: un morceau de papier inutile ou la plus belle preuve d'amour qu'on puisse donner à un(e) partenaire?*

Sondage

Q1 Préféreriez-vous:
- a) être marié(e)?
- b) vivre en concubinage?
- c) être célibataire?

Q2 Aimeriez-vous avoir:
- a) plusieurs enfants?
- b) un seul enfant?
- c) pas d'enfants du tout?

Q3 Choisissez trois adjectifs pour décrire votre partenaire idéal:
- a) ......
- b) ......
- c) ......

Q4 Quels sont les trois défauts que vous ne supporteriez pas chez un partenaire? Notez trois adjectifs:
- a) ......
- b) ......
- c) ......

> vivre en concubinage: vivre avec un(e) partenaire sans être marié

1a Répondez aux questions du sondage. (Notez vos réponses sur une feuille.) Vous pouvez utiliser les adjectifs de la liste à côté ou en trouver d'autres qui correspondent exactement à vos idées.

1b  Comparez vos réponses avec celles d'une autre personne.

2 Etes-vous d'accord ou pas d'accord avec les idées suivantes? Ecrivez "oui" ou "non", puis comparez vos réponses en groupe.

- **a** Si on s'aime, on se marie.
- **b** Il faudrait se marier pour avoir des enfants.
- **c** Pourquoi se marier quand on peut vivre en concubinage?
- **d** On a plus de liberté si on reste célibataire.
- **e** Le mariage est souvent suivi par le divorce, donc ça ne vaut pas la peine.
- **f** Toute une vie à deux? C'est trop long.
- **g** Ce n'est pas le morceau de papier qui compte, c'est l'amour.

musclé/musclée
charmeur/charmeuse
violent/violente
ambitieux/ambitieuse
capricieux/capricieuse
coléreux/coléreuse
beau/belle
artistique
gentil/gentille
travailleur/travailleuse
doux/douce
timide
enthousiaste
égoïste
sportif/sportive
créatif/créative
extraverti/extravertie
intelligent/intelligente
têtu/têtue
amusant/amusante

CROYEZ-VOUS EN L'IMPORTANCE DU MARIAGE?

Me marier? Je pense que je ne le ferai pas. Mes parents sont divorcés, et j'ai vu le mal que cela peut faire. Je préfère ne pas faire des promesses que je ne pourrai peut-être pas tenir. Je crois que c'est plus honnête de dire "Je resterai avec toi tant que nous le voudrons tous les deux."

MARTIN

J'imagine toujours la vie à deux, avec quelqu'un que j'aime et qui m'aime, mais ça ne veut pas forcément dire que je me vois mariée. Vivre à deux, sans ce petit morceau de papier officiel, me paraît tout aussi valable. En plus, on ne dépense pas une grande somme d'argent pour la cérémonie et la fête!

ELOïSE

Oui, pour moi le mariage reste important. D'abord, je suis croyant et je préférerais être marié, c'est-à-dire lié à quelqu'un devant Dieu et nos familles, plutôt que d'être le concubin de ma partenaire. Ça fait plus sérieux, ça nous donnerait une base solide pour le reste de notre vie. Nous résoudrions nos problèmes ensemble.

STÉFANE

Je crois que tous les couples ont les mêmes droits aujourd'hui, qu'ils soient mariés ou pas, alors je ne vois pas de raison de me marier. Dans le passé, tout le monde le faisait, mais au vingt-et-unième siècle... pourquoi?

ISABELLE

3a Lisez les textes et décidez qui est pour le mariage et qui est contre.

3b Qui...

  a trouve qu'on peut économiser si on ne se marie pas?

  b croit que le mariage est démodé?

  c n'a plus confiance en l'idée du mariage?

  d envisage peut-être de se séparer de son partenaire?

  e espère se marier et rester marié?

  f espère avoir un partenaire pour la vie, mais sans se marier?

4 Ecoutez Christophe, qui est marié, et Claire, qui vit avec Antoine depuis huit ans. Résumez leurs arguments, puis comparez avec un(e) partenaire.

5 Etes-vous pour ou contre le mariage? Ecrivez trois paragraphes: arguments pour, arguments contre et votre opinion personnelle.

6 Débattez en groupe de la motion "Nous sommes pour le mariage".

Compétences

Structuring an argument for a debate

- If you are taking part in a debate, start by rereading texts on the topic and collecting arguments for and against the motion.

A Reread the texts above and note the arguments for and against marriage.

B Now add one argument of your own to each list.

C Use the *Expressions-clés* to plan three points you will make in favour of or against marriage.

- When the discussion opens up you will need to counter other peoples' arguments.

  Argument: *Quand on aime quelqu'un, un morceau de papier n'est pas vraiment important.*

  Counter-argument: *Je ne suis pas du tout d'accord. Pour moi, le mariage c'est la plus belle preuve d'amour qu'on puisse donner à un partenaire.*

D Think of a counter-argument for the following points. Use the *Expressions-clés*.

  – *Une grande fête de mariage coûte cher et je trouve que c'est du gaspillage.*
  – *Sans la cérémonie à l'église, on n'est pas vraiment mariés.*
  – *Je suis sûre que le mariage est plus durable que la vie en concubinage.*

Expressions-clés

Moi, je trouve que...	Je ne suis pas du tout d'accord parce que...
Pour moi, il est important de...	Au contraire, moi je pense que...
Je suis convaincu que...	En revanche, je crois plutôt que...
Je crois personnellement que...	Oui, mais il ne faut pas oublier que...

La famille en crise?

▶ *Concubinages, divorces, familles recomposées, parents célibataires... la fin de la famille ou de nouveaux modèles de familles pour le 21ième siècle?*

1a A quoi correspondent les cinq chiffres suivants? Faites une phrase pour chaque chiffre.

a 8,3 millions   d 1,2 millions

b 21%   e 29 ans

c 1,73

A Mariages

Chaque année, environ 250 000 mariages sont célébrés en France. Les hommes se marient autour de 29 ans alors que les femmes se marient autour de 27 ans. En moyenne, un mariage sur trois se termine en divorce.

B Célibataires

Plus de 18 millions de personnes vivent seules en France (10,1 millions d'hommes et 8,3 millions de femmes), c'est-à-dire environ un habitant sur trois.

C Familles

Il y a en France 8,9 millions de familles, dont 1,2 millions de familles monoparentales (86% de ces familles monoparentales sont composées d'une femme élevant seule ses enfants après s'être séparée de son conjoint).

D Enfants

En moyenne, les femmes en France ont 1,73 enfants, c'est-à dire que la plupart des familles ont un ou deux enfants. De fait, les familles nombreuses sont minoritaires: seulement 5% des familles ont quatre enfants ou plus, et 21% en élèvent trois.

1b Que pensez-vous de ces statistiques? Utilisez les adjectifs ci-dessous et cherchez-en d'autres pour exprimer vos réactions.

choquant	dommage
surprenant	incroyable
normal	intéressant

2a **Ecoutez le reportage sur les changements dans la famille française et mettez les titres dans le bon ordre.**

a Le déclin du mariage

b Le nombre d'enfants en diminution

c L'allongement de la durée des études

d L'égoïsme actuel

e L'augmentation du travail des femmes

f L'éclatement géographique des familles

g La création des PACS

2b **Réécoutez et complétez les blancs dans les phrases suivantes.**

a Les ...... ont des enfants plus ...... dans la vie.

b Etre ...... peut être un ...... dans la carrière d'une femme.

c La France connaît une réelle crise du ...... avec un ...... de divorce record.

d Le PACS est un statut ...... pour les couples ....

e Dans les grandes villes françaises, les ...... sont souvent chers et ....

f Beaucoup de personnes choisissent de vivre ...... pour ...... de leur liberté.

g De nombreuses personnes vivent aujourd'hui ...... de leurs ....

3 La famille traditionnelle est-elle en crise? Ecrivez environ 150 mots:

• citez des statistiques

• donnez vos propres exemples

• expliquez votre opinion personnelle.

4 Les disputes familiales ne sont pas rares! Travaillez avec un(e) partenaire et imaginez le sujet d'une dispute entre les personnes suivantes. Ensuite, discutez de vos idées en groupe.

a un couple qui va bientôt se marier

b un couple avec trois enfants

c un père/une mère et son fils/sa fille

d un frère et une sœur

e des parents et des grands-parents

5 Lisez l'extrait du roman *"Le Rouge et le Noir"*, écrit en 1830 par Stendhal, un écrivain qui se disputait lui-même souvent avec son père. Travaillez à deux et faites correspondre les mots soulignés du texte avec leur traduction anglaise ci-dessous.

a damned   g the stream

b tears   h parish priest

c the saw   i covered in blood

d the pain   j the loss

e dazed   k the levers

f the beam

Un père et un fils

Ce fut en vain qu'il appela Julien deux ou trois fois. L'attention que le jeune homme donnait à son livre, bien plus que le bruit de **[1]** la scie, l'empêcha d'entendre la terrible voix de son père. Enfin, malgré son âge, celui-ci sauta sur l'arbre soumis à l'action de la scie, et de là sur **[2]** la poutre transversale qui soutenait le toit. Un coup violent fit voler dans **[3]** le ruisseau le livre que tenait Julien; un second coup aussi violent, donné sur la tête lui fit perdre l'équilibre. Il allait tomber à douze ou quinze pieds, au milieu des **[4]** leviers de la machine en action, mais son père le retint de la main gauche comme il tombait:

– Eh bien, paresseux, tu liras donc toujours tes **[5]** maudits livres, pendant que tu es de garde à la scie? Lis-les le soir quand tu vas perdre ton temps chez **[6]** le curé à la bonne heure.

Julien, quoique **[7]** étourdi par la force du coup et tout **[8]** sanglant, se rapprocha de son poste officiel, à côté de la scie. Il avait **[9]** des larmes aux yeux, moins à cause de **[10]** la douleur physique que pour **[11]** la perte de son livre qu'il adorait.

Grammaire ➡ 160 ➡ W52

Recognising the past historic

The past historic is used in historical texts (mostly in the third person singular and plural) and in literary texts. It is hardly ever used in speech or most kinds of writing; the perfect tense is used instead.

Typical endings for verbs in the past historic are:

● third person singular: *-a, -it, ut, -int*

● third person plural: *-èrent, -irent, -urent, -inrent*

You don't need to use the past historic yourself, just make sure you can recognise it as a past tense and know which verb is being used. Often, especially with regular verbs, this is quite easy:

*Le père **sauta** sur l'arbre.*

The father jumped onto the tree.

*Le fils **se rapprocha** de son poste officiel.*

The son went back to his official post.

A **Translate these sentences into English.**

1 Le bruit empêcha le fils d'entendre la voix de son père.

2 Son père le retint de la main gauche.

3 Il appela Julien deux ou trois fois.

A few verbs are irregular in the past historic and are less easy to recognise.

il fut – it was	*ils furent* – they were
il eut – he had	*elles eurent* – they had
elle fit – she did	*ils firent* – they did

B **Find examples of two of these verbs in the text and translate the sentences in which they appear into English.**

C **How many different verbs in the past historic are used in the text (left)?**

With most other past historic verbs, it is quite easy to work out which infinitive they come from.

*Il ne **put** rien faire. (pouvoir)*
*Elles **écrivirent** deux heures tous les matins. (écrire)*
*Où **mit**-il son cheval? (mettre)*

D **Translate these sentences into English.**

1 Elle prit ses gants tout de suite.

2 Ils durent partir tôt le matin.

3 Elle lut le message en pleurant.

4 Il ne crut pas que c'était vrai.

5 Ils ne burent que du vin.

Grammaire active

Revision of tenses

You have learned and practised a range of tenses individually, but you need to be able to use them all at once, recognising which tense will be needed in any given situation.

If you are talking about the past, you may need the perfect, imperfect and pluperfect tenses.

Rappel

Use the perfect tense to describe single completed actions:
j'ai dit, on a fait, ils sont retournés.

Use the imperfect tense for:

● descriptions: ***C'était** très inquiétant.*

● continuous or interrupted actions in the past:
   ***Nous jouions** sur la plage quand mon frère a disparu.*

● things that happened frequently:
   ***Nous allions** tous les week-ends au bord de la mer.*

Use the pluperfect tense to describe things which **had** happened: *Il **avait** complètement **disparu**.*

Entraînez-vous!

1 **Préparez une présentation sur la vie de famille chez vous il y a dix ans.**

Exemple:

● Votre opinion, à l'époque, de tous les membres de la famille. Comment étaient-ils? Les aimiez-vous? (Alors, à l'époque, ma mère était plus jeune et elle passait plus de temps à la maison. Elle était...)

● Une journée typique. Que faisiez-vous? Que faisaient les autres membres de la famille. (Le samedi matin j'allais toujours à la piscine, où je prenais des cours de natation. Puis après, je...)

● Une journée extraordinaire. Qu'est-ce qui s'est passé? Quelles ont été les réactions de tout le monde? (Je me rappelle le jour où on a perdu mon petit frère à la plage. Il jouait avec nous, mais tout d'un coup il n'était plus là. Il avait abandonné son seau et disparu. On a cherché partout, et...)

Rappel

When answering questions on a text, it is important to look carefully at the tense of the question and use the same tense in your answer.

Entraînez-vous!

2 **Lisez l'annonce, puis répondez aux questions en français.**

a Quel âge faut-il avoir pour être au pair avec cette organisation?

b Louise, 21 ans, a décidé de participer. Expliquez quatre avantages qu'elle aura.

c Et vous? Si vous étiez jeune fille/jeune homme au pair que feriez-vous? Nommez quatre choses que vous devriez peut-être faire.

d Est-ce que vous avez les atouts demandés? Faites une liste de vos qualités qui semblent importantes pour ce rôle.

e Est-ce que vous avez déjà travaillé avec des enfants? Décrivez vos expériences. (Sinon, imaginez!)

f Est-ce qu'il y a un autre petit boulot que vous préféreriez faire? Lequel? Et pourquoi?

Attention jeunes de 18+ ans!

Voulez-vous passer trois mois à l'étranger cet été (Royaume-Uni, Irlande, Etats-Unis, Australie)?
Souhaitez-vous améliorer vos connaissances de la langue anglaise?
Espérez-vous être logé et nourri et gagner environ €400 par mois?

Alors, devenez au pair – fille ou garçon.

Vos responsabilités: environ 4 heures par jour de garde d'enfants, ménage, cuisine + baby-sitting deux ou trois soirs par semaine.

Vos atouts personnels: attitude responsable, bon rapport aux enfants, initiative, désir de participer à la vie familiale, bonnes connaissances en anglais.

Cela vous intéresse? Renseignez-vous à
www.aupairanglophone.fr

Au choix

1a Lisez les textes, puis répondez aux questions.

a Qui s'entend le mieux avec ses parents – Pierre, Amanda ou Benjamin?

b Qui a des parents qui ne respectent pas ses goûts et ses centres d'intérêt?

c Qui trouve que ses parents sont très exigeants en ce qui concerne la vie scolaire?

Pierre

d Pourquoi se dispute-t-il avec ses parents? Donnez quatre exemples.

e Pense-t-il que les choses vont s'améliorer? Expliquez votre réponse.

Amanda

f Pourquoi n'aime-t-elle pas l'attitude de ses parents envers elle?

g Que devrait faire Amanda, selon ses parents?

h Pourquoi n'est-elle pas toujours d'accord?

Benjamin

i Qu'est-ce qui montre que les parents de Benjamin ont fait des compromis?

j Pourquoi essaie-t-il d'être responsable?

1b
Vous êtes le père ou la mère d'Amanda, 15 ans. Elle veut sortir en boîte samedi soir. Qu'allez-vous lui dire? Préparez un petit discours (travaillez seule) ou une conversation (travaillez avec un(e) partenaire). Vous avez 5 minutes de préparation, 1–2 minutes pour parler.

Exemple:

– Tu vas où, exactement?

– Est-ce que c'est avec des copains que je connais?

– Tu dois rentrer avant … heures.

– Tu sais bien que tu n'as pas le droit de boire de l'alcool, etc.

2a
Alexis, 22 ans, fait partie des millions de célibataires en France. Ecoutez-le raconter une semaine typique et remplissez la grille.

emploi	
horaires de travail	
repas	
activités:	
le soir	
le samedi	
le dimanche	

Pierre
Personnellement, je pense qu'il est impossible de s'entendre avec ses parents quand on est adolescent. On a des goûts différents pour les vêtements, la musique, les sorties, les loisirs, tout. Moi, je sais que mes parents pensent que je m'habille mal, que j'écoute de la musique trop fort, que je rentre trop tard le soir et que les sports que j'aime sont dangereux! Réellement, je ne vois vraiment pas comment on pourrait s'entendre…

Amanda
En ce moment, je n'ai pas de bonnes relations avec mes parents. Ils attendent beaucoup de moi et je pense qu'ils sont vraiment trop stricts sur plein de choses. Ils veulent que je passe mon temps à faire mes devoirs, à étudier, comme si les examens étaient la chose la plus importante de la vie! Je crois qu'ils ne réalisent pas que je suis adolescente de seize ans et que j'ai aussi envie de sortir avec mes amis, de regarder la télé ou d'aller au cinéma.

Benjamin
Pour moi, l'adolescence se passe plutôt bien. Mes parents me font confiance et je crois qu'ils respectent mes choix et mes goûts. Ils aiment peut-être des choses différentes mais ils ne critiquent pas ce que moi j'aime. D'habitude, ils me laissent faire ce que je veux et cela me rend de plus en plus responsable. De fait, je ne veux pas les décevoir, alors j'essaie de me comporter le mieux possible. Je crois que ça m'aide à devenir adulte.

2b Est-ce qu'Alexis est heureux dans la vie? Pourquoi?

2c Aimerait-t-il se marier et être père de famille? Expliquez votre réponse.

2d Aimeriez-vous être célibataire comme Alexis? Pourquoi? Trouvez cinq points positifs et cinq points négatifs à ce type de vie. Discutez de votre point de vue avec le reste de la classe.

3 Vous entendez-vous mieux avec vos amis ou avec votre famille? Ecrivez 100–150 mots et expliquez, en donnant des exemples.

Révisions Unités 7–8

1 Regardez l'image et répondez aux questions.

a De quoi s'agit-il?

b Pourquoi beaucoup de gens aiment-ils les voyages organisés?

c Quels sont peut-être les inconvénients d'un tel voyage?

d Quelles sortes de vacances préférez-vous et pourquoi?

e A votre avis, quels sont les avantages et les inconvénients du tourisme dans une région?

2 Ecoutez le reportage sur les vacances des Français. Recopiez et complétez la grille.

1 semaines de congés payés	Année	Nombre de semaines
	?	2
	1956	?
	1963	?
	?	?
2 pourcentage de Français qui voyagent chaque année	?	
3 pourcentage d'entre eux qui passent leurs vacances en France	?	
4 deux choses qui facilitent les voyages à l'étranger	?	
5 nombre de Français qui partent en été	?	
6 nombre qui partent en hiver	?	
7 type de vacances préféré en général	?	

LES GRANDS-PARENTS, SONT-ILS INDISPENSABLES?

Aujourd'hui, les grands-parents considèrent qu'ils ont un rôle à jouer dans la famille et des droits à faire respecter. Ils hésitent de moins en moins à aller en justice enfant ou de conflit familial ils se trouvent privés de leurs petits-enfants. Dans les familles éclatées, les grands-parents représentent un point d'ancrage plus que jamais nécessaire.

Saviez-vous que…?

◆ Les grands-parents sont à 82% à garder leurs petits-enfants de façon plus ou moins régulière.

◆ 74% des grands-parents emmènent leurs petits-enfants en vacances sans les parents.

◆ Il existe une association qui réunit des petits-enfants et des grands-parents d'emprunt. A défaut de voir leurs grands-parents biologiques – décédés, éloignés ou fâchés – les enfants peuvent désormais trouver des "grands-parrains".
Si les grands-parents n'existent pas il paraît qu'il faut les inventer!

3a Lisez le texte, puis complétez le résumé avec vos propres mots.

a Les grands-parents veulent surtout ....

b Ils peuvent se trouver privés de leurs petits-enfants à cause ...... ou ....

c Dans ce cas, les grands-parents peuvent ....

d Plus de huit grands-parents sur dix ....

e Trois quarts des petits-enfants ....

f L'association "Grands-parents d'emprunt" espère aider les enfants ....

3b Ecrivez le témoignage d'un des "grands-parrains" mentionnés dans le texte. Expliquez:

• pourquoi il/elle ne voit plus ses petits-enfants

• le rapport dont il/elle jouit avec les enfants avec qui il/elle est lié(e) grâce à l'association "Grands-parents d'emprunt"

• l'importance pour lui/elle du rapport entre les enfants et les personnes âgées.

Les touristes: vous les appréciez?

Céline Bonnet Je suis furieuse. Encore une fois, il y a trop de monde chez nous. Samedi matin, il y avait des touristes partout, tous les parkings étaient pleins à craquer, c'était impossible de passer vite chez le charcutier ou le boulanger, (comme je le fais chaque week-end hors-saison), à cause des foules qui voulaient acheter leur pique-nique. Non, vraiment, c'est trop. Rendez-nous notre ville.

Jean-Marc Santini
Moi, dans mon petit magasin dans la Rue de la Pêche, je suis heureux de voir du monde chez moi. Je vends trois fois plus pendant les mois de juillet et  d'août que pendant les autres mois. En fait, si je ne pouvais pas compter sur ces bénéfices, je serais peut-être obligé de fermer. Que ferait la population locale sans ses petits magasins bien aimés?

Didier Roy On parle sans cesse d'argent, mais il y a d'autres points à considérer. Ce grand déplacement qui a lieu chaque été, quels en sont les effets sur l'environnement? On fait le plein, puis on fait des centaines de kilomètres pour être ailleurs afin de "se détendre". Il n'y a pas de détente chez soi? Si, si on sait se contenter de ce qu'on a.

 **Marie Levallet** Je ne voudrais pas forcer les autres à faire comme moi. Cette année je ne pars pas, mais je suis très contente qu'il y ait des gens qui veulent visiter notre beau coin. Bien sûr, ils doivent le respecter en limitant leurs déchets. Mais pour la plupart, ils le font.

4 **Lisez les quatre messages et notez qui...**

a parle de la pollution causée par les touristes

b dit que les autres ont le droit de prendre leurs propres décisions

c pense qu'à cause des touristes il lui est plus difficile de faire ses courses

d ne trouve pas que les touristes polluent forcément les régions qu'ils visitent

e dit qu'on a des problèmes pour garer sa voiture là où on veut

f craint des difficultés économiques si les touristes cessent de visiter la ville

g ne comprend pas pourquoi les gens veulent partir en vacances

h gagne plus d'argent en été qu'en hiver.

5a **Faites une liste de points pour et contre le tourisme. Essayez de trouver au moins six arguments pour chaque point de vue.**

5b **Jeu de rôle. Chacun(e) choisit un rôle ou en invente un. Ensuite, imaginez que vous habitez tous une petite station balnéaire et discutez en groupe de la question: "Les touristes – sont-ils un avantage ou un problème?"**

> **Rôles possibles**
> un(e) marchand(e) de glaces ou de souvenirs
> le chef de police
> le (la) propriétaire d'un restaurant ou d'un hôtel
> le père/la mère d'une famille nombreuse
> un(e) étudiant(e)
> un balayeur

6 **Ecoutez les informations sur l'action Espace Ecoute Parents et répondez aux questions.**

a Complétez le slogan: Etre parent...

b Quelles sont les deux possibilités offertes aux parents par l'action Espace Ecoute Parents?

c Nommez les trois exemples de thèmes pour les conférences-débats.

d Comment peut-on connaître le lieu et la date de la prochaine conférence?

e Qu'est-ce qu'on propose aux familles confrontées à des difficultés passagères.

f Avec quels groupes les familles peuvent-elles discuter de leurs difficultés?

g Combien coûte cette aide?

h Que faut-il faire pour s'inscrire?

9 Le lycée, et après?

By the end of this unit you will be able to:

- Compare the French and British education systems
- Describe your own education
- Discuss the challenges facing first-time jobseekers
- Discuss whether school should do more to prepare young people for the world of work
- Prepare a job application letter
- Recognise verbs in the subjunctive
- Identify the main uses of the subjunctive
- Understand the use of the subjunctive vs the indicative
- Recognise verbs in the future perfect tense
- Write a formal letter

1 Regardez le jeu-test. Devinez. Ecoutez pour vérifier et notez les détails supplémentaires.

Jeu-test: le baccalauréat

Vrai ou faux?

1 Le bac est créé par Napoléon Bonaparte.

2 Le taux de réussite au bac en France: +/– 80%

3 Tous les candidats au bac général doivent passer l'épreuve de philosophie.

4 En option facultative au bac, on peut prendre rugby, tai chi ou les chansons de Jimmy Hendrix.

Un emploi du temps en Première L (littéraire)

Les horaires et les programmes des lycées sont très chargés. Certaines sections ont presque
40 heures de cours! Le lycée: travaux forcés ou porte ouverte sur l'avenir?

	lundi	mardi	mercredi	jeudi	vendredi
8h–9h	français	histoire-géo	français	histoire-géo	physique SVT*
9h–10h	français	français	LV2 (espagnol)	histoire-géo	physique-SVT
10h–11h	LV1* (anglais)	LV1	LV1	LV2	LV1
11h–12h	permanence	ECJS* (30 mn)	LV1	français	LV2
12h–13h			d é j e u n e r		
13h–14h	permanence	Option: latin		Option: arts plastiques	Option: latin
14h–15h	LV1	français		LV1	maths
15h–16h	histoire-géo	maths		permanence	permanence
16h–17h	TPE*	histoire-géo		permanence	EPS
17h–18h	Option: latin	Option: arts plastiques		permanence	EPS

2 Regardez l'emploi du temps. Quelles sont vos réactions initiales? Expliquez, en français, les similarités et les différences avec le vôtre.

SVT = Sciences de la Vie et de la Terre
LV = Langue Vivante
ECJS = Education Civique, Juridique et Sociale
TPE = Travaux Personnels Encadrés

L'orientation: un phénomène de société

3 Dans quel(s) magazine(s) trouverez-vous...

a des conseils d'orientation?

b des renseignements sur différents métiers?

c des renseignements sur les formations mixtes (études-apprentissage)?

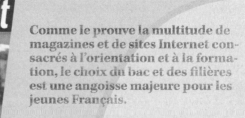

Comme le prouve la multitude de magazines et de sites Internet consacrés à l'orientation et à la formation, le choix du bac et des filières est une angoisse majeure pour les jeunes Français.

Le parcours scolaire

▶ *Etre lycéen en France ou en Grande-Bretagne, est-ce une expérience différente?*

Scolarité obligatoire: 6–16 ans

2–6 ans: école maternelle
6–11 ans: école primaire
11–15 ans: le collège (6ème, 5ème, 4ème, 3ème)

Examen: Le Brevet des Collèges
15–18 ans: le lycée

1) la seconde
2) la première
3) la terminale

Examen: Le baccalauréat

18+ ans: Universités, Ecoles spécialisées, Grandes Ecoles, etc.

Le Brevet des Collèges

épreuves communes: français, mathématiques, histoire-géographie-éducation civique, langue vivante étrangère
+ deux épreuves choisies par le candidat,
par exemple:
physique-chimie, sciences physiques, sciences de la vie et de la terre, education familiale et sociale, EPS, arts plastiques, musique, etc.

Le baccalauréat (aussi appelé le bac)

Il y a trois sortes de bac:
- le bac général (53% des candidats)
- le bac technologique (27%)
- le bac professionnel (20%).

Le bac général a trois séries:
- S (scientifique, 50% des candidats)
- ES (économique et sociale, 32%)
- L (Lettres-Philosophie, 18%).

Toutes les séries ont des épreuves anticipées de français, de sciences et de TPE à la fin de la première.

Les épreuves en fin de terminale (juin) commencent par l'épreuve de philosophie. Les autres épreuves dépendent de la série choisie. Elles consistent en:
- 6 à 8 épreuves obligatoires (dont pour toutes les séries: philosophie, histoire et géographie, LV1, LV2 et EPS)
- +1 épreuve de spécialité obligatoire
- +1 ou 2 options facultatives.

La moyenne générale est notée sur 20.
Il existe trois mentions:
- AB (assez bien) = 12 et 13
- B (bien) = 14 et 15
- TB (très bien) = 16+

Avec le bac, on peut s'inscrire à l'université.
Continuer des études sans le bac est difficile.

1 Regardez les documents pages 122–123 et ci-dessus. Quelles sont les différences et les similarités avec votre système éducatif?

Exemple: *L'école est obligatoire à cinq ans en Grande-Bretagne.*

2 Faites des recherches supplémentaires sur le baccalauréat. Préférez-vous le bac ou les A levels? Pourquoi? Discutez à deux et présentez vos arguments à la classe.

3a Lisez le parcours scolaire de Léa. Numérotez les sections dans le bon ordre.

3b Ecoutez pour vérifiez.

3c Répondez pour Léa.

a Comment as-tu trouvé l'école primaire?

b Comment se sont passées tes années au collège?

c Que penses-tu du lycée?

d Quels sont tes projets pour la suite de tes études?

4 Racontez votre parcours scolaire. Répondez aux questions (a–d) de l'activité 3c. Essayez d'utiliser des conjonctions et les trois verbes au subjonctif!

Grammaire ➡ 163 ➡ W82

The subjunctive (1)

A Find these verbs in Léa's interview: *j'aille, je sois, je puisse*. What are their infinitives?

B The verbs in activity A are in the "subjunctive". Find more examples of these verbs in the text. What do you notice each time?

C The following conjunctions are always followed by a verb in the subjunctive. Which ones are not used in the text?

avant que	before
jusqu'à ce que/en attendant que	until
afin que/pour que	so that
à moins que	unless
de peur que	for fear that
à condition que	provided that
pourvu que	let's hope
sans que	without
bien que	although
quoique	even though

D Complete the sentences with a conjunction and translate them into English.

1 Je ne sais toujours pas l'italien ...... j'aille tous les ans en Italie.

2 Je ne peux pas aller à l'université ...... je sois reçue au bac.

3 ...... je puisse faire un stage à l'étranger l'année prochaine!

4 Mes parents sont inquiets ...... je ne sois pas reçu à l'examen.

a J'ai commencé jeune! Avant que j'aille en primaire, j'avais dejà passé trois ans à l'école maternelle! Mais j'ai tout oublié de ces années-là!

b Cette année, je suis en terminale dans une section internationale et ça me plaît beaucoup. Je suis extrêmement motivée par mes études et je travaille dur. Pourvu que je sois reçue au bac!

c L'année suivante, en première, mes parents m'ont dit de suivre la filière économique et sociale, bien que je ne sois pas très motivée par l'économie.

d L'année prochaine, je voudrais continuer mes études en Chine, à moins que j'aille à l'université de Nantes en attendant que je puisse aller à l'étranger, parce que mes parents me trouvent encore trop jeune pour partir. Mon ambition est de devenir interprète de conférence.

e J'ai quitté l'école primaire pour entrer au collège à l'âge de onze ans. J'ai commencé l'anglais en sixième et l'allemand en quatrième. J'ai tout de suite adoré les langues!

f A quinze ans, j'ai quitté le collège pour entrer en seconde au lycée Jules Verne à Nantes. Il a fallu discuter avec mes parents et le conseiller d'orientation pour que je puisse faire une troisième langue vivante, le chinois! Mes parents pensaient que les maths et les sciences étaient plus utiles.

g A la fin de la troisième, j'ai passé le Brevet des Collèges, auquel j'ai été reçue. Nous avons alors déménagé plus près de Nantes afin que je puisse aller dans un bon lycée.

h Je suis allée à l'école primaire de six à dix ans. Je n'en ai pas gardé de très bons souvenirs. En fait, je me suis toujours un peu ennuyée à l'école, jusqu'à ce que j'aille au collège.

une filière *a branch*

en plus Interrogez un(e) ami(e) ou membre de votre famille sur son éducation. Quels sont les bons/mauvais côtés de cette éducation? Faites une présentation à la classe.

Années-lycée: la galère!

▶ *Les années-lycée sont-elles stressantes? Beaucoup de lycéens français le disent.*
Quelles sont leurs raisons? Qu'en pensez-vous?

1 Lisez et écoutez les témoignages. Cherchez les mots nouveaux dans un dictionnaire et donnez une définition en français. Echangez avec la classe.

Exemple: Redoubler, c'est refaire une année dans la même classe.

2 Reliez les témoignages aux causes de stress citées ici.

Exemple: 1 – d

a la peur des examens

b le redoublement

c le système de moyenne générale

d la dictature du bac

e la pression des parents

f les horaires trop chargés

3a Rappelez-vous ce que vous savez du système scolaire en France. Quelles causes de stress vous paraissent plus particulièrement liées au contexte français?

3b Avec lesquelles vous identifiez-vous le plus? Discutez à deux.

3c Ecrivez un message vous concernant pour le forum.

1 En France, on focalise trop sur le bac! On nous fait travailler comme des fous, on nous répète qu'il est essentiel qu'on le réussisse et pourtant il n'est pas sûr que ça nous serve à grand-chose plus tard! En fait, moi, j'ai l'impression de préparer un bac option chômage! Ce n'est pas très motivant.

Agathe

2 Moi, je suis hyper stressée parce qu'il est possible que je doive redoubler ma première. Comme j'ai déjà redoublé la cinquième et la troisième, j'ai peur que ce soit dur de continuer mes études avec trois ans de retard. Je ne sais vraiment pas si redoubler encore une fois est la bonne solution pour moi.

Suzie

3 Mon prof dit qu'il faut que j'obtienne une moyenne générale de 12/20 en français, sinon problème. Je n'ai que 10/20. Je suis assez bon en français mais nul en orthographe. Ça m'enlève des points et ce n'est pas juste! Je suis complètement obsédé par mes notes. C'est l'angoisse totale quand le prof me rend un contrôle!

Clément

4 Moi, je suis au lycée de 8h à 18h, plus le mercredi et le samedi matin. Comme j'ai plein de devoirs, je travaille aussi le dimanche. Du coup, je n'ai plus le temps de me relaxer! J'aimerais bien que les programmes soient moins chargés et que les journées soient plus courtes, comme en Angleterre ou en Allemagne! Je pense que les lycéens là-bas doivent être moins stressés que nous.

Théo

5 Mes parents m'obligent à faire un bac alors que moi, je voudrais faire un apprentissage en cuisine. Je rêve de devenir chef mais ils ne veulent pas que je prenne cette filière-là. Pour eux, je devrais aller à l'université et avoir des diplômes. Ils ne sont pas d'accord pour me laisser faire un travail manuel. C'est dommage qu'ils soient comme ça. Ça me déprime complètement

Nicolas

6 Moi, je suis hyper stressée à chaque contrôle. Quand je pense que je vais devoir passer des examens, je ne dors plus, je ne mange plus! J'ai un trac fou à chaque fois qu'il faut passer un oral. Mes profs disent qu'il est nécessaire que j'apprenne à me détendre... C'est bien beau, mais comment?

Amélie

4a Lisez les deux témoignages (à droite). Complétez avec ces verbes.

| je me batte | je fasse | elle devienne |
| je sois | je me mette | ils sachent |

4b Ecoutez pour vérifier.

5 Ecoutez Julien. Répondez aux questions pour Julien, Loanna et Mehdi.

  a Quelle est la cause du problème?

  b Quelles en sont les conséquences?

6 Complétez les phrases suivantes (ou d'autres phrases avec un subjonctif) pour donner des conseils aux trois jeunes. Basez-vous sur l'exemple. Comparez et discutez à deux ou en groupe.

> Selon moi, il est essentiel que Loanna parle de son problème à ses copines et à ses parents. Je suggère qu'elle aille aussi voir les profs et le directeur. Il vaut mieux que tout le monde sache ce qui se passe. Il est possible que cette fille se fasse exclure.

> Selon moi, il est essentiel que…
> Je suggère que…
> Il vaut mieux que…
> Il est possible que…

Violence au lycée

Pour beaucoup de jeunes, les trois années au lycée se déroulent sans problème. Pour d'autres, c'est l'enfer!

Loanna

J'ai toujours été bonne élève et j'adorais le collège. Cette année, je suis en seconde au lycée. Dans ma classe, il y a une fille qui redouble et qui a des problèmes scolaires. Elle m'a demandé si je pouvais l'aider. Au début, je l'aidais un peu. Mais maintenant, cette fille veut que [1] tous ses devoirs. Si je refuse, elle me menace. Elle exige que [2] à côté d'elle pendant les contrôles. Elle m'attend à la fin des cours. Je fais ce qu'elle dit de peur qu' [3] violente. J'ai peur d'aller au lycée à cause d'elle, je n'ai plus le temps pour faire mon travail et mes résultats sont beaucoup moins bons. Mes parents et mes profs s'inquiètent mais j'ai trop peur de cette fille pour leur en parler.

Mehdi

Je suis d'origine marocaine. C'est plutôt un handicap au lycée où je suis! Il y a un groupe d'imbéciles qui ont décidé de me rendre la vie difficile. Ils m'insultent, ils m'humilient. Ils ne m'attaquent pas physiquement parce que je suis beaucoup plus fort qu'eux. Les profs ne font rien bien qu' [4] qu'il y a un problème. J'en ai finalement parlé à ma famille. Mes parents disent qu'il faut que [5] patient, qu'ils vont arrêter. Mes frères, eux, suggèrent que [6]. Ils ont peut-être raison. Je ne veux pas devenir violent mais que faire d'autre puisque personne ne m'aide?

7 Le lycée: la galère ou pas? En 150 mots, décrivez votre expérience de la vie au lycée. Qu'est-ce qui va ou ne va pas? Etes-vous stressé(e)? Pourquoi? Avez-vous été victime de violence?

Grammaire ➡ 163 ➡ W82

The subjunctive (2)

Ⓐ **Match phrases 1–9 to the feelings they express (a–f).**
*Example: 1 il n'est pas sûr que = **a** a doubt*

1 *il n'est pas sûr que*	**a**	a doubt
2 *c'est dommage que*	**b**	an obligation, a necessity or advice
3 *avoir peur que*		
4 *il faut que*	**c**	a possibility
5 *vouloir/ne pas vouloir que*	**d**	a fear
	e	a will or a wish
6 *bien aimer que*	**f**	a regret
7 *il est essentiel que*		
8 *il est nécessaire que*		
9 *il est possible que*		

Forming the present subjunctive form of regular *-er*, *-ir* and *-re* verbs is very straightforward:

- take the *ils/elles* form of the present tense (*parlent, vendent, finissent*)
- take off the *-ent* ending (*parl-, vend-, finiss-*)
- add the following endings:

je -e	*tu* -es	*il/elle/on* -e
nous **-ions**	*vous* -iez	*ils/elles* -ent

Learn these common irregular verbs by heart: *aller (j'aille), avoir (j'aie), être (je sois), faire (je fasse), pouvoir (je puisse), savoir (je sache), vouloir (je veuille)* (see page 168).

Ⓑ **Find phrases 1–9 (in activity A) in the texts on page 126. The verbs that follow them are all in the subjunctive mode. What do you notice about them?**

Le monde du travail

▶ *Décrocher un premier emploi est-il difficile en France? Qu'est-ce que le lycée devrait faire pour aider les jeunes?*

1 Lisez le texte. Notez les mots qui vous empêchent de comprendre. Vous ne pouvez chercher que quatre mots dans le dictionnaire. Lesquels? Comparez avec un partenaire.

2 Faites deux listes de vocabulaire:

A = les mots liés aux études, à l'orientation et à la formation
B = les mots liés au monde du travail.

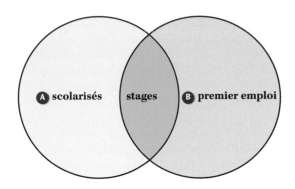

A scolarisés   stages   **B** premier emploi

3a Dites si les phrases résumant l'article sont vraies ou fausses. Citez le texte pour expliquer.

a Le chômage des jeunes en France est un problème inquiétant.

b Les employeurs ne veulent pas employer des gens sans expérience.

c La formation en alternance permet de résoudre le problème.

d Les jeunes de moins de 25 ans sont moins payés et moins protégés que les plus âgés.

e Cela leur permet de trouver un emploi plus facilement.

f Les jeunes non-diplômés ont plus de difficultés à trouver un emploi permanent.

g Certains jeunes suivent des filières qui n'ouvrent pas sur des possibilités d'emploi.

h Choisir la bonne filière et la bonne formation devient de plus en plus difficile.

3b 🎧 Ecoutez l'interview, vérifiez vos réponses à l'activité 3a et notez les informations supplémentaires.

Exemple: *Le taux de chômage en France: 8%; 20% chez les jeunes.*

Le premier emploi: mission impossible?

Le taux de chômage des jeunes Français actifs (non-scolarisés) de 15 à 29 ans est un des plus élevés en Europe. La principale raison? On parle d'une période économiquement difficile qui affecte toutes les tranches d'âge. Mais à cela s'ajoute une raison plus spécifique aux jeunes: le manque d'expérience, ou plutôt l'insistance de la majorité des employeurs à exiger une expérience. Pas d'emploi sans expérience. Mais comment avoir de l'expérience sans emploi? Il existe des formations en alternance (études et expérience en entreprise) mais elles ne sont pas possibles pour tous et n'existent pas dans tous les domaines.

Bien qu'ils soient moins bien rémunérés et qu'ils bénéficient de moins de protection sociale que leurs aînés, trouver un emploi reste un parcours du combattant pour les plus jeunes, condamnés aux stages à répétition, souvent non-rémunérés, à l'intérim et à des périodes de précarité plus ou moins longues. En effet, entre chaque CDD (contrat à durée déterminée) qui ne dure souvent pas plus de deux ou trois mois, ils connaissent de longues périodes de chômage non-payées.

Avoir fait des études et avoir des diplômes n'est pas la garantie qu'on ne connaîtra ni chômage ni précarité mais cela reste quand même un facteur important dans l'obtention d'un emploi. Il est plus fréquent pour les diplômés que pour les non-diplômés qu'une période d'essai se transforme en position permanente à plein temps.

La longueur des études n'est pas le seul paramètre dans l'obtention d'un emploi. Les différentes filières n'ont pas toutes les mêmes débouchés et certaines suscitent plus l'intérêt des employeurs que d'autres. Les besoins d'une société en constante évolution changent vite. Vers quels métiers se diriger? On comprend l'angoisse des jeunes à l'entrée de ce labyrinthe des formations offertes. Comment savoir lesquelles ouvriront la porte vers non seulement un emploi, mais un emploi stable, qui puisse assurer leur autonomie financière et l'indépendance auxquelles tant de jeunes aspirent?

Débat: le lycée doit-il mieux préparer au monde du travail?

Je pense que le système éducatif est ce qu'il doit être. Je crois que le rôle du lycée est de développer les qualités personnelles et les connaissances générales des élèves, pas de faire une formation professionnelle. Je suis sûre qu'on se spécialise déjà trop tôt et que c'est dangereux.

Clothilde

Je trouve qu'on n'apprend pas assez de choses qui nous préparent à la vie active. On devrait faire plus de visites dans les entreprises et faire venir des professionnels au lycée. Ça nous donnerait une meilleure idée de ce qui nous attend.

Arnaud

Personnellement, je ne pense pas que ce soit une bonne chose d'adapter les programmes du lycée aux besoins des entreprises. Je ne crois pas que les matières comme l'histoire-géo soient inutiles, au contraire. Je ne suis pas sûr que ce soit une bonne idée de les remplacer par des matières plus "pratiques".

Mathieu

Je ne trouve pas qu'on apprenne des choses très utiles au lycée. Je déteste la science et je ne pense pas que ça me soit utile dans mon métier. Alors pourquoi m'obliger à en faire? Je préférerais apprendre une autre langue étrangère, ça serait sûrement plus utile!

Claire

4 Lisez les arguments. Qui pense oui? Et qui pense non?

5a Relisez. Trouvez et notez les phrases contenant l'équivalent français des expressions suivantes:

a I think that   b I believe that

c I'm sure that   d I find that

> *Exemple*: a *Je pense que le système éducatif est ce qu'il doit être.*

5b Trouvez ces expressions au négatif et notez les phrases.

> *Exemple: Je ne pense pas que ce soit une bonne chose.*

5c Que remarquez-vous sur le mode des verbes? Regardez *Grammaire*.

6 Ecrivez un paragraphe pour ajouter au débat. Utilisez les expressions ci-dessus ainsi que d'autres expressions utiles pour donner votre avis.

7 A deux, imaginez le débat entre un professeur de français au lycée et un chef d'entreprise. Choisissez votre rôle et préparez vos arguments.

Grammaire   ➡163 ➡W82

Subjunctive vs indicative

The mood of a verb tells us what the speaker's attitude is to what s/he is saying.

- Indicative: to indicate a fact
- Imperative: to give an instruction/order
- Conditional: to indicate a hypothetical event or action
- Subjunctive: introduces subjectivity, emotion and doubt

The distinction between indicative and subjunctive is clear when you say what you think:

Je pense que c'est utile.

I'm certain in my own mind of what I think.

Je ne pense pas que ce soit utile.

I'm not so sure, there is some doubt in my mind.

A Complete the sentences using the verbs *être*, *avoir* or *pouvoir* in the correct form.

1 Je pense que les études au lycée ..... inutiles.

2 Je ne crois pas qu'il ..... essentiel d'avoir le bac.

3 Je suis sûr que je ..... faire un stage.

4 Je trouve que les profs ..... sympa.

5 Je ne pense pas qu'il y ..... beaucoup de chômeurs ici.

6 Je ne suis pas sûr que je..... faire une formation en alternance.

B Rewrite the sentences in activity A, saying the opposite.

> *Example: 1 Je ne pense pas que les études au lycée soient utiles.*

Premières expériences

▶ *Comment se préparer dès à présent au monde du travail?*

▶ *Comment mettre en valeur votre expérience et votre motivation?*

Hugo: Salut! J'ai 17 ans et je suis en terminale ES. Plus tard, je voudrais me spécialiser dans la communication ou le tourisme. Je parle anglais et allemand. J'aimerais bien travailler l'été prochain, plus pour l'expérience que pour l'argent. Mon problème: je n'aurai pas encore eu mes 18 ans à ce moment-là (je suis né fin août). C'est difficile de trouver quelque chose à 17 ans? Qu'est-ce que je pourrais faire? 😲 Oh et j'ai un autre problème! Mon CV... je n'ai rien à dire parce que l'été prochain, je n'aurai même pas encore passé le bac et que je n'aurai jamais fait de petit boulot! Aïe!! 😲 Merci à l'avance pour vos réponses. Allez, ciao!

Sonya: Si tu recherches une expérience plus qu'un salaire, fais du bénévolat. Cherche des associations près de chez toi. Quand tu en auras trouvé une, tu pourras la contacter et expliquer ton cas. A 17 ans, tu peux par exemple rendre visite à des personnes âgées ou faire des ateliers avec des enfants qui ne partent pas en vacances. C'est une excellente expérience qui montre que tu es plein de qualités humaines et que tu as de l'initiative. Bonne chance!

Jonathan: Légalement, à 17 ans, il y a certains jobs que tu n'as pas le droit de faire, comme travailler dans un bar. Une fois que tu auras eu 18 ans, tu auras plus de choix. Mais s'il y a des jobs qui t'intéressent vraiment, va sur place si c'est possible et laisse tes coordonnées, curriculum vitae et lettre de motivation. Même si ça ne marche pas et qu'ils ne te prennent pas cette année, ça montre que tu es hyper motivé et, l'année prochaine, comme ils t'auront déjà rencontré, ils se souviendront de toi et te recontacteront peut-être!

Yohann: As-tu pensé à faire un séjour à l'étranger? Je ne pense pas que ton âge soit un problème pour être au pair ou demi-pair, par exemple. Certaines agences prennent les jeunes à partir de 17 ans. Ce serait un bon plan pour ton CV si tu veux te spécialiser dans le tourisme. Le fait que tu seras déjà allé travailler à l'étranger sera un avantage quand tu chercheras un emploi. Cela montrera aussi que tu es une personne responsable, que tu parles bien une langue étrangère et aussi, parce que c'est assez inhabituel pour un garçon de partir au pair, que tu es entreprenant et que tu es prêt à faire des expériences nouvelles et à prendre des risques!

Charlotte: Avoir fait un stage, c'est super bien sur un CV et c'est une bonne introduction au monde du travail. Une fois que tu auras passé le bac et que tu seras à l'université ou en formation, tu auras plus de chance de trouver des stages dans la branche qui t'intéresse. Trouver un bon stage prend longtemps, alors commence dès maintenant à prendre contact avec des entreprises. Cela montre que tu es organisé et déterminé, des qualités intéressantes pour un employeur!

Clément: Ma suggestion serait de préparer le BAFA si tu ne l'as pas déjà. Le BAFA, c'est le Brevet d'Aptitude aux Fonctions d'Animateur, une qualification qui te permet de travailler comme animateur dans les camps de vacances avec des enfants. Tu peux préparer le BAFA à partir de 17 ans. Quand tu auras obtenu ce brevet, tu pourras travailler pendant les vacances. Et puis, c'est un vrai plus sur ton CV! Ça montre que tu es quelqu'un de mûr, d'actif, de responsable et que tu as un bon contact avec les gens.

1 Lisez. Qui mentionne les suggestions suivantes:

a work placement

b meeting up with potential employers, leaving your details, CV and supporting letter

c volunteering

d trip abroad (as an au pair)

e youth camp leader certificate.

2a Faites la liste de toutes les qualités mentionnées.

> *Exemple: qualités humaines; avoir de l'initiative, etc.*

2b Quelles sont vos qualités (mentionnées ici ou pas)? Expliquez pourquoi.

> *Exemple: Je pense que j'ai des qualités humaines parce que j'ai fait du bénévolat avec les Girl Guides, etc.*

3 Comment écrire une lettre de motivation? Ecoutez et notez les conseils sur les points suivants.

1 entête

2 date, nom et adresse de l'employeur

3 objet

4 première partie: l'employeur

5 seconde partie: vous, le candidat

6 troisième partie: points communs

7 conclusion

8 formule de politesse

4 Lisez la lettre d'Hugo ci-dessous. Retrouvez les différentes sections (1–8).

Exemple: *1 = A*

5 Comparez son message au forum, page 130, avec cette lettre. Quelles différences constatez-vous? Regardez *Compétences*.

6 Vous faites une demande de stage dans une organisation de votre choix en France. Inspirez-vous de cette lettre, des conseils et du contenu de l'unité pour écrire votre propre lettre de motivation.

Grammaire ➡ 161 ➡ W78

The future perfect tense

● The future perfect tense refers to an action which has not taken place yet but which will (or won't) have happened before another action in the future. It is formed in a very similar way in French and English: the future tense of *avoir* or *être* + past participle of verb, e.g.

J'aurai *fini* mes études dans trois ans.

I will have finished my studies in three years' time.

● When a French sentence uses a future perfect verb, the English equivalent may not.

Tu iras à l'université quand tu **auras** eu ton bac.

You'll go to university when you have passed your bac.

● The future perfect tense is followed by a future tense verb in French but not in English.

Il **aura** fait plusieurs jobs quand il aura 18 ans.

He **will have** done a few jobs when he is 18.

Ⓐ Find the examples of future perfect verbs on page 130 and translate them into English.

Compétences

Writing a formal letter

A In a formal letter, you need to indicate your details clearly here.

B Try and make the object of your letter as clear and succinct as possible.

C Always start with *Madame/Monsieur* followed by a comma, whether you know the name of the person or not.

D Demonstrate your level of French by including complex sentences (with relative pronouns), verbs in the subjunctive, etc. but make sure you use them appropriately!

Hugo Duteil
35 rue des Pinons
33 000 Bordeaux
Tel: 05 56 87 43 87
Portable: 06 89 74 23 11
Courriel: duteilh@wanadoo.fr
Site perso: http://hugo.duteil.nom.fr/

Bordeaux, le 10 mai 2008

Madame Leclerc
Directrice du personnel
Voyageurs du Monde
La Cité des Voyages
28, rue Mably
33000 BORDEAUX

Objet: Candidature spontanée: demande de stage

Madame,

Je souhaiterais effectuer un stage dans votre agence, qui, par la diversité des formules de voyages, par les destinations qu'elle propose et par sa philosophie de tourisme équitable, me semble être l'organisation idéale.

Actif, motivé, travailleur comme le prouvent mes résultats scolaires, j'ai souvent fait preuve d'organisation et d'initiative dans mes travaux personnels. Je suis mûr, responsable et j'ai un bon contact avec le public (je travaille souvent dans l'hôtel-restaurant de mes parents où j'utilise régulièrement mon anglais et mon allemand).

En m'accueillant en stage, vous bénéficierez de mon dynamisme et de mon enthousiasme pour apprendre le métier. Vous faciliterez également mon intégration dans le monde du travail puisque je souhaiterais plus tard me spécialiser dans le tourisme éthique.

Je joins mon CV qui décrit mon parcours et ma passion pour les voyages et je me permets de solliciter un entretien afin que vous puissiez mieux apprécier le sérieux et surtout la motivation de ma candidature.

Dans l'espoir d'une réponse positive, je reste à votre disposition pour plus d'informations.

Je vous prie d'agréer, Madame, l'expression de mes salutations distinguées.

E Write the name, title, and address of the person you are writing to. Never abbreviate *Madame* or *Monsieur* to *Mme* and *M*.

F Be as clear and concise as you can. Read your letter several times. Remove what is unnecessary and choose the most appropriate word.

G Each sentence, however long, should be about a single idea. To introduce a new idea, start a new sentence.

H Use a formal ending. It needs to reflect the form of address used in the opening, e.g. *Veuillez agréer, Monsieur/Madame, l'expression de mes salutations distinguées.*

Grammaire active

The subjunctive

Rappel

- The subjunctive is not a tense but a mood you use to express your "subjectivity" about events, e.g. how you feel about something (wish, fear, etc.) and how you view events (possible, uncertain, etc.).

- It is most commonly used in the present, in a subordinate clause introduced by *que*. It also follows certain conjunctions (*bien que*, etc.)

- The endings of subjunctives are straightforward but you need to learn some common irregular verbs by heart: *aller, avoir, être, faire, falloir, pleuvoir, pouvoir, savoir, valoir, vouloir* (see page 168).

The subjunctive is less common in English so can be tricky to use in French. Remember this ABC:

A Use it to express an opinion or a doubt using certain verbs or impersonal phrases: *douter que/ne pas être sûr que**/*ne pas penser que**/*il n'est pas certain que/il est impossible que...*
(* in the negative only)

B Use it to express an emotion (fear, regret, happiness, wish, will, necessity) using certain verbs and impersonal phrases: *avoir peur que/regretter que/être content que/souhaiter que/vouloir que/il faut que...*

C Use it to express time, concession, aim or condition using conjunctions: *avant que/bien que/pour que/à moins que...*

Entraînez-vous!

1 Lisez ce texte et trouvez tous les subjonctifs. Expliquez-en l'utilisation en vous référant à l'ABC ci-dessus.

> Mon père me met une pression incroyable! Il veut que je sois le meilleur partout. Il insiste pour que je prenne des cours de maths supplémentaires afin que j'améliore ma moyenne. En même temps, il n'arrête pas de dire qu'il doute que je sois capable de réussir au bac. Il a peur que je sois le seul de la famille à le rater. Pour lui, ça serait la honte! Ma mère aussi souhaite que je réussisse mais ce n'est pas une obsession comme chez mon père! Il refuse que je fasse du foot le samedi après-midi à moins que je ne passe le reste du week-end à faire des révisions. Il me prend la tête!

2 Choisissez l'indicatif ou le subjonctif pour chaque phrase.

a Je sais que je **suis/sois** assez bon pour réussir.

b Ce n'est pas certain que j'**ai/aie** les qualifications nécessaires.

c On ne vous donne pas le job parce que vous **n'avez/n'ayez** pas d'expérience.

d Ils veulent que nous **allons/allions** les voir après l'entretien.

e C'est triste que vous ne **pouvez/puissiez** pas faire ce stage.

f Je ne comprends pas pourquoi les formations ne **sont/soient** pas plus concrètes.

g Les employeurs estiment qu'ils ne **peuvent/puissent** pas faire confiance aux jeunes.

h Le gouvernement promet aux jeunes que la situation **est/soit** en train de s'améliorer.

3 Traduisez les phrases, en utilisant le subjonctif.

a I'll go to university provided I pass my exam at the end of the year.

b You have to go to university to study medicine.

c I'm really happy that he is going to that interview.

d Don't you think he has enough experience to do the job?

e My parents don't want me to do a work placement abroad.

f You mustn't be disappointed if you don't get that job.

4 Ecrivez un paragraphe sur vos projets d'avenir. Utilisez au moins trois subjonctifs.

Au choix

1a Ecoutez l'interview de M. Bertin, professeur, qui parle de son métier à la radio de son lycée. Notez:

a les raisons de son choix de carrière

b son parcours scolaire

c les qualités nécessaires pour être un bon prof.

1b Aimeriez-vous être professeur? Pourquoi? (Pensez aux réponses de M. Bertin).

2a Lisez le texte à droite. Expliquez le titre.

2b Vrai ou faux?

a To be a professional linguist, you need to be fluent in at least two languages.

b Speaking English fluently is all you need.

c You need to study for a minimum of seven years to teach languages in a secondary school.

d Most jobs in translating are very creative.

e The salary of a good translator reflects the high level of training needed.

f The ability to speak several foreign languages is considered a real asset in all fields.

g Most employers still fail to understand that speaking their clients' language and knowing their cultural values is good for business.

3 Vous voulez faire un stage dans un hôtel en France. Préparez votre entretien par vidéo-conférence. Répondez aux questions de l'employeur.

- Pourquoi voulez-vous faire ce stage?
- Quelles sont vos qualités, vos centres d'intérêt et vos compétences?
- Quelle expérience avez-vous?

4 Choisissez un des deux sujets suivants et écrivez environ 250 mots.

a Préparez un document à mettre dans une capsule qui ne sera ouverte que dans 500 ans. Le thème: La vie d'un étudiant au 21ème siècle.

b Interrogez quelqu'un qui exerce un métier qui vous fait rêver (ou faites des recherches sur Internet). Présentez sa formation, les avantages et les inconvénients du métier, ses conseils à un jeune qui voudrait faire ce métier.

Place aux polyglottes!

- *Vous voudriez faire des langues étrangères votre métier? Pour cela, il faut que vous puissiez parler couramment au moins deux langues. L'anglais reste indispensable mais ne suffit plus. Le métier d'enseignant est passionnant si vous aimez le contact avec les jeunes. Par contre, la formation est longue (au moins quatre à cinq ans après le bac pour le lycée, sept ans pour l'université.) La traduction attire beaucoup de linguistes mais il y a peu de postes. Certains sont très créatifs, comme la traduction littéraire, le sous-titrage ou la doublure de films mais les plus nombreux portent sur la traduction commerciale ou technique. Bien que peu rémunérés, ces métiers exigent cependant un haut niveau linguistique et culturel, au moins bac + 5, à l'université ou en école spécialisée et avoir fait de longs séjours à l'étranger pour bien connaître la langue et la culture.*

- *Vous voudriez faire un métier où vous puissiez utiliser vos langues sans en faire une spécialité? Les doubles compétences, comme ingénieurs, assistantes de direction, attachés de presse, commerciaux, etc. avec deux ou trois langues, sont très recherchées dans tous les domaines. La plupart des employeurs commencent à comprendre l'importance non seulement de pouvoir traiter des affaires dans la langue des clients mais aussi de comprendre leurs comportements culturels. Une bonne connaissance des langues valorisera donc vos compétences et vous ouvrira de plus en plus de portes!*

1 Préparez une présentation d'une ou deux minutes sur le sujet suivant. Préparez des notes et enregistrez-vous.

> Vous voulez faire un séjour d'un an à l'étranger. Essayez de convaincre vos parents de vous laisser partir.

2 Répondez oralement aux questions suivantes. Préparez des notes et enregistrez-vous.

- **a** Qu'est-ce qui vous intéresse le plus au lycée?
- **b** Vos études au lycée vous seront-elles utiles plus tard?
- **c** Quel métier aimeriez-vous faire?
- **d** Que peut-on faire pour éviter d'être au chômage?

3 Regardez cette publicité et répondez par écrit.

- De quoi s'agit-il?
- Expliquez l'impact de l'image.
- A quel public s'adresse-t-elle précisément?
- Qu'est-ce qui est proposé?
- En quoi l'annonce reflète-t-elle la situation des jeunes en France?

CCIV = Chambre de Commerce et d'Industrie Versailles Val d'Oise/Yvelines

4 Ecoutez un reportage sur la formation en alternance. Choisissez la bonne expression.

1 La formation en alternance, c'est...
a étudier et travailler
b étudier à l'étranger

2 On a des cours...
a à l'université
b dans un centre spécialisé

3 Par an, les apprentis ont 400 heures de...
a cours théoriques
b stages pratiques

4 Jonathan fait une formation en...
a boulangerie
b menuiserie

5 Le diplôme qu'il prépare est un...
a BEP
b CAP

5 Réécoutez et répondez aux questions.

a Qu'est-ce qu'une formation en alternance?
b Quel âge faut-il avoir?
c Combien de temps dure cette formation?
d Combien l'apprenti est-il payé?

6 Réécoutez. Résumez l'interview de Jonathan en anglais.

- what training he is doing
- what he thinks the advantages of this type of training are
- what he thinks the main drawback is
- why he does it

7 Lisez le texte à droite et répondez.

a Pourquoi les jeunes sont-ils pessimistes? Donnez trois raisons.
b Qu'est-ce que les statistiques citées par *Alternatives Economiques* prouvent?
c Quels sont les diplômes préférés des employeurs?
d En dehors des diplômes, qu'est-ce qui est important aux yeux des employeurs?

A quoi ça sert d'avoir un diplôme?

Alain, 21 ans: "J'ai des diplômes mais pas d'expérience et aucun employeur ne veut de moi." Katia, 23 ans: "Je ne trouve pas de boulot, on me dit que je suis sur-diplômée." Sylvie, 24 ans: "Est-ce que je dois vraiment faire des études si c'est pour me retrouver au chômage?"

Beaucoup de jeunes sont pessimistes. Ont-ils raison de l'être? Selon le magazine *Alternatives Economiques*, les statistiques prouvent en fait qu'un diplôme peut protéger du chômage: 30% des non-diplômés sont au chômage, 20% des CAP et BEP et environ 11% des BTS et DUT. Par contre, un diplôme ne garantit pas forcément un statut ou un salaire plus élevé dans une entreprise.

Certains diplômes ouvrent plus de portes que d'autres. Les diplômes Bac + 2 comme les BTS et les DUT ont l'avantage de "fabriquer" des diplômés vite opérationnels, surtout si la formation est faite en alternance avec un apprentissage en entreprise.

Mais il est également vrai que le diplôme seul n'est pas une garantie d'embauche. Un bon curriculum vitae peut favorablement impressionner un employeur tout autant qu'un diplôme. Un séjour à l'étranger, un job d'été, un stage en entreprise, tout cela donne non seulement une expérience pratique, qui est un plus, mais permet aussi de développer sa personnalité et des qualités personnelles que les employeurs recherchent de plus en plus.

8 Votre correspondant(e) dit qu'il/elle veut abandonner ses études après le bac. Basez-vous sur ce texte, les textes de l'unité 9, ainsi que sur des arguments personnels pour le/la convaincre de continuer ses études. Ecrivez-lui un e-mail.

Révisez tout

Reading

1 Vous connaissez le slam? Complétez les phrases 1–10 avec a–j.

1 Si vous préférez la culture alternative aux arts et spectacles tradionnels,...

2 C'est un spectacle sous forme de rencontres de poésie qui,...

3 Créé à Chicago dans les années 80,...

4 Au départ, c'était un peu le cousin chanté...

5 Depuis 1998, les spectacles se multiplient...

6 Célébrant la poésie orale, le slam réunit participants et spectateurs...

7 Parfois, les rencontres ont même lieu dans des sites...

8 Le slam est un mouvement très démocratique...

9 Pour participer à une rencontre,...

10 Les participants ont une liberté totale...

11 Dans un esprit de convivialité,...

a ...plus inhabituels comme des hôpitaux, des prisons ou des marchés.

b ...il s'est vite développé dans le monde entier.

c ...le slam est fait pour vous!

d ...la seule chose à faire est de s'inscrire auprès du présentateur.

e ...depuis quelques années, intéresse beaucoup les médias.

f ...en ce qui concerne le style ou le sujet traité.

g ...puisqu'il est ouvert à tous.

h ...non seulement à Paris mais partout en France.

i ...un poème égale un verre gratuit.

j ...dans des lieux publics comme des bars ou des cinémas.

k ...plutôt que parlé du hip hop.

2 Lisez l'article sur Bernard Kouchner et mettez ces éléments d'information dans l'ordre chronologique du texte.

a l'action médicale de B. Kouchner à l'étranger

b les lieux très variés où il a accompli son œuvre humanitaire

c les origines de son action humanitaire

d depuis combien de temps B. Kouchner est connu

e ce qui montre que l'association Médecins sans Frontières n'est pas influençable

f l'image de B. Kouchner en France et à l'étranger

g ses débuts en politique

h dans quel domaine il a fait ses études médicales

i son rôle dans l'Union européenne

j le surnom donné aux membres de Médecins sans Frontières

Bernard Kouchner, vous connaissez?

En France, il serait difficile de répondre non puisque depuis presque 30 ans il fait régulièrement les gros titres de l'actualité. De plus, depuis quelques années il figure dans la liste des personnalités préférées des Français. En conséquence de son action humanitaire, en 2004 il a même figuré dans la liste des 100 personnes les plus influentes de la planète établie par le *Time Magazine*.

De formation médicale à l'origine, il s'est très vite préoccupé des populations dans le besoin. Sa présence médiatique s'est déclenchée en 1971 quand, motivé par une atroce famine au Nigéria, il a fondé Médecins sans Frontières, la célèbre association humanitaire internationale. Indépendants de tout pouvoir politique, militaire ou religieux, les *French Doctors* apportent une aide médicale aux populations victimes de crises qui menacent leur survie. L'impartialité de l'association est garantie par le fait qu'elle est financée à 80% par des donations.

Bernard Kouchner a quitté Médecins sans Frontières en 1979 pour cause de désaccords mais a fondé Médecins du monde l'année suivante. Depuis les débuts de sa carrière, l'urgence l'a conduit aux quatre coins du monde, du Vietnam à l'Amérique latine en passant par le Liban ou la Somalie.

Son succès et son image médiatique ont bientôt attiré l'attention du monde politique, si bien qu'en 1988 il est devenu secrétaire d'Etat à la Santé. Plusieurs ministères et secrétariats d'Etat dans la santé et l'humanitaire ont suivi, sans compter un poste de député européen. Au niveau politique et humanitaire, il s'est illustré notamment par son rôle déterminant au Kosovo. En 2007, il est devenu ministre des Affaires étrangères.

3 L'information a–l est-elle dans l'article "Comment mangent les Français?"? Répondez par oui ou non.

a Le soir, de plus en plus de Français passent trois heures à dîner.

b Les Français mangent de moins en moins.

c L'heure des repas est plus variable qu'autrefois.

d Les jeunes ne mangent plus jamais à table.

e Les Français mangent plus de nourriture étrangère qu'avant.

f Les Français voyagent plus qu'avant.

g Les *fast foods* gagnent en popularité chez les Français.

h Les Français mangent moins souvent qu'autrefois à la maison.

i On achète de moins en moins d'ustensiles de cuisine.

j Dans tous les domaines mentionnés dans l'article, l'évolution est plus évidente chez les générations les plus récentes.

k Le gouvernement avait commencé à intervenir dans le domaine alimentaire avant l'apparition des résultats de cette enquête.

l Les Français recommencent à consommer plus de fruits frais.

Comment mangent les Français?

Les Français adorent manger... mais leurs habitudes alimentaires se détériorent. Telle est la conclusion d'une enquête menée en 2006.

Pour commencer, on constate que les horaires de repas deviennent moins réguliers. L'heure du dîner était autrefois fixe dans les familles. Aujourd'hui elle varie souvent d'un jour à l'autre en fonction des loisirs et autres occupations et peut facilement aller de 18h45 à 21h45. Ce phénomène, très rare chez les personnes âgées, se remarque surtout chez les 25–34 ans.

L'enquête montre également que le repas à table perd de sa popularité au profit du plateau-repas, pris au salon ou devant la télévision. C'est en effet le cas au moins une fois par semaine dans une famille sur deux. Là aussi, ce sont les jeunes qui sont en tête de ce mouvement, suivis des Parisiens et des personnes vivant seules.

On remarque également une évolution dans les produits consommés. Les Français, autrefois plutôt "patriotes" en matière d'alimentation, sont de plus en plus amateurs de produits exotiques. La démocratisation des voyages explique probablement la popularité croissante de restaurants chinois, marocains, vietnamiens et autres. Ceci est cependant beaucoup moins le cas dans les catégories d'âge le plus élevée.

Un autre phénomène qui ressort de l'enquête est que l'on passe moins de temps qu'autrefois devant ses casseroles. Les petits plats cuisant pendant des heures laissent peu à peu la place aux conserves et aux plats préparés qui font économiser beaucoup de temps, surtout chez les jeunes générations.

Que doit-on penser de ces tendances, qui vont probablement continuer à se généraliser? Les horaires "flexibles" et les repas devant la télé ne sont peut-être pas un sujet d'inquiétude mais, quand on y ajoute une tendance à négliger la qualité et l'apparition de conséquences sur la santé, on a sans doute des raisons de s'inquiéter.

Le gouvernement, qui avait déjà interdit la vente de produits trop gras ou trop sucrés dans les distributeurs scolaires à la rentrée 2005, ne reste pas inactif. Le programme 2006 "Nutrition Santé" vise à réduire l'obésité de 20%, par exemple en améliorant les services hospitaliers et en recommandant de consommer au moins cinq fruits et légumes par jour.

Listening

1 Listen to the interview and answer the questions.

   a How often does Alex take part in poetry competitions?

   b Where does he take part? *(1 mark)*

   c What is his main motivation? *(1 mark)*

   d Who exactly selects the winners in poetry competitions? *(3 marks)*

   e Where do the poems come from? *(1 mark)*

   f What are we told about musical accompaniment? *(1 mark)*

   g How does the jury operate? *(2 marks)*

   h Name a typical prize. *(1 mark)*

2 Ecoutez l'interview sur les langues régionales et complétez ce paragraphe avec certains des mots proposés. Il y a trois mots de trop.

A une certaine époque, on a ...... l'usage des langues régionales en France pour ...... l'unité du pays. Les élèves qui ...... une langue régionale étaient punis, ... de manière humiliante. Cependant, les langues régionales persistent. Par exemple, l'occitan est ...... dans plus d'une trentaine de départements et, ... la deuxième moitié du XXe siècle, certaines lois ...... l'enseignement des langues régionales. Certains établissements offrent ...... des sections bilingues où la ...... des cours sont faits dans une langue régionale. La culture forme une partie ...... de cet enseignement.

✴ depuis	✴ facilitent	✴ faciliter
✴ fréquemment	✴ intégrale	✴ interdit
✴ même	✴ moitié	✴ obliger
✴ parfois	✴ parlant	✴ parlé
✴ utilisaient		

3 Ecoutez le reportage sur le Tour de France et choisissez les bonnes réponses.

  1 Un Espagnol a ...... le Tour de France.

    a obtenu

    b quitté

    c gagné

  2 Ce Tour de France n'a pas été ...... controverse.

    a sans

    b sujet à

    c responsable de

  3 Cette année-là, le Tour s'est couru sur ....

    a 3 570 km.

    b 3 580 km.

    c 3 590 km.

  4 Le gagnant de l'année précédente ....

    a n'a obtenu que la septième place.

    b a gagné sept fois le Tour de France.

    c a dû abandonner le septième jour.

  5 Les Espagnols ....

    a n'avaient jamais gagné.

    b n'avaient jamais été dans les cinq premiers.

    c n'avaient pas gagné depuis assez longtemps.

  6 Les deux favoris n'ont pas pu finir le Tour ....

    a parce qu'ils ont été malhonnêtes.

    b parce qu'ils ont été accidentés.

    c parce qu'ils sont tombés malades.

  7 Les présentateurs constatent ....

    a que seulement 20 Français ont fini le Tour.

    b que le premier Français a fini en 20e position.

    c qu'aucun Français n'a fini dans les 20 premiers.

Writing

- Pour chacune des activités suivantes, écrivez le nombre de mots indiqué par votre professeur.
- Il est important:
  - de bien traiter le thème proposé
  - de bien structurer son travail
  - d'exprimer et de justifier ses opinions
  - de faire attention à la qualité de la langue (exactitude; variété du vocabulaire et des structures utilisés).

1 "Participez à notre méga-sondage sur vos personnalités préférées!" Ecrivez une lettre à un magazine de jeunes pour dire quelle est votre personnalité préférée et pourquoi. Choisissez de préférence une personnalité de langue française.

2 "Etre jeune aujourd'hui est beaucoup plus difficile qu'autrefois." Qu'en pensez-vous?

3 Décrivez un spectacle auquel vous avez assisté ou participé (danse, théâtre, musique…), ainsi que vos réactions. Si vous préférez, vous pouvez inventer.

4 Ecrivez un article pour le journal de l'école pour inciter les jeunes à passer moins de temps devant télévision et ordinateurs, et plus de temps à faire du sport.

5 Quels sont les trois objets les plus indispensables dans votre vie, et pourquoi?

6 "Je trouve absolument odieuse la décision d'interdire la consommation de tabac dans les lieux publics! Où est la liberté dans une décision aussi réactionnaire?" Qu'en pensez-vous? Répondez à cet extrait de lettre publié dans un journal.

7 Imaginez que vous êtes sur le point de partir en vacances avec votre famille. Vous n'en avez pas du tout envie, mais vous n'avez pas le choix. Inspirez-vous, par exemple, des photos suivantes. Décrivez l'expérience que vous anticipez, par exemple, en commençant ainsi:
"Le camping avec les copains cet été? Hélas, pas pour moi! Evidemment, comme d'habitude nous partirons en vacances en famille…"

Speaking

1 Préparez-vous à parler d'une publicité de votre choix en français.

- Comment la trouvez-vous?
- La publicité en général a-t-elle beaucoup d'effet sur vous?
- A votre avis, la publicité est-elle importante pour vendre un produit?

2 Vous connaissez le slam (page 136)? Préparez-vous à participer à une interview sur le slam sans utiliser de notes. Mémorisez les points essentiels mais n'apprenez pas de phrases par cœur. Entraînez-vous à deux.

3 Pensez-vous que, pour votre génération, la vie sera très différente de celle des générations précédentes? Discutez-en à plusieurs, en vous concentrant tout particulièrement sur les thèmes suivants:

- la famille
- les amis
- le travail
- le temps libre.

4 Scénario pour une conversation à deux.

- La personne A a 17 ans, vient d'obtenir son permis de conduire et veut emprunter la voiture de la personne B pour emmener des amis en week-end.
- La personne B (parent/tuteur) n'est pas d'accord.

5 Préparez-vous à participer à une discussion sur le thème: "Jusqu'à quel âge l'école devrait-elle être obligatoire?"

6 Lisez les données et les citations ci-dessous.

- De quoi s'agit-il?
- Quelle est votre réaction?
- La situation vous semble-t-elle très différente où vous habitez?
- Comment pourrait-on faire baisser le taux de mortalité chez les jeunes conducteurs?

Paroles de jeunes

"Je suis plutôt timide, alors l'alcool m'aide pour draguer."

"L'alcool, c'est la fête. Sans alcool, pas d'ambiance."

"Avec l'alcool, c'est moins dur de regarder les problèmes en face."

"L'alcool du samedi soir, ce n'est pas ça qui cause la dépendance."

"L'alcool? Pour déstresser, c'est préférable à la cocaïne, non?"

Statistiques

- A17 ans, 20% des garçons et 7% des filles consomment régulièrement de l'alcool (au moins 10 fois par mois).
- A 20–25 ans, 44% des garçons et 20% des filles consomment de l'alcool au moins une fois par semaine.
- Chez les 15–19 ans, 32% des garçons et 19% des filles ont été ivres au moins une fois dans les 12 derniers mois.
- Les jeunes consomment surtout de l'alcool le samedi.
- Les jeunes préfèrent la bière, les alcools forts et les *premix* au vin.
- Un accident mortel sur trois est dû à l'alcool.
- Les 15–24 ans représentent 13% de la population française mais 28% des tués sur la route.

Grammar

Past, present or future?

1 🎧 Listen to sentences a–j. Do they describe an event in the past (PA), present (PR) or future (F)?

> Be careful – sentences in the passive can resemble those in the perfect tense!

The perfect tense

2 Put the notes (a–j) into complete sentences using the perfect tense. Start each sentence with "*On…*".

Example: *a On a lancé la carte Visa.*

a 1973: lancement de la carte Visa

b 1974: autorisation du divorce par consentement mutuel

c 1975: mise sur le marché du rasoir jetable Bic

d 1977: mise au point de la liposuccion

e 1979: ouverture du premier McDonald's parisien

f 1979: invention du Rubik's Cube et du Walkman de Sony

g 1981: inauguration de la première ligne de TGV

h 1981: abolition de la peine de mort

i 1982: légalisation de l'homosexualité

j 1991: suppression de la première classe dans le métro

The imperfect tense

3 In pairs, select a famous person and imagine what (s)he was like when (s)he was young:

- Take it in turns to make up sentences using the imperfect tense.
- Make a note of every verb (in the infinitive) you or your partner uses in the imperfect tense.
- Don't use a verb which has already been used.

> A mon avis, quand elle était jeune, elle…

The imperfect tense and the perfect tense

4 Sentences a–l show today's figures, with figures from 1973 in brackets. Describe the figures from 1973 with complete sentences, paying attention to the verb tense.

Example: *a En 1973, 58% des ménages français avaient une voiture.*

a 81% des ménages français ont une voiture. (58%)

b L'espérance de vie chez les hommes est de 77 ans. (69 ans)

c L'espérance de vie chez les femmes est de 84 ans. (76 ans)

d On enregistre 39 000 divorces. (35 000).

e 51% des ménages français possèdent un animal domestique. (58%)

f L'alcool cause 30 000 morts par an, par accidents ou maladie. (22 000)

g Un salarié moyen doit travailler 50 heures pour pouvoir s'acheter un téléviseur. (250)

h 38% des Français prennent des vacances d'hiver. (16%)

i Les Français passent 3h26 par jour devant la télévision. (2h12)

j 650 000 Français travaillent dans le secteur agricole. (1 700 000)

k Le secteur public emploie environ 6 millions de fonctionnaires. (4)

l 4,3 millions d'actifs ont un emploi à temps partiel. (788 000)

The future tense

5 Rewrite these sentences using the future tense.

Example: *a Un jour, j'irai aux îles Galapagos.*

Quand j'étais plus jeune, …

a …je voulais aller aux îles Galapagos.

b …je voulais faire un voyage en hélicoptère.

c …je voulais apprendre à conduire un avion.

d …je voulais habiter en Grèce.

e …je voulais voir le Taj Mahal.

f …je voulais être capable de parler au moins cinq langues.

g …je voulais avoir un tableau de Matisse.

h …je voulais savoir mieux danser.

The conditional

6 Complete the sentences using a verb in the conditional.

Example: a ...je ne me lèverais jamais avant 11h.

a Si j'avais une liberté totale chez moi,...

b Si je pouvais déménager,...

c Si j'étais Premier ministre,...

d Si j'étais prof,...

e Si je mangeais mieux,...

f Si j'avais plus de temps,...

g Si j'avais plus d'argent,...

h Si je savais voler,...

i S'il faisait toujours beau,...

j Si j'avais des enfants,...

The subjunctive

7 Complete the sentences with a subjunctive.

*Example: a Il est possible qu'on **mette** la nouvelle ligne de tramway en service très bientôt.*

a Il est possible qu'on [mettre] la nouvelle ligne de tramway en service très bientôt.

b Quoique les embouteillages [être] de plus en plus fréquents, la voiture reste grande favorite.

c Il est dommage que nous n'[avoir] pas de ligne TGV dans le département.

d Pour qu'on [pouvoir] financer une nouvelle autoroute, il faudra augmenter le budget.

e Je veux bien aller en ville à pied, à condition qu'il ne [pleuvoir] pas.

f Pour qu'on [réussir] à arriver avant midi, il est préférable de prendre le train.

g Il est dommage que tu ne [vouloir] pas racheter ma vieille voiture.

h Tu veux que j'[aller] à la gare avec toi?

i Il faut que la route [être] réparée avant le passage du Tour de France.

j Bien que le tramway [être] peu polluant, on a préféré étendre son réseau de bus.

The relative pronouns *qui*, *que* and *dont*

8 Complete the sentences with *qui*, *que*, *qu'* or *dont*.

a Les enfants ...... sont scolarisés dès l'âge de deux ans sont de plus en plus nombreux.

b C'est maintenant dès l'âge de deux ans ...... la majorité des enfants sont scolarisés.

c Les enfants ...... les familles ont peu de ressources ont un handicap dès le début de leur scolarité.

d Les jeunes ...... le système scolaire ne réussit pas à motiver se retrouvent souvent sans emploi.

e Les jeunes ...... n'obtiennent aucun diplôme finissent souvent au chômage.

f Une des mesures ...... le gouvernement encourage maintenant chez les élèves démotivés est l'apprentissage dès l'âge de 14 ans.

g La formation continue est un système ...... permet d'améliorer les chances de promotion.

h Le redoublement est une procédure ...... les collèges et lycées se servent moins qu'avant.

i L'égalité des chances est un phénomène ...... la France a connu pendant plusieurs décennies, mais ...... fonctionne moins bien aujourd'hui.

j C'est l'intégration des élèves d'origine étrangère ...... il faut essayer d'améliorer de toute urgence.

k Une des critiques ...... l'on entend souvent chez les professeurs est que leurs salaires sont trop bas.

l Une des critiques ...... apparaît souvent dans la presse est que les professeurs sont trop souvent absents.

Present participles

9 Complete these sentences with *en* and the present participle of the verb in brackets.

a Je mange toujours [lire] le journal.

b J'écoute toujours de la musique [faire] mon jogging.

c J'appelle toujours des copains sur mon portable [aller] au lycée.

d Je ne fume jamais [conduire].

e Je ne mets jamais d'accents [écrire] des e-mails.

f Je rêve beaucoup [dormir].

g J'ai toujours peur [prendre] l'avion.

Pronouns

10 Complete the sentences with *le, la, l', les, lui, leur, y* ou *en*.

a Des livres sterling? Je n'ai pas besoin de/d' ..... changer: je/j' ..... ai déjà.

b Charles? Pourquoi est-ce que tu veux ..... téléphoner?

c Oh, zut, mon portable! Je ne ..... trouve pas!

d Tes collègues? Tu veux vraiment ..... envoyer une carte postale?

e Oh, non, pas Palavas-les-Flots! Je/J' ..... suis déjà allée.

f Et ta sœur? Pourquoi est-ce que tu ne ..... appelles pas?

g J'ai menti à mon patron. Je ..... ai dit que j'étais malade.

h Mes dates de vacances? Désolé, je ne ..... connais pas encore.

i Ses parents? Il ..... parle seulement quand il a besoin de quelque chose.

j Ah, de l'argent, bien sûr que j'aimerais ..... gagner beaucoup!

Questions

11 Rewrite the questions using an inversion.

***Example:* *a* Le nombre de naissances a-t-il augmenté ces dernières années?**

a Est-ce que le nombre de naissances a augmenté ces dernières années?

b Est-ce que vous avez les dernières statistiques sur la consommation de cannabis?

c Quand est-ce qu'ils vont publier le bilan de la saison touristique?

d Pourquoi est-ce que des millions de Français partent en vacances en même temps?

e Quand est-ce que le taux de chômage a commencé à baisser?

f A votre avis, pourquoi est-ce qu'il y a 30 000 enfants qui fuguent chaque année?

g Est-ce que la publicité influence vraiment beaucoup les comportements?

h Depuis quand est-ce que nous avons essentiellement une population urbaine?

i Pourquoi est-ce que la campagne commence à se repeupler?

j Qu'est-ce que les Français peuvent faire pour améliorer leur santé?

Small words

12 Complete each paragraph with one of the words from the box.

a La caféine semble avoir un effet protecteur sur la mémoire des femmes âgées. Consommer ..... moins trois tasses ..... café par jour semble mieux protéger ..... femmes de plus de 65 ans ..... celles qui ..... boivent une tasse ou moins.

au	de		des
	en	les	que

b ..... intoxications alimentaires sont dues à différents germes, par exemple:

- les staphylocoques, ... peuvent ..... cacher dans ..... nombreux aliments tels que les pâtisseries, les glaces et les charcuteries
- les salmonelles, ... l'on trouve généralement dans la viande insuffisamment cuite, les laitages et les œufs
- les colibacilles, ... la présence peut se manifester dans tous les aliments.

de	dont		les
	que	qui	se

c La recherche médicale et une détection plus précoce font partie ..... principales mesures du plan Alzheimer lancé mardi ..... Nicolas Sarkozy. Le président de la République a demandé ..... professeur Joël Ménard de présider la commission chargée de mettre en place ..... mesures mais l'association France Alzheimer, ... a plus ..... 20 ans d'expérience, souhaite participer à l'élaboration de ce plan.

au	ces		de
	des	par	qui

d La France est le sixième pays de l'Union européenne ..... bannir la cigarette dans les lieux publics. Les accros sont désormais condamnés à braver le froid ..... allumer une cigarette. Dans les gares, il est possible ..... fumer uniquement à l'air libre. Dans les hôpitaux, ... meurent 66 000 personnes ..... an à cause de la cigarette, les coins fumeurs sont interdits. Apparemment, les patchs et autres substituts ..... vendent actuellement très bien.

à	de		où
	par	pour	se

Compétences

Functions of language

1a 🎧 Listen and decide what each sentence is expressing (a–f).

a Droit

b Devoir

c Souhait

d Obligation

e Regret

f Suggestion

1b 👥 In groups, note down all the expressions you know to express a–f above.

1c In groups, do the following activity orally:

- La 1e personne:
  - lance un dé pour décider de a–f ci-dessus;
  - lance deux dés pour choisir un des thèmes ci-dessous (1–12)
  - a 30 secondes pour faire une phrase qui relie les deux afin d'obtenir un point.

  Example: *a* f (*suggestion*) + 5 (*les vacances à l'étranger*) → *Et si on allait en vacances en Crète pour changer un peu?*

- C'est ensuite le tour de la personne suivante.
- La personne qui a le plus de points en fin d'activité est la gagnante.

1 Les célébrités	2 La télévision	3 Internet
4 Les vacances avec les parents	5 Les vacances à l'étranger	6 Le sport
7 L'alcool	8 L'écotourisme	9 La voiture
10 Les études	11 Les petits boulots	12 L'alimentation

Taking notes while listening

2 🎧 Listen to the news item about holidays in the mountains and make notes on the following points in English.

a the number of French holidaymakers who go to the mountains

b their reasons

c the commercial aspects of green tourism

d the accommodation available

e the activities offered

Learning vocabulary: word families

3 Look at the words in bold in the article. List as many words as you can from the same family.

Le permis de conduire

Choisir son école

Première étape vers l'**obtention** du **permis**: le **choix** d'une auto-école et d'une formule d'**apprentissage**. Le minimum **légal** est de 20 heures de leçons de **conduite**, mais c'est **rarement** **suffisant**. Seuls 50% des **candidats** obtiennent le permis du premier coup.

Conduire à 16 ans

La conduite **accompagnée** est une solution beaucoup plus **efficace**. Elle vous permet de **prendre** le volant dès 16 ans, à condition d'avoir obtenu votre code, d'avoir **suivi** 20 heures de leçons et d'être accompagné d'un conducteur âgé de 28 ans minimum titulaire du permis depuis plus de trois ans. 77% des conducteurs ayant choisi cette formule ont **réussi** l'**examen** du premier coup.

Speaking from notes

4 In pairs or small groups, practise speaking from these notes. Express ideas rather than quoting too may figures.

Les loisirs – Budget

- 7,1% du budget des ménages (1995: 7,5%)

Le temps libre – Les médias

- télévision: 3h12 par jour (1995: 3h13)
- radio: 1h25 (1995: 3h12)
- presse: 0h26
- Internet: 0h18

La presse – Lecture régulière de quotidiens

- moyenne nationale: 47% (1995: 53%)
- 15–24 ans: 20%
- 60 ans+: 50%

Lecture – Les livres

- 0 livre lu par an: 39% (1995: 27%)
- un livre ou moins lu par mois: 33%
- plus d'un livre lu par mois: 28%

Ordinateurs – Au moins un ordinateur

- France: 52% des ménages
- Royaume-Uni: 70% des ménages
- France, 1995: 26% des ménages

Writing a formal letter

5 Using the e-mail below, write a formal letter of complaint to the director of the holiday village.

Mes vacances

Mes vacances au village-vacances? Tu parles! J'en rêvais depuis des mois, mais la catastrophe! Imagine un peu: on débarque de l'avion à 1h du mat., et on est tout seuls! Le représentant du village? Invisible. Première promesse pas tenue. On a donc pris un taxi: une petite fortune! Et à la réception du village, ils n'ont rien voulu savoir.

Ensuite: le bungalow. En entrant, nous nous sommes immédiatement regardés, Sam et moi: la prison ou quoi? Une chambre minuscule (rien à voir avec les photos – merci, Internet!) avec deux lits atroces un peu comme en prison... la douche, un lavabo et les toilettes derrière un rideau... et ils appellent ça une salle de bain? Et en plus, vue sur les cuisines et les poubelles. Et quand je te dirai que les cuisines étaient en action de 5h du mat. à 1h le lendemain matin, tu comprendras!

La bouffe? Arrête! La diète forcée le matin à moins d'arriver parmi les premiers (pain sec... mauvais beurre... café réchauffé...). Le midi, c'était la même salade tous les jours, avec charcuteries un peu douteuses et fruits... en conserve (au mois d'août, sur la Méditerranée? presque inimaginable!). Et le soir! Théorie: "menu couleur locale". Réalité: "poisson plus très frais". D'ailleurs, le troisième soir, j'ai été malade et je sais parfaitement pourquoi.

Quant aux loisirs... La moitié des activités prévues? Envolées, inexistantes! Aucune excuse, seulement des réponses évasives. Nous qui avions prévu d'essayer de nouveaux sports! Finalement, on n'a pas eu beaucoup le choix à part la bronzette sur la plage... les promenades sur la plage... les glaces sur la plage... et la lecture sur la plage!

Je vais leur écrire et je t'assure que je ne vais rien oublier! J'espère que ça s'est mieux passé pour vous deux.

Grammar

1 Nouns and determiners

1.1 Gender: masculine & feminine

All French nouns are either masculine or feminine.
Most nouns referring to people have two forms.
To make a masculine noun feminine:

◆ add an *-e: un employé/une employée*
◆ double the final consonant and add *-e: un Italien/une Italienne*
◆ change *-eur* to *-euse* and *-teur* to *-trice* (with some exceptions).

Some nouns can be of either gender: *un élève/une élève, un prof/une prof.*
Some nouns are masculine even when they refer to a woman: *un professeur, un médecin.*

The ending of the noun can help you work out its gender (but there are exceptions, so check in a dictionary!).
Nouns that end as follows are usually masculine:

-é	-eau	-acle	-age
-ège	-ème	-isme	-asme
nouns ending in a consonant			

Nouns that end as follows are usually feminine:

-ée	-ère	-euse	-ade	-itude
-ace	-ance/anse	-ence/ense	-ie	-ise
-oire	-ité	-té	-tié	
-tion	-sion	-aison	-ison	
nouns ending in a silent *-e* following two consonants				

1.2 Singular & plural

The plural is used when referring to more than one thing. Most French nouns add *-s* to make them plural.
le copain → les copains
Some nouns do not follow this regular pattern:

◆ nouns ending in *-al* usually change to *-aux*:
un animal → des animaux
◆ nouns already ending in *-s, -x* or *-z* usually stay the same:
le bras → les bras   le prix → les prix
le quiz → les quiz
◆ nouns ending in *-eau* or *-eu* add *-x*:
un château → des châteaux
un jeu → des jeux
◆ a few nouns change completely:
un œil → des yeux   monsieur → messieurs

Compound nouns (made up of more than one element): check in a dictionary and learn them individually.
un grand-parent → les grands-parents
un porte-monnaie → les porte-monnaie

1.3 Determiners: definite & indefinite articles

The determiner (the word which introduces the noun) can generally tell you whether the noun is masculine (m.) or feminine (f.), singular (sing.) or plural (pl.).
The most common determiners are the definite article ('the') and the indefinite article ('a'/'an', 'some', 'any').
le chômage   la famille   les jeunes
un ami   une école   des étudiants

	singular		plural
	masculine	feminine	masculine ou feminine
the	*le/l'*	*la/l'*	*les*
a/an	*un*	*une*	*des*

Use *l'* instead of *le/la* for nouns that start with a vowel or a silent *h*: *l'hôtel* (m.) *l'armoire* (f.)(but *le hockey*: check words beginning with *h* in a dictionary)
The indefinite article isn't used in front of names of jobs: *Je voudrais être journaliste*. I'd like to be a journalist.

1.4 *de* + noun (partitive)

de + le → **du**   *de + la* → **de la**

de + l' → **de l'**   *de + les* → **des**

Remember:
Use *du, de la, de l'* or *des* before a noun when you want to say 'some', 'any' or 'of the'. In French, you can't leave out the partitive, as you can in English.

Il a des frères et sœurs?	Has he got (any) brothers and sisters?
le déclin du mariage	the decline of marriage

◆ Use *de* to show who or what something belongs to (see 5.2 for more on this):

*la maison **de mon père***	**my father's** house
*la femme **du Président***	**the President's** wife
*la capitale **de l'Espagne***	**Spain's** capital city

◆ Use *de* on its own (not *du, de la, des*) in a negative phrase (see 12.2 for more on this):
*Je n'ai pas **de** frères.* I haven't got any brothers.

1.5 *ce, cet, cette, ces* + noun (demonstrative adjectives)

Ce, cet, cette, and *ces* are the determiners you use to say 'this', 'that', 'these' or 'those'. Being adjectives, they change according to gender and number.

	singular	plural
masculine	ce/cet*	ces
feminine	cette	ces

* *cet* is used before masculine singular words that begin with a vowel or a silent *h*, e.g. *cet étage, cet hôtel*.

◆ To distinguish more clearly between 'this and that', or 'these and those', you can add *-ci* or *-là* after the noun:
*J'aime **ce sweatshirt-ci** mais je n'aime pas **cette chemise-là**.*
I like **this** sweater but I don't like **that** shirt.
(See 6.11 for demonstrative pronouns: *celui-ci/là, celle-ci/là*, etc.)

1.6 *mon, ma, mes* (possessive adjectives)

These are determiners which indicate who the thing, person or object belongs to. In French, the word for 'my', 'your', 'his', 'her', etc. changes according to whether the noun which follows is masculine, feminine, singular or plural.

	singular		plural
	masculine	**feminine**	**masculine ou feminine**
my	*mon*	*ma**	*mes*
your (informal)	*ton*	*ta**	*tes*
his/her	*son*	*sa**	*ses*
our	*notre*	*notre*	*nos*
your (formal)	*votre*	*votre*	*vos*
their	*leur*	*leur*	*leurs*

* Before a feminine noun that begins with a vowel or silent *h*, use **mon, ton, son**, e.g. *mon amie, ton imagination, son histoire*.

*J'habite avec **ma mère**.*	I live with **my mother**.
*Je passe les week-ends chez **mon père**.*	I spend weekends at **my father's**.
*Sa sœur aime **ton frère**.*	His/Her sister likes **your brother**.
*Vous avez **votre livre**?*	Do you have **your book**?

See 6.10 for possessive pronouns: *le mien, la mienne*, etc.

1.7 Other determiners (indefinite adjectives)

◆ *Chaque*   each
Chaque *élève a un entretien.*
Each student has an interview.
◆ *autre(s)*   other
*J'ai vu Sophie l'**autre** jour.*
I saw Sophie the other day.
◆ *même(s)*   same
*J'ai le **même** CD.*
I have the same CD.
◆ *n'importe quel(le)(s)*   any
*On trouve ça dans **n'importe quelle** encyclopédie.*
You can find it in any encyclopedia.
◆ *quelque(s)*   some, a few
*Il travaille avec **quelques** collègues.*
He's working with some colleagues.

- *plusieurs*   several
  *Il a passé **plusieurs** mois en France.*
  He spent several months in France.
- *tout, toute, tous, toutes*   all
  *Il a lu **tous** les livres de Pagnol.*
  He's read all the Pagnol books.

2 Adjectives

2.1 Form of adjectives

In French, adjectives have different endings depending on whether the words they describe are masculine or feminine, singular or plural:

	masculine	feminine
singular	–	-e
plural	-s*	-es

*no change in pronunciation
J'ai un ami espagnol. J'ai une amie espagnole.
J'ai des amis espagnols. J'ai des amies espagnoles.

- Adjectives which already end in *-e* don't need to add another one in the feminine (but they do add *-s* in the plural):
  un frère timide   *une sœur timide*
  des enfants timides
- Adjectives ending in a single consonant double it before adding *-e*:
- Adjectives ending in these letters have other

	masculine	feminine
-el	naturel	naturelle
-il	gentil	gentille
-as	gras	grasse
-et	muet	muette
-en	ancien	ancienne

masculine/feminine patterns:

-er changes to *-ère: premier/première*

-x changes to *-se: capricieux/capricieuse, généreux/généreuse, heureux/heureuse* (exceptions: *faux/fausse, doux/douce*)

-eur changes to *-euse: menteur/menteuse* (exceptions which just add *-e: meilleur, extérieur, intérieur, supérieur, inférieur*)

-f **changes** to *-ve: créatif/créative*

-c changes to *-che* ou *-que: blanc/blanche, public/publique*

- Adjectives normally add an *-s* in the plural, though it is not pronounced.

  Adjectives ending in *-x* don't add an *-s* in the plural: *un copain généreux, des copains généreux.*

  Adjectives ending *-al* or *-eau* change to *-aux* in the plural: *un tarif normal/des tarifs normaux, beau/beaux, nouveau/nouveaux*
- A few adjectives stay the same whether they are masculine or feminine, singular or plural: *sympa, super, marron, orange* and compound colour adjectives: *un cousin sympa, une cousine sympa, des cousins sympa un tee-shirt rouge foncé avec une jupe bleu clair.*
- Some adjectives have their own pattern:

m. singular	f. singular	m. plural	f. plural
beau*	belle	beaux	belles
nouveau*	nouvelle	nouveaux	nouvelles
long	longue	longs	longues
bon	bonne	bons	bonnes
fou*	folle	fous	folles
frais	fraîche	frais	fraîches
gros	grosse	gros	grosses
vieux*	vieille	vieux	vieilles

* These become *bel, nouvel, fol, vieil* before a masculine noun that starts with a vowel or silent *h*: *le nouvel an.*

2.2 Position of adjectives

In French, most adjectives go **after** the noun:
  *les yeux **bleus**, une partenaire **extravertie**, un politicien **ambitieux.***
Some adjectives come **before** the noun:
  *un **nouveau** jean, la **jeune** fille, de **bonnes** idées.*

grand*	petit	jeune	vieux	nouveau	ancien*
bon	mauvais	excellent	beau	joli	
gros	vrai	cher*	propre*	brave*	

* These adjectives can also be placed after the noun, in which case their meaning is different:

un homme grand/un grand homme
a tall man/a great man

son ancienne maison/une maison ancienne
her previous house/an old house

mon cher ami/un repas cher
a dear friend/an expensive meal

ma propre chambre/une chambre propre
my own bedroom/a clean bedroom

un brave homme/un homme brave
a decent man/a brave man

When there are several adjectives with one noun, each adjective goes in its normal place: *un petit chien noir; un joli petit chien noir.*

If there are two adjectives after the noun, they are linked with *et*: *un joli petit chien noir et marron.*
See 1.5 for demonstrative adjectives (*ce/cette/ces*).
See 1.6 for possessive adjectives (*mon/mon/mes*, etc.).

3 Adverbs

Adverbs are words which you use to describe a verb, an adjective or another adverb.

3.1 Formation of adverbs

In English, most adverbs are made from an adjective + -ly (e.g. soft/softly). To form French adverbs you usually start from the adjective:

◆ Add - *ment* to the masculine singular form of the adjective if it ends in a vowel:
timide → timidement   vrai → vraiment

◆ Add - *ment* to the feminine singular form of the adjective if it ends in a consonant:
normal → normale → normalement (normally)
heureux → heureuse → heureusement (happily)

◆ A few exceptions:
– notice the extra accent in the adverb:
énorme → énormément
précis → précise → précisément
– *-ent/-ant → -emment/amment*:
prudent → prudemment; brillant → brillamment

◆ Some common irregular adverbs:
très (very)   *assez* (rather, fairly)   *trop* (too)
beaucoup (a lot)   *vite* (quickly)   *bien* (well)
mal (badly)   *gentiment* (kindly)   *même* (even)
tout (all/quite/completely)   *peu* (little, not much)
un peu (a little)   *encore* (again)   *pas encore* (not yet)

*Je suis **très** fatiguée*	I'm very tired.
*Il est **assez** timide.*	He's rather shy.
*Il parle **trop** vite.*	He speaks too fast.
*Elle aime **beaucoup** le chocolat.*	She likes chocolate a lot.
*Il n'aime **pas** beaucoup lire.*	He doesn't like reading much.

*J'aime **bien** courir.*	I quite like running.
*On danse **un peu**?*	Shall we dance a little?
*Je dors **peu**.*	I don't sleep much.

3.2 Position of adverbs

Adverbs usually **follow** the verb:
*Elle aime **beaucoup** le cinéma.*   She likes cinema a lot.
*Elle sort **souvent**.*   She often goes out.
Adverbs often come **before** an adjective or another adverb:
*C'est un **très** beau film.*   It's a really good film.
*Je l'aime **vraiment** beaucoup.*   I really love it.

4 Comparisons

4.1 The comparative

To compare two things, use *plus, moins* or *aussi*:
plus + adjective/adverb + *que*   more … than
moins + adjective/adverb + *que*   less … than
aussi + adjective/adverb + *que*   as … as

◆ With an adjective:
*Julien est **plus** sportif **que** Florence.*
Julien is sportier than Florence.

*La natation est **moins** populaire **que** le football.*
Swimming is less popular than football.

*Elle est **aussi** sportive **que** moi.*
She's as sporty as me.

Bon (good) and *mauvais* (bad) are exceptions:
bon → meilleur   mauvais → pire
*Les légumes sont **meilleurs** pour la santé **que** le chocolat.*
Vegetables are better for your health than chocolate.

*Le chocolat est **pire que** les légumes.*
Chocolate is worse than vegetables.

◆ With an adverb:
*Il parle **plus** lentement **que** le prof.*
He speaks more slowly than the teacher.

*Il parle anglais **moins** couramment **que** Marc.*
He speaks English less fluently than Marc.

*Il joue **aussi** mal **que** Sophie.*
He plays as badly as Sophie.

Bien (well) is an exception: *bien → mieux*
*Il joue bien mais je joue **mieux que** lui.*
He plays well but I play better than him.

Grammar

To say 'the most' or 'the least', use *le, la* or *les* in front of *plus* or *moins* + adjective/adverb.

◆ With an adjective:
  *C'est la destination de vacances **la plus populaire** chez les Français.*
  It's the most popular holiday destination for French people.

  *Commence par l'exercice **le moins difficile**.*
  Start with the least difficult exercise.

  *C'est en banlieue que nos associations sont **les plus actives**.*
  It's in the suburbs that our associations are the most active.

  Exceptions:
  bon → le/la meilleur(e)   mauvais → le/la pire
  *Elle a le **meilleur** mode de vie.*
  She has the best lifestyle.

  *Fumer des cigarettes, c'est le **pire**.*
  Smoking is the worst.

◆ With an adverb (always use *le*, not *la* or *les*):
  *C'est elle qui joue **le plus** fréquemment.*
  She's the one who plays most often.

  *Mon frère conduit **le moins** prudemment.*
  My brother drives the least carefully.

  Exception: *le mieux* (the best):
  *Qui fait **le mieux** la cuisine?*   Who cooks **the best?**

4.3 plus de, moins de, autant de + noun

Use *plus de, moins de, autant de* to talk about 'more of'/'less of'/'fewer of'/'as much of' something.

*J'ai plus **d'expérience** que toi.*
I have more experience than you.

*Il a **moins d'argent** que moi.*
He has less money than me.

*Il a **autant de** patience que son père.*
He has as much patience as his father.

◆ Add *le/la/les* to *plus de/moins de* to talk about 'the most'/'the least'/'the fewest' of something.

  *C'est moi qui ai le **plus** d'expérience.*
  I'm the one who has the most experience.

  *C'est elle qui a le **moins** de temps.*
  She's the one with the least time.

5 Prepositions and linking words

5.1 à (at, to, in, on)

◆ Talking about time:
  *Il arrive **à** quatre heures.*
  He's coming **at** four o'clock.

◆ Talking about a place:

◆ Other uses:
  *Il est allé **à** Strasbourg.*
  He went **to** Strasbourg.
  *J'habite **à** la campagne.*
  I live **in** the countryside.
  *Ils se retrouvent **au** théâtre.*
  They're meeting **at** the theatre.

◆ Remember:

à 10 kilomètres	10 kilometres **away**
à 10 minutes	10 minutes **away**
à pied/à vélo	**on** foot/**by** bicycle
à Noël	**at** Christmas

à + le → au	*à + la → à la*
à + l' → à l'	*à + les → aux*

Use *à l'* before a vowel or a silent *h*: *à l'église, à l'hôpital.*

5.2 de

*Il vient **de** Paris.*	He comes **from** Paris.
*Il téléphone **de** son travail.*	He's phoning **from** work.
*le livre **de** ma mère*	my mother**'s** book
*les vacances **de** Noël*	the Christmas holiday
***de** 8h à 17h*	**from** 8 am till 5 pm

de + le → du	*de + la → de la*
de + l' → de l'	*de + les → des*

◆ Remember:

5.3 en (in, to)

◆ **Talking about countries:**
  Most countries are feminine. To say 'in' or 'to' these

*Vous allez **en** France?*	Are you going **to** France?
*Ils vivent **en** Ecosse.*	They live **in** Scotland.

  countries, use *en*:
  For masculine countries, use *au* instead (or *aux* if the

*Cardiff est **au** pays de Galles.*
Cardiff is **in** Wales.
*Il est né **aux** Antilles.*
He was born **in the** West Indies.
country is plural):

- **Talking about time:**
  en juin, en été, en 2001, en une heure
- **Talking about transport:**
  ***en** bateau*   **by** boat
- **Other uses:**

***en** anglais*	in English
***en** coton*	made of cotton
***en** bleu*	in blue
***en** vacances*	on holiday
***en** désordre*	in a mess
***en** forme*	fit/in good form
***en** bonne santé*	in good health

See 6.6 for *en* as a pronoun.

5.4   Position

Some prepositions tell you the position of something:
devant (in front of), *derrière* (behind, at the back of),
entre (between), *sur* (on, on top of), *sous* (under).

5.5   Other common prepositions

après l'école	after school
avant demain	before tomorrow
avec Sophie	with Sophie
chez moi	at/to my place/home
chez le docteur	at/to the doctor's
depuis trois ans	for three years
depuis 1987	since 1987
par le train	by train
par ici/là	this/that way
pendant les vacances	during the holidays
pendant deux ans	for two years
pour toi	for you
pour un an	for a year
sans toi	without you
sans regret	without any regret
vers 8 heures	at about 8 o'clock
vers Paris	near/towards Paris

5.6   Linking words (conjunctions)

Some common linking words are:
- *alors*   then/so
  *Il n'est pas venu, **alors** je suis partie.*
  He didn't come, **so** I left.
- *donc*   therefore, so
  *Il y a moins d'emplois **donc** plus de chômage.*
  There are fewer jobs **so** more unemployment.
- *et*   and
  *Elle souffre du racisme **et** du sexisme.*
  She suffers from racism **and** sexism.
- *mais*   but
  *Il travaille **mais** il aimerait mieux étudier.*
  He's working **but** he'd rather study.
- *ou (bien)*   or
  *Il pense s'installer à Paris **ou** à Marseille.*
  He's thinking of settling down in Paris **or** Marseille.
- *parce que*   because
  *La chambre était super **parce qu'**il y avait une vue.*
  The room was great **because** there was a view.
- *pourtant*   yet, although
  *J'aime dessiner et **pourtant** je suis nulle!*
  I like drawing and **yet** I'm useless at it!
- *puis*   then/next
  *Lisez le texte **puis** répondez aux questions.*
  Read the text **then** answer the questions.
- *quand*   when
  *Elle était contente **quand** elle a eu ses résultats.*
  She was happy **when** she got her results.

Other conjunctions:
car (then, so), *cependant* (however), *sinon* (if not),
comme (as), *puisque* (since, as), *dès que* (as soon as),
depuis que (since), *pendant que* (while).
- Some conjunctions must be followed by a verb in the
  subjunctive (see 9.3):
  bien que (although), *afin que* (so that), *pour que* (so that),
  à moins que (unless), *pourvu que* (provided that).

  *Elle a réussi **bien qu'**elle n'ait aucun diplôme.*
  She has succeeded although she has no
    qualifications.

  *Il n'aura pas le bac **à moins qu'**il se mette à travailler.*
  He won't pass the bac unless he starts working now.

Grammar

6 Pronouns

A pronoun is a small word which is used instead of a noun, a phrase or an idea. It helps to avoid repetition.

*J'ai parlé au directeur et <u>le directeur</u> a signé ma demande de stage. Je vais envoyer <u>ma demande de stage</u> à Paris. →
J'ai parlé au directeur et <u>il</u> a signé ma demande de stage. Je vais <u>l</u>'envoyer à Paris.*

I talked to the director and (the director) signed my application for a work placement. I'll send it (my application) to Paris.

6.1 Subject pronouns

The subject of a verb tells you who or what is doing the action of the verb. It can be a noun or a pronoun.
The French subject pronouns are:

I	=	*je*	
		j'	in front of a vowel or a silent *h*, e.g. *j'aime/j'habite*
you	=	*tu*	to a child, a friend or a relative
		vous	to an adult you are not related to, or more than one person
he	=	*il*	for a boy or man
she	=	*elle*	for a girl or woman
it	=	*il*	if the thing it refers to is masculine
		elle	if the thing it refers to is feminine
we	=	*nous*	*On* is used more than *nous* in conversation.
		on	Use *on* when speaking or writing to friends. Use *nous* in more official French.
they	=	*ils*	for masculine plural
		ils	for a mixed group (masculine + feminine)
		elles	for feminine plural
		on	for people in general

◆ *On* can mean 'you', 'we', 'they' or 'one'. It is followed by the same form of the verb as *il/elle*. In the perfect tense with *être*, the past participle is often plural.

On peut travailler à 15 ans.
You can have a job when you're 15.

Au Québec, on parle français.
In Quebec, they speak French.

On s'est bien amusés.
We enjoyed ourselves.

6.2 Direct object pronouns

A direct object pronoun replaces a noun that is the object of a verb. It has the action of the verb done to it 'directly'. The French direct object pronouns are:

*me**	me	*nous*	us
*te**	you	*vous*	you
*le**	him, it (m.)	*les*	them
*la**	her, it (f.)		

**m'*, *t'* and *l'* before words that start with a vowel or a silent *h*

*Je connais **Ahmed**. Je vois souvent **Ahmed**. → Je **le** vois souvent.*
I know Ahmed. I often see Ahmed. → I often see **him**.

6.3 Indirect object pronouns

An indirect object pronoun replaces a noun (usually a person) that is the object of the verb, but linked to the verb by a preposition, usually *à* (or in English, 'to').

The French indirect object pronouns are:

me/m'	to me	*nous*	to us
te/t'	to you	*vous*	to you
lui	to him, to it (m.)	*leur*	to them
lui	to her, to it (f.)		

*Tu parles **à Ahmed**? Je parle souvent à Ahmed. → Je **lui** parle souvent.*
Do you speak **to Ahmed**? I often speak to Ahmed. → I often speak to **him**.

You will need these pronouns after verbs such as:
dire à, donner à, parler à, demander à, répondre à

Some verbs take an indirect object in French but not in English, e.g. *téléphoner à quelqu'un* (to phone someone).

*Je **te** donnerai un peu d'argent de poche.*
I'll give **you** some pocket money.

*J'ai vu Alain et je **lui** ai demandé de venir me voir.*
I saw Alain and asked **him** to come and see me.

*Les profs sont sympa. On **leur** parle souvent.*
The teachers are nice. We often talk to **them**.

6.4 Reflexive pronouns

These are used to form reflexive verbs (see 7.2) and are:

je	*me/m'*	myself
tu	*te/t'*	yourself
il/elle/on	*se/s'*	himself/herself/itself
nous	*nous*	ourselves
vous	*vous*	yourselves
ils/elles	*se/s'*	themselves

6.5 *y*

Y is used instead of *à* (or *en*) + the name of a place.

*Elle va **à la boucherie**. Elle **y** va.*
She goes **to the butcher's**. She goes **there**.

*On joue **au** parc. On **y** joue.*
People play **in the park**. People play **there**.

Y is generally used instead of *lui/leur* (see 6.3) when referring to objects, actions, ideas and concepts as opposed to people and animals:
*Tu as assisté au concert? Oui, j'**y** ai assisté.*
Did you attend the concert? Yes, I attended it.

*Tu penseras à téléphoner ? Oui, j'**y** penserai.*
Will you remember to phone? Yes, I will.

*Elle joue au tennis? Oui, elle **y** joue souvent.*
Does she play tennis? Yes, she often plays [it].

6.6 *en*

En replaces *du/de la/des* + a noun. It can mean 'some'/ 'any', 'of it'/'them'.

*Tu as **des devoirs** à faire? Oui, j'**en** ai. J'**en** ai trop.*
Do you have **any homework** to do? Yes, I have **some**. I have too much [of it].

*Je voudrais des **pommes**. Désolé, il n'y **en** a plus.*
I'd like **some apples**. Sorry, there aren't **any** left.

En is also used instead of *de* + noun, after a verb such as *discuter de, se souvenir de*:
*Notez vos idées. Discutez-**en**.*
Note down your ideas. Talk about **them**.

See 10 for *en* + present participle.

6.7 Position of object pronouns

Object pronouns normally come immediately before <u>the verb</u>:

*Je **les** aime bien.*	I like **them**.
*Je **lui** dis tout.*	I tell **him/her** everything.
*J'**y** vais à pied.*	I go **there** on foot.
*J'**en** voudrais un peu.*	I'd like **some**.

In a compound tense, the pronoun goes before the *avoir* or *être* part of the verb:

*Je ne **l'**ai pas écouté.*	I didn't listen *to* **him**.
*Je **leur** ai donné mon adresse.*	I gave **them** my address.
*Il **y** est déjà allé.*	He's already been **there**.
*J'**en** ai lu trois.*	I've read three [**of them**].

When there are two verbs together (a verb + an infinitive), the pronoun comes before <u>the infinitive</u>:

*Je vais **en** prendre un.*
I'll take one [**of them**].

*Je ne peux pas **y** aller.*
I can't go **there**.

*Je voudrais **lui** donner ça.*
I'd like to give this *to* **him/her**.

When there are several object pronouns in the same sentence, they follow this order:

1	2	3	4	5
me				
te	*le*			
se	*la*	*lui*	*y*	*en*
nous	*les*	*leur*		
vous				

*Je **te le** donne.*	I give **it to you**.
*Je **lui en** ai parlé.*	I've talked **to him/her about it**.

♦ With negative imperatives, the pronoun comes before the verb:
  *Ne **les** appelle pas!* Don't ring them!

With positive imperatives, it comes after the verb and a hyphen is added:
  *Appelle-**les**!* Ring them!

With positive imperatives, *me* and *te* become *moi* and *toi*:
  *Ne **me** parle pas de travail, parle-**moi** plutôt de vacances!*
  Don't talk to me about work, talk to me about holidays!

Grammar

With positive imperatives, columns 1 and 2 of the position grid are reversed:

*Donne-**le-moi**!*   Give it to me!

See 9.1 for imperatives.

6.8 Emphatic pronouns

moi	me, I	*nous*	us, we
toi	you	*vous*	you
lui	him, he	*eux*	them (m.), they
elle	her, she	*elles*	them (f.), they

Use an emphatic pronoun:

◆ to emphasise a subject pronoun:
***Moi**, je trouve que c'est normal. **Et toi**?*
I think it's justified. What about you?

*Vous aimez le sport? **Nous**, on adore ça.*
Do you like sport? We love it.

◆ after prepositions like *devant, avec* and *chez*:
*Il est devant **moi**.*
He's in front of me.
*Il travaillera avec **moi**.*
He will be working with me.
*Je vais chez **lui**.*
I'm going to his place.

◆ after *c'est* and *ce sont*:
*C'est **lui** qui me l'a dit.*
It was him who told me.
*Ce sont **elles** les responsables.*
They are responsible.

◆ as a one-word answer to a question:
*Qui joue du piano? **Moi**!*
Who plays the piano? Me.

◆ in a comparison
*Il est plus timide que **moi**.*
He's shyer than me.

◆ to express possession:
*C'est **à toi** ou **à moi**?*
Is it yours or mine?

6.9 Relative pronouns

Relative pronouns are used to link two parts of a sentence and avoid repetition.

qui	who, which, that
que	who, whom, which, that
où	where, when
dont	whose, of whom, of which

◆ Use *qui* when the noun to be replaced is the subject of the verb:
*J'ai **un frère**. **Mon frère** s'appelle Ahmed.* →
*J'ai un frère **qui** s'appelle Ahmed.*
I have a brother who's called Ahmed.

◆ Use *que* when the noun to be replaced is the object of the verb:
*J'ai **un frère**. J'aime beaucoup **mon frère**.* →
*J'ai un frère **que** j'aime beaucoup.*
I have a brother whom I love very much.

◆ Use *où* to mean 'where' or 'when':
*C'est là **où** j'habite.*   That's where I live.
*C'était le jour **où** je suis arrivé.*
It was the day when I arrived.

◆ Use *dont* to mean 'of whom' or 'whose':
*C'est le prof **dont** je t'ai parlé.*
It's the teacher I talked to you about.
*Le directeur, **dont** le bureau est au bout du couloir, n'est jamais là.*
The director, whose office is at the end of the corridor, is never there.

6.10 Possessive pronouns

Possessive pronouns in English are 'mine', 'yours', 'his', 'hers', 'ours', 'theirs'.
In French, the pronoun changes according to who owns the object and also according to whether the object is masculine, feminine, singular or plural.

	singular		plural	
	masculine	**feminine**	**masculine**	**feminine**
mine	*le mien*	*la mienne*	*les miens*	*les miennes*
yours	*le tien*	*la tienne*	*les tiens*	*les tiennes*
his/ hers	*le sien*	*la sienne*	*les siens*	*les siennes*
ours	*le nôtre*	*la nôtre*	*les nôtres*	*les nôtres*
yours	*le vôtre*	*la vôtre*	*les vôtres*	*les vôtres*
theirs	*le leur*	*la leur*	*les leurs*	*les leurs*

*J'aime bien tes parents. **Les miens** m'énervent.*
I like your parents. **Mine** get on my nerves.

*Je ne m'entends pas avec ma sœur mais je m'entends bien avec **la tienne**.*
I don't get on with my sister but I get on well with **yours**.

6.11 Demonstrative pronouns

Demonstrative pronouns in English are used to say 'the one(s) which…', 'the one(s) belonging to…', or 'this one/ that one', etc. In French, they include several different words: *celui, ce, cela, ça*.

◆ *Celui* changes to agree with the noun it replaces:

	singular	plural
masculine	*celui*	*ceux*
feminine	*celle*	*celles*

*J'aime bien <u>mon pull</u> mais je préfère **celui** de Paul.*
I like my pullover but I prefer Paul's.

*Je m'occupe <u>des jeunes enfants</u>, **ceux** qui ont moins de cinq ans.*
I look after the small children, those who are not yet five.

After *celui*, you can add *-ci* or *-là* for greater emphasis or to contrast two items:
*Je voudrais des sandales. **Celles-ci** ou **celles-là**?*
I'd like some sandals. These [ones] or those [ones]?

See 1.5 for demonstrative adjectives: *ce, cet, cette, ces* + noun with *-ci, -là*.

◆ *Ce/C'* is mostly used with the verb *être*.
Ce sont mes amis.   They are my friends.
C'est bon.   It's nice.

◆ *Cela* (meaning 'that/it') is often shortened to *ça* or *c'*.
Le ski? J'adore ça!   Skiing? I love it.
***C'/Cela** est facile à comprendre.*
That/It is easy to understand.

6.12 Indefinite pronouns

Commonly used indefinite pronouns are:
quelque chose (something), *quelqu'un* (someone), *tout/tous* (all), *autre(s)* (other), *chacun(e)* (each).

Other indefinite pronouns:
quelques-uns (some, a few), *plusieurs* (several), *certains* (some), *n'importe qui* (anyone), *n'importe quoi* (anything), *pas grand-chose* (not a lot).

*Tu veux faire **quelque chose**?*
Do you want to do something?
*J'ai parlé à **quelqu'un**.*
I spoke to somebody.
*C'est **tout**?*
Is that all?
*Les élèves sont **tous** venus à la réunion.*
All the pupils came to the meeting.

J'ai lu un livre de Camus.
I've read a book by Camus.
*Je voudrais en lire un **autre**.*
I'd like to read another.

7 Verbs: the infinitive, reflexive verbs, impersonal verbs

7.1 The infinitive

The infinitive is the basic, unconjugated form of a verb, e.g. *parler*, to speak.
Infinitives in French end with *-er, -ir, -re* or *-oir/-oire*, e.g. *écouter, choisir, prendre, pouvoir, boire*. The infinitive of a reflexive verb (see 7.2) includes *se* or *s'* at the beginning, e.g. *s'ennuyer*.
To use a verb in a sentence, you usually change the infinitive to another form (i.e. conjugate the verb), following patterns which you need to learn. Many verbs follow the same patterns (= regular verbs). Others have their own pattern (= irregular verbs).

Infinitives are used in several ways:

1 as nouns
    Travailler, quelle horreur!   Working, how horrible!

2 in instructions
    Mettre à four chaud.   Place in a hot oven.

3 after another verb
    Sometimes there are two verbs next to each other in a sentence. In French, the form of the first verb depends on who is doing the action, and the second verb is in the infinitive:

    *On **doit** <u>faire</u> un exposé demain.*
    We must/have to do a presentation tomorrow.

    *Je **vais** <u>voir</u> un dentiste tous les six mois.*
    I go and see a dentist every six months.

    *Il **faut** <u>passer</u> un examen.*
    You have to take an exam.

4 verb + *à* + infinitive
    aider à, apprendre à, arriver à, s'attendre à, commencer à, continuer à, se décider à, s'entraîner à, s'habituer à, hésiter à, inviter à, se mettre à, penser à, réussir à

    *Il **commence** à <u>pleuvoir</u>.*   It's starting to rain.

5 verb + *de* + infinitive
    accepter de, s'arrêter de, avoir envie/peur de, choisir de, conseiller de, décider de, demander de, dire de, empêcher de, envisager de, essayer de, éviter de, finir de, oublier de, permettre de, promettre de, proposer de,

refuser de, risquer de, suggérer de, venir de

Il m'a conseillé de <u>continuer</u> mes études et j'ai donc décidé d'<u>aller</u> à l'université.
He advised me to carry on with my studies so I've decided to go on to university.

6 *pour/sans/avant de* + infinitive
Use the infinitive after *pour* (to/in order to), *sans* (without), *avant de* (before):

*Je vais en France **pour** <u>apprendre</u> le français.*
I'm going to France to learn French.

*On ne peut pas progresser **sans** <u>connaître</u> la grammaire.*
You can't make progress without knowing grammar.

*Prenez votre temps **avant de** <u>répondre</u>.*
Take your time before answering.

7 *en train de* + infinitive
To say that something is happening at the time of speaking or writing, use *en train de* and an infinitive:

*Il est **en train de** <u>manger</u>.*
He's eating at the moment.

◆ **The past infinitive**
A past infinitive is used after *après* to say 'after doing'/'having done' something. It is made up of *avoir* or *être* and a past participle (see 8.3).

*Après **avoir mangé**, il est parti.*
Having eaten/After eating, he left.

*Après **être rentrées**, mes sœurs ont bu un café.*
After they came back, my sisters drank a coffee.

7.2   Reflexive verbs

Reflexive verbs need an extra pronoun between the subject and the verb.
The reflexive pronoun changes according to the subject

subject	pronoun	verb	
je	*me*	*lève*	I get myself up/I get up
je	*m'*	*habille*	I dress myself/I get dressed

it goes with (see 6.4):

je	+ *me/m'*	*nous*	+ *nous*
tu	+ *te/t'*	*vous*	+ *vous*
il/elle/on	+ *se/s'*	*ils/elles*	+ *se/s'*

The verb changes like any other verb. For example, *s'amuser* (to enjoy oneself) in the present tense:

je m'amuse	I enjoy myself
tu t'amuses	you enjoy yourself
il/elle/on s'amuse	he/she/it enjoys himself/herself/itself we enjoy ourselves
nous nous amusons	we enjoy ourselves
vous vous amusez	you enjoy yourselves/yourself
ils/elles s'amusent	they enjoy themselves

Some common reflexive verbs:
se lever, se laver, se brosser les dents, se coucher, se reposer, s'amuser, s'ennuyer, se décider à, s'en aller, se mettre à

◆ **Negative form of reflexive verbs**
In negative sentences, the negative expression goes around the pronoun as well as the verb.
*On **ne** s'ennuie **pas** ici.*   You don't get bored here.
*Je **ne** me couche **jamais** tôt.*   I never go to bed early.

◆ **In questions**, the reflexive pronoun stays in the normal place in front of the verb:
Tu te couches à quelle heure?/A quelle heure est-ce que tu te couches?/A quelle heure te couches-tu?
At what time do you go to bed?

◆ **Imperative form of reflexive verbs**
In a positive imperative, *te* changes to *toi* and the pronoun goes **after** the verb:
*Couche-**toi**!* Go to bed.
*Habille-**toi**!* Get dressed.

In a negative imperative, the pronoun does not change and remains **before** the verb:
*Ne **te** couche pas!*   Don't go to bed.
*Ne **t'**habille pas!*   Don't get dressed.

◆ **Perfect tense of reflexive verbs**
Reflexive verbs always make their perfect tense with *être* (so the past participle must agree with the subject of the verb). The pronoun stays in front of the verb:
Je me suis réveillé(e) à six heures.
I woke up at six o'clock.

Les enfants se sont couchés.
The children went to bed.

Sophie s'est bien amusée.
Sophie had a good time.

7.3 Impersonal verbs

The impersonal verbs are those that are only used in the third person singular (the *il* form).
The most common ones are:
il y a, il reste, il manque
il faut, il vaut mieux, il s'agit de, il paraît que, il suffit de
weather phrases – *il pleut, il neige, il fait beau/mauvais/*
nuageux, etc.

Il reste trois questions à faire.
There are three questions left to do.
Il s'agit de la période coloniale française.
It's about the French colonial period.
Il suffit de bien réfléchir. You just have to think carefully.
Il vaut mieux partir tôt.   It's best to leave early.

8   Verb tenses

8.1   The present tense

Use the present tense to refer to an action or a fact:
1   which is taking place now
     *Je **vais** au cinéma.*   I am going to the cinema.
2   which takes place regularly
     *Je **vais** au cinéma le lundi.*
     I go to the cinema on Mondays.
3   which started in the past and carries on in
     the present (in English, 'have been -ing')
     *J'**habite** tout près du cinéma depuis trois ans.*
     I've been living near the cinema for three years.
4   which will happen in the near future
     *Je **vais** au cinéma demain.*
     I'm going to the cinema tomorrow.
5   which relates to historical events, bringing
     them to life
     *Louis et Auguste Lumière **inventent** le*
       cinématographe en 1895.
     Louis and Auguste Lumière invented cinema
       in 1895.
6   which refers to something timeless or "universal"
     *La Lune **tourne** autour de la Terre.*
     The moon goes around the Earth.
Verb endings change according to who is doing the action:
     *Je regarde la télé. **Nous regardons** la télé.*
     I watch TV. We watch TV.

In the present tense, most French verbs follow the same pattern, i.e. they have regular endings.
For verbs that end in *-er*, like *aimer*:

j'	aime	nous	aim**ons**
tu	aim**es**	vous	aim**ez**
il/elle/on	aime	ils/elles	aim**ent**

Main exception: *aller*

For verbs that end in *-ir*, like *choisir*:

je	chois**is**	nous	chois**issons**
tu	chois**is**	vous	chois**issez**
il/elle/on	chois**it**	ils/elles	chois**issent**

Other regular *-ir* verbs: *finir, remplir*

For verbs that end in *-re*, like *vendre*:

je	vend**s**	nous	vend**ons**
tu	vend**s**	vous	vend**ez**
il/elle/on	vend	ils/elles	vend**ent**

Other regular *-re* verbs: *attendre, descendre, répondre*

◆ **Irregular verbs in the present tense**
  Some verbs do not follow these regular patterns and are very irregular. Look at the table on page 168 for some of the most useful ones.
◆ *en train de* + **infinitive**
  Use this instead of the present tense to emphasise that something is happening at the time of talking or writing:
  C'est quoi, ce bruit? – Ils sont en train de refaire
    la chaussée.
  What's that noise? – They're (in the process of) resurfacing the road.
◆ *depuis* + **present tense**
  Depuis can usually be translated as 'since' or 'for'. Use it to talk about what has been and still is going on. In English, the verb stresses the past, but in French the verb stresses the present.
  J'habite au Canada depuis 1999.
  I have been living in Canada since 1999 (and I still do).

  Ma sœur est infirmière depuis deux ans.
  My sister has been a nurse for two years (and still is).

Grammar

8.2 The perfect tense

A verb in the perfect tense describes a completed action which happened in the past. It is used in conversations, letters and informal narratives.

There is more than one way to translate the perfect tense in English:

J'ai mangé une pomme.

I ate an apple./**I have eaten** an apple.

Ils sont venus me voir.

They came to see me./**They have come** to see me.

The perfect tense is made up of two parts: the present tense of *avoir* or *être* + the past participle of the main verb. See 8.3, 8.4, 8.5 and 8.6 for details.

See 12.6 for the perfect tense with negative forms.

8.3 The past participle

The past participle is used in the perfect tense and some other compound tenses (see 8.10, 8.14 and 9.3).

The regular pattern to obtain a past participle is to take the infinitive of the verb and change the ending:

- infinitives ending -er: take off the -er and add -é
  mang~~er~~ → mang**é**   parl~~er~~ → parl**é**
- infinitives ending -ir: take off the -ir and add -i
  chois~~ir~~ → chois**i**   sort~~ir~~ → sort**i**
- infinitives ending -re: take off the -re and add -u
  vend~~re~~ → vend**u**   descend~~re~~ → descend**u**

There are exceptions to these rules and you will need to learn them by heart. Some common irregular past participles:

avoir → eu	naître → né
boire → bu	ouvrir → ouvert
conduire → conduit	pleuvoir → plu
connaître → connu	pouvoir → pu
courir → couru	prendre → pris
croire → cru	recevoir → reçu
devoir → dû	rire → ri
dire → dit	savoir → su
écrire → écrit	suivre → suivi
être → été	tenir → tenu
faire → fait	venir → venu
lire → lu	vivre → vécu
mettre → mis	voir → vu
mourir → mort	vouloir → voulu

8.4 *avoir* + past participle

Most verbs take *avoir* + past participle in the perfect tense.

j'	ai	chanté	(I sang/have sung, etc.)
tu	as	chanté	
il	a	chanté	
elle	a	chanté	
on	a	chanté	
nous	avons	chanté	
vous	avez	chanté	
ils	ont	chanté	
elles	ont	chanté	

(See 8.6 for agreement of the past participle with *avoir*.)

8.5 *être* + past participle

Some verbs make their perfect tense with *être* rather than *avoir*. They are mostly verbs that indicate movement. Many can be learnt in pairs:

arriver/partir	to arrive/to leave
entrer/sortir	to go in/to go out
aller/venir	to go/to come
monter/descendre	to go up/to go down
devenir/rester	to become/to stay
naître/mourir	to be born/to die
revenir/retourner	to come back/to go back
rentrer	to go/to come back home
tomber	to fall

All reflexive verbs make their perfect tense with *être* (see 7.2).

je	suis	sorti(e)	(I went out/have gone out etc.)
tu	es	sorti(e)	
il	est	sorti	
elle	est	sortie	
on	est	sorti(e)(s)	
nous	sommes	sorti(e)s	
vous	êtes	sorti(e)(s)	
ils	sont	sortis	
elles	sont	sorties	

8.6 Agreement of the past participle

◆ **With *être***

The ending of the past participle changes when it comes after *être* in the perfect tense. It agrees with whoever or whatever is doing the action: masculine or feminine, singular or plural.

Paul: *"Je suis **allé** en France."*
Anne: *"Je suis **allée** en France."*
Prof: *"Paul et Anne, vous êtes **allés** en France?"*
Paul + Anne: *"Oui, nous sommes **allés** en France. On est **allés** en France."*
Prof: *"Anne et Lucie, vous êtes **allées** en France?"*
Anne + Lucie: *"Oui, nous sommes **allées** en France. On est **allées** en France."*

◆ **With *avoir***

The past participle normally doesn't change when it comes after *avoir* in the perfect tense.
One case when it does change is when a direct object comes <u>before</u> the verb. You need to add an *-e* for a feminine and an *-s* for a plural.

Marc a acheté <u>une veste</u>.
The direct object (*une veste*) comes after the verb *a acheté*, so there is no agreement of the past participle.

Où est <u>la veste</u> que Marc a achetée? Je ne <u>l</u>'ai pas vue.
The direct object (*la veste*) comes <u>before</u> the verb *a achetée*, and the direct object pronoun *l'* comes <u>before</u> the verb *ai vue*, so the past participle agrees with it each time (*achetée, vue*). (Note that this agreement doesn't apply to indirect objects.)

8.7 The imperfect tense

The imperfect tense is used:

1 to describe what something or someone was like in the past:
*Quand elle **était** petite, elle **avait** les cheveux blonds.*
When she was little, she had fair hair.

*La maison où **j'habitais** **était** grande et moderne.*
The house I used to live in was large and modern.

2 to describe continuous actions or interrupted actions in the past:
*Il **était** assis et il **écoutait** la radio.*
He was sitting down and he was listening to the radio.

*Mon frère **faisait** ses devoirs quand je suis arrivée.*
My brother was doing his homework when I arrived.

3 to describe something that happened regularly in the past:
*Je **commençais** à huit heures tous les matins.*
I used to start at eight o'clock every morning.

*On **allait** voir ma grand-mère le dimanche.*
We used to go and visit my grandmother on Sundays.

4 with *depuis*, when the action lasted for some time but is now over.
*On **habitait** à Paris depuis un mois quand mon frère est né.*
We had been living in Paris for a month when my brother was born.

5 after *si* in suggestions and in conditional sentences:
*Si on **allait** à la piscine?*
How about going to the swimming pool?

*Si tu **travaillais** plus, tu aurais de meilleurs résultats.*
If you worked harder, you'd get better results.

To form the imperfect tense, start with the verb stem: take the *nous* form of the present tense and remove the *-ons*.
regarder → nous regardo̶n̶s̶ → regard-
aller → nous allo̶n̶s̶ → all-
faire → nous faiso̶n̶s̶ → fais-
voir → nous voyo̶n̶s̶ → voy-
The only exception:
être → (nous sommes) → ét-

Then add the correct ending according to who is doing the action. They are the same for all the verbs.

	(ending)	*faire*	*commencer*	*être*
je	*-ais*	*faisais*	*commençais*	*étais*
tu	*-ais*	*faisais*	*commençais*	*étais*
il/elle/on	*-ait*	*faisait*	*commençait*	*était*
nous	*-ions*	*faisions*	*commencions*	*étions*
vous	*-iez*	*faisiez*	*commenciez*	*étiez*
ils/elles	*-aient*	*faisaient*	*commençaient*	*étaient*

Verbs like *manger* that add an extra *-e* in the *nous* form of the present tense, and verbs like *prononcer* that change the *c* to a *ç*, keep those changes in the imperfect before a *a*. This keeps the soft sound of the *g* or *c*. So, *je mangeais* (I was eating), *je commençais* (I was starting).

Grammar

8.8 Perfect or imperfect?

It can be quite difficult deciding whether to use the perfect or imperfect tense.

◆ Use the perfect if you are talking about a completed action which happened/has happened in the past,
Je suis allée à Paris en avion.
I went to Paris by plane.

J'ai mangé une pomme (et je n'ai plus faim).
I ate/I've eaten an apple.

◆ Use the imperfect if you are **describing** how something was or **giving your opinion** in the past, or if you are talking about what **used to** happen or what happened **regularly** in the past, stressing the duration:
La leçon était un peu dure mais super!
The lesson was a bit hard but great!

Elle se levait à sept heures tous les jours.
She got up/used to get up at 7a.m. every day.

Les touristes arrivaient par petits groupes tout au long de la journée.
Tourists were arriving in small groups all day long.

See the fourth section of 8.7 for *depuis* + imperfect.

8.9 *venir de* + infinitive

To say that you 'have just done' something, use the present tense of *venir* + *de* + an infinitive.
*Je **viens de** prendre une douche.*
I have just had a shower.

*Nous **venons de** laisser un message.*
We have just left a message.

8.10 The pluperfect tense

The pluperfect is used to refer to an event or action that **had taken place** before some other event in the past.
Je suis arrivée trop tard, mes copains étaient déjà partis.
I arrived too late, my friends had already left.

Le prof m'a dit qu'il m'avait donné une bonne note.
The teacher told me that he had given me a good mark.

*Ils s'**étaient** bien **préparés** pour l'entretien.*
They had prepared well for the interview.

The pluperfect is a compound tense, like the perfect tense, and is also made up of *avoir* or *être* – but in the imperfect tense – and a past participle.
(See 8.3 for past participles and 8.6 for agreements.)

with *avoir*	with *être*
j'avais chanté (I had sung, etc.)	*j'étais allé(e)* (I had gone, etc.)
tu avais chanté	*tu étais allé(e)*
il/elle/on avait chanté	*il/elle/on était allé(e)(s)*
nous avions chanté	*nous étions allé(e)s*
vous aviez chanté	*vous étiez allé(e)(s)*
ils/elles avaient chanté	*ils/elles étaient allé(e)s*

8.11 The past historic

The past historic is used in historical and literary texts, newspapers and magazines, where the perfect tense would be used in everyday language. The *il/elle* and *ils/elles* forms are used most often.
*Louis XIV **régna** de 1643 à 1715. Il **fut** roi de France pendant 72 ans.*
Louis XIV reigned from 1643 to 1715. He was King of France for 72 years.

*Ils **se levèrent** et **partirent** ensemble.*
They got up and left together.

*Ils **vécurent** heureux et **eurent** beaucoup d'enfants.*
They lived happily and had many children. ("They lived happily ever after".)

The past historic is formed from a stem (the infinitive of a verb minus the *-er/-ir/-re* ending) and the following endings:

	-er verbs	*-re/-ir* verbs
je	*-ai*	*-is*
tu	*-as*	*-is*
il/elle/on	*-a*	*-it*
nous	*-âmes*	*-îmes*
vous	*-âtes*	*-îtes*
ils/elles	*-èrent*	*-irent*

Many common verbs are irregular:
avoir *j'eus, tu eus, il eut, nous eûmes, vous eûtes, ils eurent*
être *je fus, tu fus, il fut, nous fûmes, vous fûtes, ils furent*
venir *je vins, tu vins, il vint, nous vînmes, vous vîntes, ils vinrent*

8.12 The future tense

Use the future tense:

1 to describe plans for the future:
*Bientôt, il **ira** habiter en France.*
Soon, he'll go and live in France.

2 to say what you think the future will be:
*Dans moins de 10 ans, tout le monde **aura** accès à l'Internet.*
In less than 10 years time, everyone will have access to the Internet.

3 to say what will happen if… :
*Si j'ai mon bac, **j'irai** à l'université.*
If I pass the bac, I'll go to university.

4 to give an order:
*Vous **ferez** une rédaction sur le thème de la pollution.*
You'll write an essay on pollution.

5 to describe what will happen when… or as soon as… :

In French, you use a future tense (not a present tense as in English) after *quand* or *dès que*:
*Quand ils **arriveront**, on se **mettra** tout de suite à table.*
When they arrive, we'll eat straight away.

*Dites-lui de me contacter dès qu'il **aura** ses résultats.*
Tell him to contact me as soon as he has his results.

To form the future tense, add these endings to the infinitive of regular verbs (if the infinitive ends in -e, take that off first):

	(ending)	regarder	répondre
je	**-ai**	regarderai (I will look, etc.)	répondrai (I will answer, etc.)
tu	**-as**	regarderas	répondras
il/elle/on	**-a**	regardera	répondra
nous	**-ons**	regarderons	répondrons
vous	**-ez**	regarderez	répondrez
ils/elles	**-ont**	regarderont	répondront

Common irregular verbs:

aller	j'irai	il faut	il faudra
avoir	j'aurai	pouvoir	je pourrai
devoir	je devrai	savoir	je saurai
envoyer	j'enverrai	venir	je viendrai
être	je serai	voir	je verrai
faire	je ferai	vouloir	je voudrai

8.13 Other ways to talk about the future

◆ ***aller* + infinitive: *le futur proche***
Use the present tense of *aller* followed by an infinitive to talk about something that is sure to happen in the near future.
***Je vais regarder** le film ce soir.*
I'm going to watch the film tonight.

***Il va travailler** ce week-end.*
He's going to work this weekend.

◆ ***je voudrais/j'aimerais/je pense/j'envisage de* + infinitive**
To talk about future plans which are not certain, i.e. wishes, ambitions or dreams:
Je voudrais rentrer dans l'armée de l'air.
I would like to join the airforce.

J'aimerais aller à Paris le week-end prochain.
I'd like to go to Paris next weekend.

Je pense acheter un vélo cet été.
I'm planning to buy a bicycle this summer.

◆ **The present tense**
Use the present tense to refer to an event in the very near future or to something which is more than probable.
Tu sors ce soir? – Oui, je retrouve Annie en ville.
Are you going out tonight? – Yes, I'm meeting Annie in town.

Je vais à l'université de Leeds l'année prochaine.
I'm going to Leeds University next year.

8.14 The future perfect

This is used to refer to something that will have taken place before something else in the future. It is made up of *avoir* or *être* in the future tense and a past participle.

*Est-ce qu'il **aura fini** de travailler quand la fête commencera?*
Will he have finished working when the party starts?

*Je **serai partie** quand il arrivera.*
I'll have left by the time he arrives.

Grammar

9 Verbs: the imperative, the conditional, the subjunctive

The imperative is used to:

1 give orders:
   Viens *ici!*   Come here!

2 give instructions:
   Mélangez *les œufs et la farine.*
   Mix the eggs and the flour.

3 give advice and make suggestions:
   Va *au cinéma si tu t'ennuies.*
   Go to the cinema if you're bored.

   Essayez *de manger quelque chose.*
   Try eating something.

   Allons *voir Catherine.*
   Let's go and see Catherine.

To form the imperative simply leave out the subject pronouns *tu* or *vous* (or *nous*, but this is used less often) in the present tense of the verbs. For *-er* verbs, leave out the final *-s* in the *tu* form.

Tu éteins la télé.	**Eteins** *la télé.*	Switch the TV off.
Tu restes ici.	**Reste** *ici.*	Stay here.
Vous venez avec moi.	**Venez** *avec moi.*	Come with me.
Nous y allons tous.	**Allons**-*y tous!*	Let's all go!

Most verbs are regular, except a few:

avoir	*aie, ayez (ayons)*
être	*sois, soyez (soyons)*
savoir	*sache, sachez (sachons)*
vouloir	*veuillez*

Sachez que c'est interdit.
I'll have you know that it's forbidden.
Veuillez attacher vos ceintures.
Please fasten your seat belts.

To tell someone **not** to do something, put *ne ... pas* round the command:

Ne regarde pas!	Don't look!
Ne touchez pas!	Don't touch!

For reflexive verbs in the imperative, see 7.2.

The present conditional is used:

1 to express a wish or make a suggestion:
   *Je **voudrais** travailler dans un bureau.*
   I'd like to work in an office.

   *Elle **devrait** faire des études à l'étranger.*
   She should go and study abroad.

   *Je **prendrais** bien un café.*
   I'd quite like to have a coffee.

2 to make a polite request:
   __Pourriez__-vous me dire où est la mairie?
   Could you tell me where the town hall is?

3 to refer to an action which depends on another event or situation:
   *J'**irais** chercher les enfants si j'avais une voiture.*
   I'd go and pick up the children if I had a car.

To form the conditional use the same stem as for the future tense (the infinitive of the verb, dropping the *-e* in *-re* verbs) and add endings which are the same as for the imperfect tense (see 8.7).

	(ending)	*finir*	*prendre*
je	*-ais*	*finirais* (I would finish, etc.)	*prendrai* (I would take, etc.)
tu	*-ais*	*finirais*	*prendrais*
il/elle/on	*-ait*	*finirait*	*prendrait*
nous	*-ions*	*finirions*	*prendrions*
vous	*-iez*	*finiriez*	*prendriez*
ils/elles	*-aient*	*finiraient*	*prendraient*

See page 168 for a list of common irregular verbs in the conditional.

◆ **The perfect conditional**
   This is used to say something would have happened given certain circumstances (but actually didn't happen). It is formed from the conditional of *avoir* or *être* and a past participle.
   *Nous **aurions gagné** le match si ...*
   We would have won the match if ...

   *Il **serait venu** s'il avait pu.*
   He would have come if he had been able to.

   *J'**aurais dû** y aller.*
   I should have gone.

   *Vous **auriez pu** participer.*
   You could have taken part.

9.3 The subjunctive

The subjunctive is used to express what you think, what you feel, what you wish, and how you consider events and actions (uncertain, possible, probable, impossible, etc.).
The verbs usually appear in a subordinate clause (the second part of a sentence) introduced by *que*. There are several tenses of the subjunctive, but the present and perfect sujunctive are the most commonly used.

It is used:

1 after many verbs expressing an emotion or an opinion:

– likes and preferences: *aimer (mieux) que, préférer que*
*Je n'aime pas que tu **mentes**.*
I don't like you to lie.

*Je préfère qu'il **parte** demain.*
I'd rather he left tomorrow.

*J'aime mieux qu'il **parte** demain.*
I'd rather he left tomorrow.

– doubt or fear: *douter que, avoir peur que, ne pas être sûr que*, ne pas penser que**
* These verbs don't need a subjunctive if used in a positive statement, without the *ne ... pas*, e.g. *je pense qu'il **vient** ce soir.*

– wish, will, necessity: *vouloir que, ordonner que, exiger que, souhaiter que*
*Je voudrais que tu **partes** avec moi.*
I'd like you to go away with me.

*Le docteur ordonne que vous **restiez** au lit.*
The doctor orders you to stay in bed.

– regret and happiness: *regretter que, être content que*
*Ils regrettent que tu ne **sois** pas là.*
They're sorry you are not here.

*Moi, je suis contente qu'elle **soit** loin.*
I'm happy that she's far away.

2 after impersonal expressions such as *il faut que, il est possible que, il est important que*:

*Il faut que tu **ailles** à la poste.*
You must go to the post office.

3 after certain conjunctions expressing:

– time: *avant que* (before), *jusqu'à ce que* (until)
*Je veux partir avant qu'il **rentre**.*
I want to leave before he comes back.

– concession: *bien que* (although), *quoique* (although)
*Il est resté très simple bien qu'il **soit** très riche.*
He's remained simple although he's very rich.

– aim: *afin que* (so that), *pour que* (so that)
*Je fais ça pour que tu **ailles** mieux.*
I'm doing this so that you get better.

– condition: *à condition que* (on condition that), *pourvu que* (provided that), *à moins que* (unless)
*J'irai à la cérémonie à condition que tu **viennes** avec moi.*
I'll go to the ceremony provided you come with me.

4 after a relative pronoun *(qui or que)* when it follows a superlative or a negative:

*C'est le plus joli bébé que je **connaisse**.*
He's the prettiest baby I know.

*Je n'ai rien qui **puisse** t'aider.*
I don't have anything that could help you.

5 after *Que* at the beginning of a sentence:
*Qu'elle **revienne** ou non, je m'en moque.*
Whether she comes back or not, I don't care.

6 after *qui que, quel que, quoi que, où que*:
*Qui que ce **soit**, je ne suis pas là!*
Whoever it is, I am not in!

*Quel que **soit** le prix, je l'achète.*
Whatever the price is, I am buying it.

*Où que tu **ailles**, je te suivrai.*
Wherever you go, I'll follow.

*Quoi que je **fasse**, ils me critiquent.*
Whatever I do, they criticise me.

To form the present subjunctive, take the *ils* form of the present tense, leave off the final *-ent* and add these endings:

	(ending)	aimer	finir
je	**e**	*que j'aime*	*que je finisse*
tu	**es**	*que tu aimes*	*que tu finisses*
il/elle/on	**e**	*qu'il aime*	*qu'il finisse*
nous	**ions**	*que nous aimions*	*que nous finissions*
vous	**iez**	*que vous aimiez*	*que vous finissiez*
ils/elles	**ent**	*qu'ils aiment*	*qu'ils finissent*

For common irregular verbs, see the verb table on page 168.

163

◆ **The perfect subjunctive**
This is a compound tense formed from the **present tense** of *avoir* or *être* and a past participle. It refers to something which has (perhaps) happened.
*Il est possible qu'elle **soit** déjà **partie**.*
It's possible she's already left.

*Je ne suis pas certain qu'elle **ait pu** tout finir hier soir.*
I'm not certain she managed to finish it all last night.

◆ **The imperfect subjunctive**
This is rarely used, but you need to be able to recognise it in formal written French, like the past historic (see 8.11).
To form it, start with the *il/elle* form of the past historic, remove the *-t* from *-ir* and *-re* verbs, and add these endings:
-sse, -sses, -t, -ssions, -ssiez, -ssent

avoir	*que j'eus, qu'il eût*
être	*que je fus, qu'elles fussent*
faire	*que je fis, qu'ils fissent*
finir	*que je finisse, que tu finisses*

10 The present participle

You recognise a present participle by the *-ant* ending which corresponds to '-ing' in English.

Use it :

1 to indicate that two actions are simultaneous ('while/on doing' something), with *en*:

*Je lis mon journal (tout) **en mangeant**.*
I read my paper while eating.

***En** la **voyant**, il est parti.*   Seeing her, he left.

2 to say how something is done ('by doing' something), with *en*:

*Il nous remonte le moral **en faisant** le clown.*
He makes us feel better by clowning around.

*Il s'est blessé **en skiant**.*
He injured himself skiing.

3 to explain the reason for or the cause of something:

***Etant** d'origine algérienne, je parle un peu l'arabe.*
Being of Algerian origin, I speak a little Arabic.

***Ayant** vécu à Paris, je connais la ville.*
Having lived in Paris, I know the city.

4 as an alternative to a relative pronoun (*qui/que*) in a sentence:

*Il s'occupe d'enfants **souffrant** de troubles mentaux.*
(= qui souffrent de ...)
He looks after children with mental problems.

To form the present participle, take the *nous* form of the present tense, remove the *-ons* and add the ending *-ant*. Used as a verb, it is invariable.

regarder → nous regardons → regard → regardant
 (looking)

Three exceptions:

avoir	***ayant***	(having)
être	***étant***	(being)
savoir	***sachant***	(knowing)

11 The passive voice

When the subject of the sentence has the action of the verb **done to it** instead of **doing** the action, the sentence is said to be in the passive voice.

The passive is used:

1 when the person doing the action is unknown or not named:

*Mon chien a **été écrasé**.*   My dog's been run over.

2 when you want to focus on the person/thing receiving the action rather than on whoever is doing the action:

*La violence **est** souvent **présentée** comme acceptable (par les médias).*

Violence is often presented as being acceptable (by the media).

3 to highlight the drama of an event, especially in newspaper accounts:

*Les deux jeunes **ont été arrêtés** par un détective parisien.*

The two youths were arrested by a Paris detective.

To form a passive, use *être* and a past participle agreeing with the subject of the verb.

*Notre association **aide** les enfants en difficulté.*
(subject) (verb)

*Les enfants en difficulté **sont aidés** par notre l'association.*
(subject) (verb in the passive)

The passive can be used in several tenses:

present: *Les enfants **sont aidés** par l'association.*
(are helped/were helped)

future: *Les enfants **seront aidés** par l'association.*
(will be helped)

perfect: *Les enfants **ont été aidés** par l'association.* (have been helped/were helped)

imperfect: *Les enfants **étaient aidés** par l'association.* (were helped)

pluperfect: *Les enfants **avaient été aidés** par l'association.* (had been helped)

To avoid the passive, especially when translating from English:

– use *on*:

  'Speed limits are not respected.'

  Les limitations de vitesse ne sont pas respectées. →

  ***On ne respecte pas** les limitations de vitesse.*

– use an 'active' sentence:

  'The house was burgled by two men.' →'

  La maison a été cambriolée par deux hommes. →

  *Deux hommes **ont cambriolé** la maison.*

– use a reflexive verb:

  'The passive is not often used in French.' →

  Le passif n'est pas beaucoup utilisé en français. →

  *Le passif **ne s'utilise pas** beaucoup en français.*

12 Negatives

12.1   *ne … pas*

This negative form is used where you would say 'not' in English. In French, you need two words: *ne* and *pas*, which go on either side of the verb.
ne → *n'* in front of a vowel or a silent *h*.

*Je **ne** suis **pas** français.*
I'm not French.

*Ils **n'**habitent **pas** à Londres.*
They don't live in London.

12.2   *ne … jamais, ne … rien, ne … personne, ne … plus*

These negative forms also go on either side of the verb:

ne/n' … jamais	never
ne/n' … rien	nothing, not anything
ne/n' … personne	nobody, not anybody
ne/n' … plus	no longer, no more, not any more

*Il **ne** parle **jamais** en français.*
He **never** speaks in French.

*Elle **ne** mange **rien**.*
She doesn't eat **anything**.

*Je **ne** connais **personne** ici.*
I don't know **anybody here**.

*Nous **n'**y allons **plus**.*
We don't go there **any more**.

◆ When you use *ne* + a negative with a noun, replace *un/une/des* with *de* or *d'*:

  *Il n'y a **pas de** pizza/**de** gâteau/**de** chips.*

  There isn't/There aren't any pizza/cake/crisps.

  *Il n'y a **plus de** timbres.*
  There aren't any more stamps/any stamps left.

  *Je n'ai **jamais d'**argent.*
  I never have any money.

◆ The second part of a negative form can be used without the *ne* in a short phrase with no verb:

  Tu as déjà travaillé?   *Non, **jamais**.*
  Have you ever worked?   No, **never**.

  *Qu'est-ce que vous voulez? **Rien**.*
  What do you want? **Nothing**.

  *Qui est dans la salle de classe? **Personne**.*
  Who is in the classroom? **Nobody**.

12.3   *ne … aucun*

This means 'no …' or 'not a single …' *Aucun* is an adjective and agrees with the noun that follows it.

	masculine	feminine
singular	*aucun*	*aucune*
plural	*aucuns*	*aucunes*

*Il **n'**a **aucun** ami.*
He has **no** friends./He has**n't** got **a single** friend.

*Je **n'**ai **aucune** idée.*
I have **no** idea.

12.4 ne ... ni ... ni ...

This means 'neither ... nor ...'; *ne* goes before the verb
and *ni* goes (twice) before the words they relate to:
*Il **n'**a **ni** mère **ni** père.*
He has **neither** mother **nor** father.

*Je **ne** connais **ni** Anne **ni** son frère.*
I know **neither** Anne **nor** her brother.

12.5 ne ... que

One way to say 'only' is to put *ne ... que* (*qu'* in front of a
vowel or silent *h*) around the verb.
*Je **n'**aime **qu'**un sport.*
I **only** like one sport.

*On **ne** travaillera **que** le samedi matin.*
We will **only** work on the Saturday morning.

*Il **n'**avait **qu'**un ami.*
He had **only** one friend.

12.6 Negatives + the perfect tense

In the perfect tense, *ne* or *n'* goes before the part of *avoir*
or *être*, and:
- *pas/plus/jamais/rien* go <u>before</u> the past participle:
  *Je **n'**ai **pas** fait la lessive.*
  I haven't done the washing.

  *On **n'**a **rien** mangé.*
  We haven't eaten anything.
- *personne/que/ni ... ni .../aucun* go <u>after</u> the past
  participle:
  *Nous **n'**avons vu **personne**.*
  We didn't see anybody.

  *Elle **n'**a attendu **que** cinq minutes.*
  She only waited five minutes.

12.7 Negative + verb + infinitive

Ne/n' goes before the first verb and *pas* before the second
verb (in the infinitive):
*Je **n'**aime **pas** aller au cinéma.*
I don't like going to the cinema.

*On **ne** peut **pas** lire ce roman.*
We can't read this novel.

See 7.2 for reflexive verbs in the negative.
See 9.1 for negative imperatives.

13 Asking questions

There are four ways to ask a question:
1 by raising your voice in a questioning manner at the
  end of an affirmative sentence:

  Tu vas au cinéma?
  Are you going to the cinema?

2 by starting with *est-ce que ...* :
  ***Est-ce que** tu vas au cinéma?*
  Are you going to the cinéma?

3 by inverting the verb and subject:

  Vas-tu au cinéma?
  Are you going to the cinema?

  Va-t-il* venir avec nous?
  Is he going to come with us?
  * Sometimes a -*t*- is added between two vowels to
    make pronunciation easier:
    *A-**t**-il parlé au prof?*
    Has he spoken to the teacher?
    *Que pense-**t**-elle?*
    What does she think?

4 by using question words:
  ◆ who   **qui**
  Qui t'a dit ça?
  Who told you that?

  Avec qui y vas-tu?
  Who are you going with?

  Qui est-ce qui vient ce soir?
  Who's coming tonight?

    Qui est-ce que tu as invité?
    Who did you invite?

  ◆ what   **que (qu')/quoi**
  Que désirez-vous?
  What would you like?

  Qu'as-tu acheté?
  What did you buy?

  Qu'est-ce qu'il t'a dit?
  What did he tell you?

  C'est quoi?
  What is it?

  Avec quoi on mange ça?
  What do you eat this with?
  ◆ which   **quel/quelle/quels/quelles**
              (agreeing with gender and number)

Quel âge as-tu?
How old are you?

Quels exercices faut-il faire?
Which exercises do we have to do?

C'est à quelle page?
On which page is it?

Quelles chaussures préfères-tu?
Which shoes do you prefer?

◆ which one(s)   **lequel/laquelle/lesquels/
                    lesquelles**

Je cherche un hôtel. Lequel recommandez-vous?
I'm looking for a hotel. Which do you recommend?

Laquelle de ces demandes d'emploi est la meilleure?
Which of these job applications is the best?

◆ **Others**

how much/how many	***Combien** as-tu payé?*
how	***Comment** as-tu payé?*
where	***Où** as-tu payé?*
why	***Pourquoi** as-tu payé?*
when	***Quand** as-tu payé?*

You can use these
– at the beginning of a sentence, as above
– at the end of a sentence, except *pourquoi*:
  Tu as payé combien/comment/où/quand?
– at the beginning, adding *est-ce que*:
  *Combien/Comment/Où/Pourquoi/Quand est-ce que
  tu as payé?*

14 Direct and indirect speech

◆ Use direct speech to report what someone says word
  for word:

  *Le prof dit: "Faites l'activité 4." Un élève demande:
    "Il faut le faire pour quand?"*

  Léa a dit: "J'ai fait un stage en France".

  Remember to use colons and speech marks.
  Use verbs like: *dire, demander, ajouter, s'écrier.*

◆ Use indirect speech to explain what someone says
  without quoting them in speech marks.

  *Le prof dit de faire l'activité 4. Un élève demande pour
    quand il faut le faire.*

  Léa a dit qu'elle avait fait un stage en France.

◆ Some changes are necessary when going from
  direct speech to indirect speech (use of *que*, use
  of interrogative words, changes in pronouns
  and tenses).

Mon père s'est écrié: "J'ai perdu mon porte-feuille!"
*Mon père s'est écrié **qu'il avait perdu** <u>son</u> porte-feuille.*

Le serveur a demandé: "Vous pouvez me payer?"
*Le serveur a demandé **si on pouvait** le payer.*

Grammar

15 Verb tables

infinitif		présent	passé composé	passé simple	futur simple	conditionnel	subjonctif
-er verbs	je/j'	parle	ai parlé	parlai	parlerai	parlerais	parle
	tu	parles	as parlé	parlas	parleras	parlerais	parles
parler	il/elle/on	parle	a parlé	parla	parlera	parlerait	parle
to speak	nous	parlons	avons parlé	parlâmes	parlerons	parlerions	parlions
	vous	parlez	avez parlé	parlâtes	parlerez	parleriez	parliez
	ils/elles	parlent	ont parlé	parlèrent	parleront	parleraient	parlent
-ir verbs	je/j'	finis	ai fini	finis	finirai	finirais	finisse
	tu	finis	as fini	finis	finiras	finirais	finisses
finir	il/elle/on	finit	a fini	finit	finira	finirait	finisse
to finish	nous	finissons	avons fini	finîmes	finirons	finirions	finissions
	vous	finissez	avez fini	finîtes	finirez	finiriez	finissiez
	ils/elles	finissent	ont fini	finirent	finiront	finiraient	finissent
-re verbs	je/j'	réponds	ai répondu	répondis	répondrai	répondrais	réponde
	tu	réponds	as répondu	répondis	répondras	répondrais	répondes
répondre	il/elle/on	répond	a répondu	répondit	répondra	répondrait	réponde
to answer	nous	répondons	avons répondu	répondîmes	répondrons	répondrions	répondions
	vous	répondez	avez répondu	répondîtes	répondrez	répondriez	répondiez
	ils/elles	répondent	ont répondu	répondirent	répondront	répondraient	répondent
aller	je/j'	vais	suis allé(e)	allai	irai	irais	aille
to go	il/elle/on	va	est allé(e)(s)	alla	ira	irait	aille
avoir	je/j'	ai	ai eu	eus	aurai	aurais	aie
to have	il/elle/on	a	a eu	eut	aura	aurait	ait
boire	je/j'	bois	ai bu	bus	boirai	boirais	boive
to drink	il/elle/on	boit	a bu	but	boira	boirait	boive
devoir	je/j'	dois	ai dû	dus	devrai	devrais	doive
to have	il/elle/on	doit	a dû	dut	devra	devrait	doive
to/must							
dire	je/j'	dis	ai dit	dis	dirai	dirais	dise
to say	il/elle/on	dit	a dit	dit	dira	dirait	dise
écrire	je/j'	écris	ai écrit	écrivis	écrirai	écrirais	écrive
to write	il/elle/on	écrit	a écrit	écrivit	écrira	écrirait	écrive
être	je/j'	suis	ai été	fus	serai	serais	sois
to be	il/elle/on	est	a été	fut	sera	serait	soit
faire	je/j'	fais	ai fait	fis	ferai	ferais	fasse
to do/	il/elle/on	fait	a fait	fit	fera	ferait	fasse
make							
mettre	je/j'	mets	ai mis	mis	mettrai	mettrais	mette
to put	il/elle/on	met	a mis	mit	mettra	mettrait	mette
pouvoir	je/j'	peux	ai pu	pus	pourrai	pourrais	puisse
to be	il/elle/on	peut	a pu	put	pourra	pourrait	puisse
able/can							
prendre	je/j'	prends	ai pris	pris	prendrai	prendrais	prenne
to take	il/elle/on	prend	a pris	prit	prendra	prendrait	prenne
voir	je/j'	vois	ai vu	vis	verrai	verrais	voie
to see	il/elle/on	voit	a vu	vit	verra	verrait	voie
vouloir	je/j'	veux	ai voulu	voulus	voudrai	voudrais	veuille
to want	il/elle/on	veut	a voulu	voulut	voudra	voudrait	veuille

Vocabulary

This vocabulary contains all but the most common words which appear in the book, apart from some where the meaning has been provided on the page. Where a word has several meanings, only those which occur in the book are given.

Abbreviations:

nm = masculine noun

nf = feminine noun

nmpl = plural masculine noun

nfpl = plural feminine noun

adj = adjective

v = verb

adv = adverb

prep = preposition

A

d'abord   firstly

aborder *v*   to tackle, to approach

abri *nm*   shelter

accabler *v*   to overwhelm

accéder *v*   to reach;

accorder *v*   to grant;

accro *adj*   addicted

accueil *nm*   welcome, reception

accueillir *v*   to welcome, to receive; to accommodate

achat *nm*   purchase

acier *nm*   steel

actualité *nf*   topicality;

les actualités   the news

actuel *adj*   present, current

actuellement *adv*   at present, at the moment

adepte *nm/f*   follower, enthusiast

adhérer *v*   to join, to subscribe to

affaire *nf*   matter, business, case

affirmation *nf*   assertion

affirmer *v*   to assert, to maintain

affronter *v*   to face, to brave

afin de *prep*   in order to

afin que + subjunctive   so that

aggraver *v*   to make worse

s'aggraver   to get worse

agir *v*   to act

ailleurs *adv*   elsewhere

d'ailleurs   besides

par ailleurs   in addition

ainsi *adv*   in this way

ainsi que   as well as

à l' aise   comfortable

alcootest *nm*   breathalyser, breath test

algue *nf*   seaweed, algae

aliment *nm*   food

alimenter *v*   to feed, to sustain

Alliés *nmpl*   the Allies

allocation *nf*   allowance, benefit

allumer *v*   to light, to switch on

alors *adv*   then; so, in that case

alors que   while, when

alternance *nf*   alternation, changeover of power

âme *nf*   soul

améliorer *v*   to improve

aménager *v*   to develop; to plan; to fit out

amende *nf*   penalty

ancrage *nm*   anchoring

angoisse *nf*   anxiety

apporter *v*   to bring

apprenti *nm*   apprentice; trainee

apprentissage *nm*   apprenticeship; training

artisan *nm*   craftsman

asile *nm*   asylum; refuge

assassinat *nm*   murder, assassination

atteindre *v*   to reach; to hit

attendre *v*   to wait, to expect

s' attendre *v*   to expect

attentat *nm*   attack, assassination attempt

attente *nf*   expectation

attentif *adj*   attentive; searching; thoughtful

attirant *adj*   attractive

attirer *v*   to attract

augmenter *v*   to increase, to raise

auparavant *adv*   before(hand)

auprès *prep*   **-de**: next to; compared with; with, to

aussi *adv*   too, also; so

aussi ... que   as ... as

autant que/de *adv*   as much/many as

autrement *adv*   differently; otherwise

avantageux *adj*   profitable, worthwhile

avis *nm*   opinion

à mon avis   in my mind

être d'avis que   to think

avocat *nm*   lawyer

B

baccalauréat (bac) *nm*   A-level

bagarre *nf*   fight, struggle

bagne *nm*   penal colony, hard labour

baignade *nf*   bathing

baisse *nf*   fall, drop

baisser *v*   to lower; to reduce, to drop

banaliser *v*   to make commonplace, to trivialise

barrer *v*   to cross out

bâtir *v*   to build

battre *v*   to beat, to strike

bavard *adj*   talkative

bénéfice *nm*   profit, benefit

bénévolat *nm*   voluntary help

bénévole *nm/f*   volunteer

BEP (Brevet d'études professionnelles) *nm*   professional qualification

berceau *nm*   cradle

besoin *nm*   need

au besoin   if necessary

bien que   though, although

bilan *nm*   assessment, report; toll, outcome

bimensuel *adj*   fortnightly

biochimie nf   biochemistry

biologique *adj*   organic

blesser *v*   to wound, to hurt

blessés *nmpl*   casualty

boîte *nf* box; disco

bonheur *nm*   happiness

bosser *v*   to work

bouder *v*   to sulk;

to keep away from

boue *nf* mud, silt

bouffe *nf* grub, food

bouger *v* to move

bouillabaisse *nf* fish soup

bouillie *nf* mash, pulp

boulimie *nf* bulimia

boulot *nm* job

bourse *nf* Stock Exchange

branché *adj* in, switched-on

bref *adv* in short

en bref in brief

brevet *nm* GCSE/ Standard Grade; diploma, certificate

briser *v* to break; to destroy

bronzage *nm* (sun)tan

bronzer *v* to sunbathe

bruit *nm* noise

brûler *v* to burn

BTS (brevet de technicien supérieur) *nm* technical qualification

but *nm* goal, aim

C

cacher *v* to hide, to conceal

cachet *nm* tablet

cachette *nf* hide-out

en cachette secretly

cadet(tte) *nm(f)* younger, youngest

cadre *nm* frame; setting; executive

dans le cadre de in the context of

caisse *nf* box, crate; till

caissier *nm* cashier

Caldoches *npl* Europeans from New Caledonia

cambriolage *nm* burglary

cambrioleur *nm* burglar

campagne *nf* campaign; countryside

CAP (certificat d'aptitude professionnelle) *nm* professional qualification

capricieux *adj* temperamental

car for, because

carburant *nm* fuel

carrefour *nm* crossroads

carton *nm* card; cardboard; box

casque *nm* helmet

cauchemar *nm* nightmare

cédérom *nm* CD-ROM

célibataire *nm/f* single, unmarried person

centaine *nf* a hundred

cependant however, nevertheless

cercueil *nm* coffin

certes *adv* certainly, admittedly; indeed

champ *nm* field; area

chaque *adj* every, each

charbon *nm* coal

chargé *adj* in charge of; full

chasse *nf* hunting

chasseur *nm* hunter

chauffage *nm* heating

chauvin *adj* chauvinistic, jingoistic

chaux *nf* lime

chêne *nm* oak

chirurgien *nm* surgeon

chômage *nm* unemployment

choquer *v* to shock

chronique *nf* column, page

chute *nf* fall, drop

cibler *v* to target

circulation *nf* traffic

citadin *nm* city dweller

citation *nf* quotation

cité *nf* housing estate

citer *v* to quote

citoyen *nm* citizen

clairement *adv* clearly

classer *v* to classify

coléreux *adj* quick-tempered, irascible

collège *nm* secondary school

collégiens *nmpl* pupils at secondary school

combattre *v* to fight against

combustible *nm* fuel

comme since; like

comme si as if; how

commerçant *nm* shopkeeper

commune *nf* council

comportement *nm* behaviour

comporter *v* to be composed of;

se comporter to behave

compostage *nm* stamping, punching

compréhensif *adj* understanding

comprendre *v* to understand; to include

comptable *nm* accountant

compter *v* to count; to reckon; to intend

concevoir *v* to conceive; to understand

conclure *v* to conclude

concours *nm* competition; competitive exam

concubinage *nm* cohabitation

vivre en concubinage to cohabit

condamner *v* to condemn; to sentence

conducteur *nm* driver

confiance *nf* trust

confier *v* to entrust

se confier to confide

congédier *v* to dismiss

congés *nmpl* holidays

conjoint *nm* spouse

connaissance *nf* knowledge

connaître *v* to know

conquérir *v* to conquer

conquête *nf* conquest

consacrer *v* to devote, to dedicate

conseil *nm* piece of advice; adviser; counsel

conseiller *nm* adviser

consommer *v* to consume; to buy consumer goods

constamment *adv* constantly

construire *v* to build

contrairement *adv* contrary to

contre against

contredire *v* to contradict

controversé *adj* much debated

convaincre *v* to convince

convenir *v* to suit

convenir que to admit that

convoiter *v* to covet

convoquer *v* to convene; to summon
corriger *v* to correct
corrompre *v* to bribe, to corrupt
cotisation *nf* contribution, subscription
côtoyer *v* to be next to, to mix with
couramment *adv* fluently; commonly
courant *adj* ordinary, common
au courant well-informed
course *nf* race; errand
coursier *nm* courier, messenger
couture *nf* sewing; seam; fashion design
crainte *nf* fear
croire *v* to believe
croissance *nf* growth
croix *nf* cross
croyant *nm* believer

D

dada *nm* hobby horse
débarquement *nm* landing
débouché *nm* opening
débris *nm* rubbish
débrouillardise *nf* resourcefulness
débrouiller *v* to untangle
se débrouiller *v* to manage
début *nm* beginning
décédé *adj* deceased
décès *nm* death
décevant *adj* disappointing
décevoir *v* to disappoint
décharger *v* to unload

déchets *nmpl* rubbish
déchetterie *nf* rubbish dump
déclin *nm* decline
déconnecter *v* to disconnect
déconseiller *v* to advise against
décontracté *adj* casual
décontraction *nf* relaxation
décrocher *v* to pick up (telephone)
décrypter *v* to decipher
déçu *adj* disappointed
défaite *nf* defeat
défaut *nm* fault
défavorisé *adj* disadvantaged
défendre *v* to defend; to forbid
déferler *v* to surge, to unfurl
dégager *v* to free
dégât *nm* damage
dégoûtant *adj* disgusting
dégradation *nf* degradation, erosion
dehors *adv* outside
déjà *adv* already
délit *nm* crime
démantèlement *nm* demolition
demeure *nf* residence
démissionner *v* to resign
démodé *adj* old fashioned
démontrer *v* to demonstrate
dénoncer *v* to denounce
déontologique *adj* ethical
dépasser *v* to overtake
dépense *nf* expenditure

déplacements *nmpl* travel
déplacer *v* to travel
dépliant *nm* leaflet
déployer *v* to use
déposer *v* to put down
déprimant *adj* depressing
député *nm* member of Parliament
dès *prep* from
désormais *adv* from now on
détente *nf* relaxation
détenteur *nm* keeper, holder
détresse *nf* distress
détruire *v* to destroy
dévasté *adj* devastated
déverser *v* to pour out
deviner *v* to guess
devoir *nm* duty, homework
diffuser *v* to broadcast
diplôme *nm* degree, diploma
diplômé(e) *nm/f* graduate
diriger *v* to lead, direct
discours *nm* speech
disparition *nf* disappearance
disponibilité *nf* availability
disponible *adj* available
dissertation *nf* essay
divers *adj* varied
divertissement *nm* entertainment
domicile *nm* home
donc therefore
dortoir *nm* dormitory
doubler *v* to overtake
doué *adj* gifted
douleur *nf* pain
douter *v* to doubt

se douter *v* to suspect
douteux *adj* doubtful
doux *adj* soft, gentle
dresser *v* to draw up
durer *v* to last

E

écart *nm* distance
écarté *adj* remote
échapper *v* to escape
échec *nm* failure
échelle *nf* ladder, scale
échouer *v* to fail
éclater *v* to burst out
économiser *v* to save
écran *nm* screen
écrasant *adj* overwhelming
effacer *v* to erase
effectuer *v* to carry out
efficace *adj* efficient
effrayer *v* to frighten
égalité *nf* equality
égoïsme *nm* selfishness
élargir *v* to broaden
élever *v* to bring up
éloignement *nm* distance
s'éloigner *v* to move away
élu *adj* elected
emballage *nm* packaging
embaucher *v* to employ
embêter *v* to annoy
embouteillage *nm* traffic jam
emmener *v* to take
s'emparer *v* to seize
empêcher *v* to prevent
emprunter *v* to borrow
endroit *nm* place
enfance *nf* childhood
enfer *nm* hell
enfin *adv* finally

Vocabulary

engouement *nm* infatuation
enlever *v* to remove
enseigner *v* to teach
ensuite *adv* then
entièrement *adv* entirely
entourer *v* to surround
entraîner *v* to train
entreprise *nf* company
entretien *nm* interview
envahir *v* to invade
épais *adj* thick
épanouissement *nm* blossoming
épluchure nf peeling
époque *nf* time
épouser *v* to marry
épreuve *nf* test
épuiser *v* to exhaust
épuration *nf* purification
équilibre *nm* balance
ériger *v* to erect
esclavage *nm* slavery
espèce *nf* type, species
espérer *v* to hope
espoir *nm* hope
essayer *v* to try
établir *v* to establish
étape *nf* stage
état *nm* state
éteindre *v* to put out
s'étendre *v* to spread, extend
étiquette *nf* label
étonnant *adj* astonishing
étroit *adj* narrow
en éveil on the alert
événement *nm* event
éventail *nm* fan
éviter *v* to avoid
évoluer *v* to evolve, develop
évoquer *v* to evoke
exercer *v* to carry out
exiger *v* to demand

exigeant *adj* demanding
expliquer *v* to explain
exposition *nf* exhibition
exprimer *v* to express
expulser *v* to expel

F

fabriquer *v* to make
fac (faculté) *nf* university department
fâché *adj* angry
façon *nf* way
facture *nf* bill
faiblesse *nf* weakness
faute *nf* fault, mistake
favoriser *v* to favour
fée *nf* fairy
fer *nm* iron
ferroviaire *adj* railway
feuilleter *v* to flick through
fiançailles *nfpl* engagement
fierté *nf* pride
filière *nf* branch
fleuve *nm* river
foi *nf* faith
fonctionnaire *nm/f* civil servant
formation *nf* training
en forme fit
foudre *nf* lightning
foule *nf* crowd
fournir *v* to supply
fourrure *nf* fur
foyer *nm* home; hostel
frais *nmpl* fees, expenses
froideur *nf* cold
frontière *nf* border
fuir *v* to flee
funérailles *nfpl* funeral
fusée *nf* rocket

G

gamin *nm* child
gamme *nf* scale, range
garder *v* to look after
gaspiller *v* to waste
gaver *v* to force feed
genouillère *nf* kneepad
genre *nm* type
gérer *v* to manage
geste *nm* gesture
gestion *nf* management
gifler *v* to slap, smack
gilet *nm* waistcoat, lifejacket
glander *v* to mess about
glisser *v* to slide, slip
goût *nm* taste
grandir *v* to grow up
graphisme *nm* graphics
graver *v* to engrave
grenouille *nf* frog
grève *nf* strike
grignoter *v* to nibble
grimper *v* to climb
guère *adv* hardly
guerre *nf* war

H

s'habituer *v* to get used to
harcèlement *nm* harassment
hausse *nf* rise
héberger *v* to accommodate
HLM *nf* council flat
horaire *nm* timetable; schedule
huître *nf* oyster
humeur *nf* mood

I

ignorer *v* to not know
île *nf* island

immigré(e) *nm(f)* immigrant
imprimer *v* to print
inciter *v* to encourage, to incite
inclure *v* to include, insert
inconnu *adj* unknown
incroyable *adj* unbelievable
indice *nm* indication, clue
inépuisable *adj* inexhaustible
inférieur *adj* lower
inquiétude *nf* worry
insalubre *adj* unfit for habitation, dirty
interdiction *nf* ban
interdire *v* to ban
internat *nm* boarding school
internaute *nm/f* internet surfer
intervenir *v* to intervene
inutile *adj* useless
inverse *adj* opposite
ivresse *nf* drunkenness

J

jeter v to throw
jouir *v* to enjoy
Juif (Juive) *nm(f)* Jew

L

lancer *v* to throw
langage *nm* language
langue *nf* language; tongue
large *adj* wide
lecteur *nm* reader
légende *nf* caption, key (to map, etc.)

léguer *v* to bequeath
lendemain *nm* the next day
lent *adj* slow
lèpre *nf* leprosy
lever *v* to lift, raise
liberté *nf* freedom
licenciement *nm* redundancy
licite *adj* lawful
lien *nm* link
lier *v* to link
lieu *nm* place
littoral *nm* coastline
location *nf* hire
logement *nm* housing
loi *nf* law
lointain *adj* distant, far-off
longer *v* to border
lors *adv* at the time of
lorsque when
louer *v* to hire
lourd *adj* heavy
ludique *adj* recreational
lutter *v* to fight, struggle

M

maghrébin *adj* North African
maigre *adj* thin
majeur *adj* of age
mal *adv* badly
maladie *nf* illness
malgré *prep* in spite of
maltraiter *v* to ill treat, abuse
manche *nf* sleeve
manière *nf* way (of doing something)
manifestation *nf* demonstration
manifestement *adv* obviously
mannequin *nm* model

manquer *v* to miss
marchand *nm* shopkeeper
marée *nf* tide
marin *nm* sailor
marque *nf* brand, trademark
maternelle *nf* nursery school
mazout *nm* oil
mélange *nm* mix, mixture
menacer *v* to threaten
ménage *nm* household
mener *v* to lead
mensuel *adj* monthly
mériter *v* to deserve
merveille *nf* wonder, marvel
messe *nf* mass
mesure *nf* measurement, measure
meurtre *nm* murder
milieu *nm* middle; setting/environment
mille *adj* one thousand
millénaire *nm* millennium
milliard *nm* billion
millier *nm* (about a) thousand
mineur *nm* minor
ministère *nm* ministry
ministre *nm* minister
Minitel *nm* Minitel – telephone information system
mixité *nf* mixing of the sexes, co-education
modalité *nf* method
mondial *adj* global
monnaie *nf* change; currency
monolingue *adj* monolingual

monoparental *adj* single-parent
morceau *nm* piece
mort *adj* dead
mort *nf* death
moulin *nm* mill
moyen *nm* means; way
muet *adj* dumb
municipalité *nf* town, town council
mûr *adj* ripe
musulman *adj* Muslim
mystère *nm* mystery

N

naître *v* to be born
nappe *nf* tablecloth, layer
nappe phréatique *nf* ground water
natif *adj* native
naufrage *nm* shipwreck
néanmoins *adv* nevertheless
néfaste *adj* harmful, ill-fated
net *adj* clear
nettoyer *v* to clean
niveau *nm* level
nocif *adj* noxious, poisonous
nom *nm* name
nourrice *nf* nanny, childminder
nourriture *nf* food
nuisible *adj* harmful
nul *adj* no; none; useless

O

obéir *v* to obey
obtenir *v* to obtain
occidental *adj* western
odeur *nf* smell
œuvre *nf* work (of art)

ombre *nf* shadow
onde *nf* wave
or now
ordures *nfpl* rubbish
orientation *nf* careers advice, option
orphelin *adj* orphaned
orthographe *nf* spelling
oser *v* to dare
outre *prep* as well as, besides
ouvrier *nm* worker

P

paix *nf* peace
paperasserie *nf* paperwork
parcourir *v* to cover a distance, travel
parcours *nm* journey; distance
pareil *adj* the same, similar
paresseux *adj* lazy
parfait *adj* perfect
parfois *adv* sometimes
parmi among
parole *nf* spoken word
parrain *nm* godfather; sponsor
partager *v* to share
particulier *adj* specific
partout *adv* everywhere
patrie *nf* homeland
patrimoine *nm* heritage
patron *nm* boss
pauvreté *nf* poverty
pavé *nm* cobblestone
pays *nm* country
paysage *nm* landscape, scenery
paysan *nm* peasant
peindre *v* to paint
peine *nf* sorrow, trouble
peintre *nm* painter

Vocabulary

peinture *nf* painting, paintwork
pelle *nf* spade
pelouse *nf* lawn
pénible *adj* painful, hard
péninsule *nf* peninsula
perdre *v* to lose
périphérique *nm* ring-road
permettre *v* to permit, allow
permis *nm* licence, permit
personnage *nm* character
perte *nf* loss
perturbé *adj* disrupted, disturbed
peser *v* to weigh
pétrole *nm* oil
pétrolier *nm* oil tanker
peu little
peuple *nm* people, nation
peur *nf* fear
pie *nf* magpie
pièce *nf* room; coin; (theatrical) play
pile *nf* battery
piquer *v* to sting
plaindre *v* to pity
plainte *nf* complaint
planifier *v* to plan
plat *nm* dish, course
plat *adj* flat
plein *adj* full
pleurer *v* to cry
pleurer quelqu'un *v* to mourn someone
plupart *nf* majority
plutôt *adv* rather
pointe *nf* point, tip
polluer *v* to pollute
pont *nm* bridge
portée *nf* range, reach
posséder *v* to possess

potable *adj* fit for drinking
poubelle *nf* dustbin
pouce *nm* thumb
poursuivre *v* to pursue
prestation *nf* benefit, allowance
preuve *nf* proof
privation *nf* deprivation
priver *v* to deprive
prochain *adj* next, neighbouring
profiter *v* to take advantage
profond *adj* deep
propre *adj* clean
propriétaire *nm/f* owner
protéger *v* to protect
proviseur *nm* headmaster (of a lycée)
provisoire *adj* provisional, temporary
provoquer *v* to cause
publicité (pub) *nf* advert, advertising
puce *nf* flea; microchip
puisque since, as
puissance *nf* power
punir *v* to punish
putrescible *adj* perishable

Q

quant *à* as for
quartier *nm* district; neighbourhood
quasiment *adv* almost
quoique although
quotidien *adj* daily

R

raconter *v* to tell, recount

raffiné(e) *adj* subtle; delicate; refined
ramasser *v* to gather; to collect
randonnée *nf* hike
rang *nm* row; rank
rappel *nm* recall; reminder
raté(e) *adj* missed; failed
rayon *nm* ray
rayure *nf* stripe
raz-de-marée *nm* tidal wave
réalisateur *nm* editor
récemment *adv* recently; lately
récupérable *adj* recoverable
réduire *v* to reduce
réglementation *nf* regulation
règne *nm* reign
rejet *nm* material thrown out; rejection
remplacer *v* to replace
remplir *v* to fill up
renommée *nf* fame; reputation
renouvelable *adj* renewable
renseigner *v* to inform
repeupler *v* to repopulate (country); to replant (forest)
réplique *nf* retort; answer
réseau *nm* network
résoudre *v* to solve
retard *nm* delay
retraite *nf* retirement; pension
revanche *nf* revenge
revue *nf* magazine; journals
rive *nf* bank (of river)
roi *nm* king
ruisseau *nm* small stream

S

sabot *nm* clog; hoof
sacre *nm* consecration
sain *adj* healthy
sang *nm* blood
sauf except
sauvage *adj* wild
sauveteur *nm* rescuer
savoir *v* to know
seau *nm* bucket
secoué *adj* shaken
secours *nm* help; relief; aid
sein *nm* breast
au sein de at the heart of
selon according to
sembler *v* to appear; to seem
sensibiliser *v* to make (s.o.) aware of (sth)
sentir *v* to smell; to feel
séropositif *adj* HIV positive
serre *nf* greenhouse
seuil *nm* threshold; doorstep
sida *nm* Aids
sidérurgie *nf* metallurgy
siècle *nm* century
siège *nm* seat; siege
sieste *nf* nap
sinon otherwise; if not
SMIC *nm* minimum wage
soigner *v* to nurse
soldé *adj* in the sale
sombre *adj* dark
somme *nf* sum; total; amount
sommeil *nm* sleep
somnifère *nm* sleeping tablet
souche *nf* stock
être Français de souche to be French born and bred

souci *nm* worry
souffler *v* to blow
souiller *v* to soil; to dirty
soulèvement *nm* uprising
soumis *adj* submissive; subject (to)
souple *adj* flexible
soutenir *v* to support
souvent *adv* often
souveraineté *nf* sovereignty
spectacle *nm* show
subit *adj* sudden; unexpected; endured
succomber *v* to succumb
superficie *nf* surface
sur on; upon
sûr *adj* sure
surgelé *adj* deep-frozen
surnommé *adj* nicknamed
surprenant *adj* surprising; astonishing
surveiller *v* to supervise; to watch over
survoler *v* to skim; to get a general view
syndicat *nm* trade union

T

tabagisme *nm* smoking (as an issue)
tableau *nm* board; painting
tâche *nf* task
taille *nf* height; dimension; size
tandis que whereas; while
tant *adv* so much
tas *nm* heap, pile
taureau *nm* bull

taux *nm* rate
télécommande *nf* remote control
téléspectateur *nm* TV viewer
télétravail *nm* working from home
tellement *adv* so; in such way
témoignage *nm* testimony
tendre v to stretch
tenir *v* to hold
tenté *adj* tempted; attempted
terrain *nm* ground; plot of land
têtu *adj* stubborn
tiers *nm* third
tiers-monde *nm* Third World
tiré *adj* pulled out; extracted
toile *nf* linen; cloth; web
tombe *nf* grave
tort *nm* wrong; error; fault
tôt *adv* soon; early
tournoi *nm* tournament
toutefois *adv* however; nevertheless
toxicomane *nm/f* drug addict
tract nm leaflet
trahison *nf* betrayal
trait *nm* line; stroke
traverser *v* to cross
tromper *v* to deceive
tronc *nm* trunk (tree)
trou *nm* hole
truc *nm* thing
tuer *v* to kill

U

urgence *nf* emergency
usine *nf* factory
utile *adj* useful

V

valeur *nf* value; worth
vanter *v* to praise
vedette *nf* celebrity
vénérer *v* to worship
véritable *adj* true; genuine
vérité *nf* truth
verser *v* to pour
vide *adj* empty
vignoble *nm* vineyard
viser *v* to aim
vitesse *nf* speed
vitrine *nf* shop window
voire *adv* or even
voisin *nm* neighbour
volant *nm* steering wheel
volonté *nf* will
vraiment *adv* really; in truth